Der Kartenprofi

Beim Lesen und Verstehen von Karten hilft der Kartenprofi.
So lese ich eine Karte:

1. Schritt: Eine Karte hat ein bestimmtes Thema.

Der Kartentitel sagt mir bereits einiges über die Karte.
Ich lese den Kartentitel.

Was ist nach dem Kartentitel das Thema der Karte?

2. Schritt: Eine Karte hat eine Legende.

Die Legende hilft mir, die Karte besser zu verstehen.
Ich suche die Legende der Karte und ihre einzelnen Punkte.

Ich lese die Legende:
- Was bedeuten die Farben?
- Was bedeuten die Linien?
- Was bedeuten die Symbole?

3. Schritt: Eine Karte hat einen Maßstab.

Mit dem Maßstab kann ich Entfernungen in der Karte berechnen.

- Ich suche die Maßstabsangabe und notiere den Maßstab der Karte.
- Ich berechne mit dem Maßstab Entfernungen auf der Karte.
- Wie viele Kilometer entsprechen 1 cm auf der Karte?

4. Schritt: Ich habe mir die Karte genau angesehen.

Ich habe die Legende sorgfältig gelesen.

Jetzt kann ich aufschreiben, was die Karte zeigt:
- Was ist auf der Karte zu sehen?
- Was zeigen die einzelnen Punkte der Legende?
- Welche Informationen aus der Karte sind neu für mich?

C Bayerische Städte mit erhaltener mittelalterlicher Bebauung. ***Karte.***

B Bayern im Spätmittelalter. *Karte.*

D Deutsches Reich 1648. *Karte.*

Menschen | Zeiten | Räume

MITTELSCHULE • BAYERN

Geschichte / Politik / Geographie

Herausgegeben von
Wolfgang Humann
Dr. Elisabeth Köster
Dr. Dieter Potente

Erarbeitet von
Katrin Blaufuß
Markus Gumbiller
Wolfgang Humann
Manuel Köhler
Dr. Elisabeth Köster
Dr. Dieter Potente

Cornelsen

Autorinnen und Autoren: Katrin Blaufuß, Markus Gumbiller, Wolfgang Humann, Manuel Köhler, Dr. Elisabeth Köster, Dr. Dieter Potente
Redaktion: Johannes Völker, Matthias Vogel
Bildassistenz: Anja Schwerin, Jana Tichauer
Grafik/Illustrationen: Erfurth Kluger Infografik GbR, Joana Stratmann, Hanna Wolff
Karten: Carlos Borrell Eikötter, Berlin; Klaus Kühner, Graphik Kartographie Webdesign, Hamburg

Umschlaggestaltung: ROSENDAHL BERLIN
Technische Umsetzung: L101 Mediengestaltung, Fürstenwalde
Titelfoto: Mädchen in Peru: Shutterstock/Kertu

www.cornelsen.de

1. Auflage, 2. Druck 2023

Alle Drucke dieser Auflage sind inhaltlich unverändert und können im Unterricht nebeneinander verwendet werden.

Druck und Bindung: Livonia Print, Riga

ISBN 978-3-06-064896-2 (Schülerbuch)
ISBN 978-3-06-065264-8 (E-Book)

PEFC
PEFC/12-31-006

PEFC zertifiziert
Dieses Produkt stammt aus nachhaltig bewirtschafteten Wäldern und kontrollierten Quellen.
www.pefc.de

Inhaltsverzeichnis

ASIA SYMPHONY

**Zum schnellen Finden:
Methoden/Arbeitstechniken im Buch**

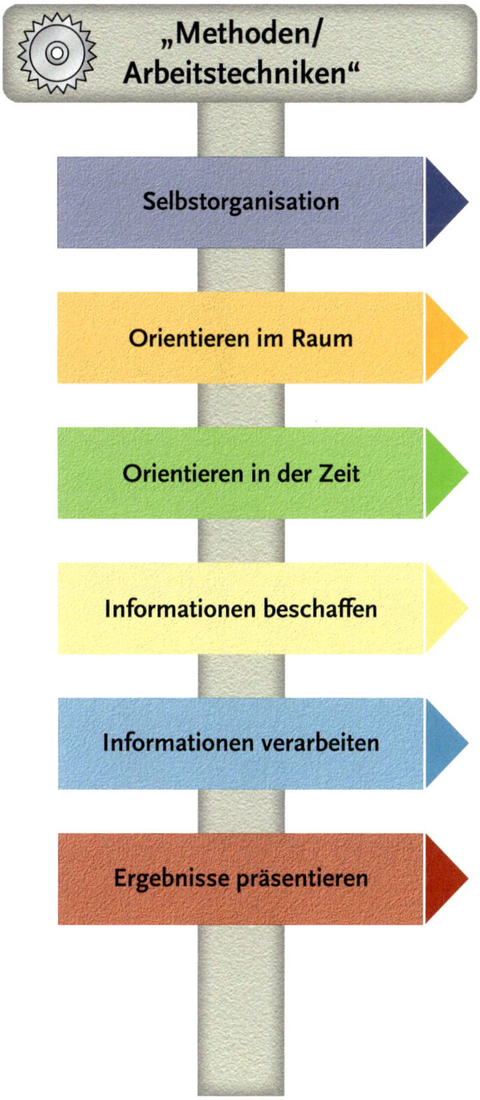

Ein Rundgang durch das Buch

Liebe Schülerin, lieber Schüler,
wir möchten dir kurz die Seiten dieses Buches vorstellen.

Auftaktseiten
Jedes Kapitel startet mit einem großen Bild, das einen historischen Schauplatz oder etwas Interessantes zum jeweiligen Thema zeigt. Du kannst Eindrücke sammeln und Vorwissen zusammentragen.

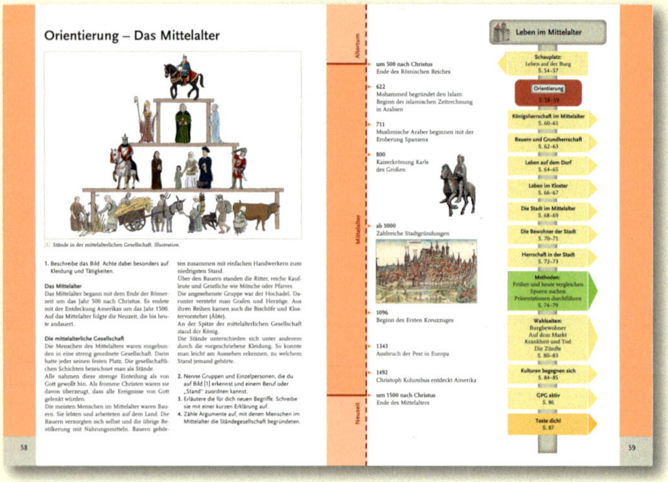

Orientierung
Hier kannst du dir einen zeitlichen und räumlichen Überblick verschaffen. Ein Wegweiser zeigt einen Überblick über das Kapitel.

Methode
Du kannst Schritt für Schritt erlernen, wie du aus verschiedenen Quellen und Materialien Informationen entnehmen, diese verarbeiten und schließlich deine Lernergebnisse präsentieren kannst.

Themendoppelseiten

Oben auf der linken Seite findest du eine Leitfrage. Sie zeigt, worum es auf der Doppelseite geht. Fremdtexte sind mit einem grauen Balken markiert. Schwierige Begriffe haben ein Sternchen und werden in einem Kasten erklärt.

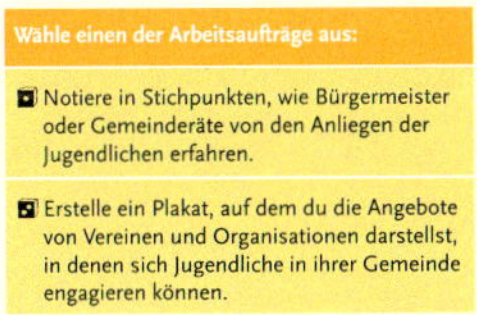

Differenzierungsangebot: Auf vielen Doppelseiten gibt es einen gelben Kasten mit Wahlaufgaben. Hier kannst du einen Arbeitsauftrag auswählen. Die Aufgaben mit ⚀ sind etwas leichter, die Aufgaben mit ⚂ etwas schwieriger zu lösen. In der Regel haben die Aufgaben eine mittlere Schwierigkeitsstufe ⚁.

Außerdem findest du unter „Was du noch tun kannst …" weiterführende Anregungen, wenn du dich mit dem Thema zusätzlich beschäftigen willst. Wie du mit Wahlseiten arbeiten kannst, erfährst du auf der Seite 11.

Aktiv-Seiten

Hier findet ihr Ideen und Tipps, wenn ihr mit der Klasse ein Projekt zum Thema, eine Werkstatt-Arbeit oder mehrere „Miniprojekte" durchführen möchtet.
Auch für eure Portfolio-Arbeit findet ihr hier Anregungen.

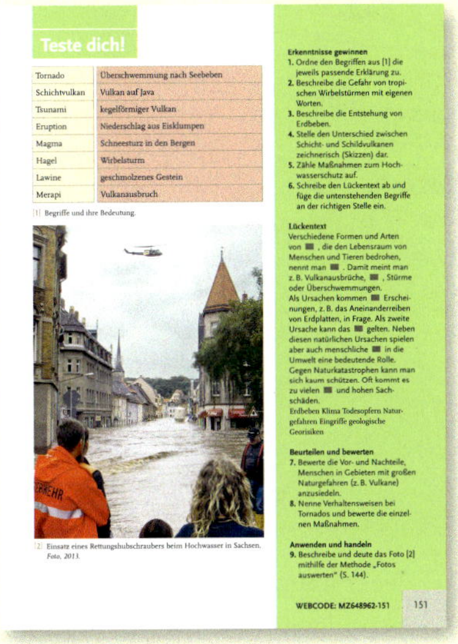

Teste dich!

Jedes Kapitel endet mit einer „Teste dich!"-Seite. Hier kannst du dein Wissen und Können testen und die neu erworbenen Kompetenzen anwenden. Webcodes mit interessantem Material helfen dir bei der Bearbeitung der Aufgaben.

Lexikon

Auf S. 195 im Buch findest du ein Lexikon. Hier gibt es Erklärungen zu vielen schwierigen Wörtern.

Methode Mappe und Heft führen

Für das Fach GPG solltest du eine Mappe führen. Du kannst daraus ein selbst gefertigtes GPG-Buch werden lassen. Das hilft dir, wenn du später einmal etwas nachschlagen musst. Du stellst beim Führen der Mappe sofort fest, wenn du etwas nicht so genau verstanden hast. Dann kannst du es gleich genauer nachprüfen. Und du lernst dabei, wie du Informationen übersichtlich anordnen und verständlich weitergeben kannst.

Auf dieser Seite siehst du die erste Seite aus der Mappe von Kirsten. Du kannst dich von ihrer Idee anregen lassen, aber auch eigene Vorstellungen umsetzen.

Auf ein Deckblatt schreibst du folgende Angaben: Fach, Name, Klasse.
Oft ist auch noch Platz für eine Zeichnung, die zum Fach passt.

Am besten lässt du je 2 cm Rand an jeder Seite.

Es ist günstig, wenn du zu jedem Eintrag ein Datum vermerkst. Es steht oben rechts.

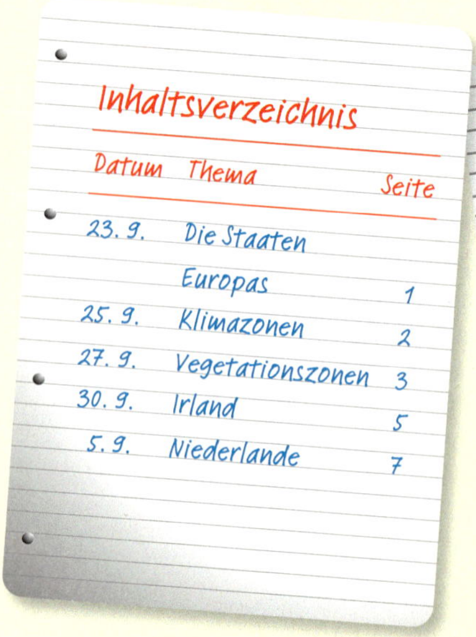

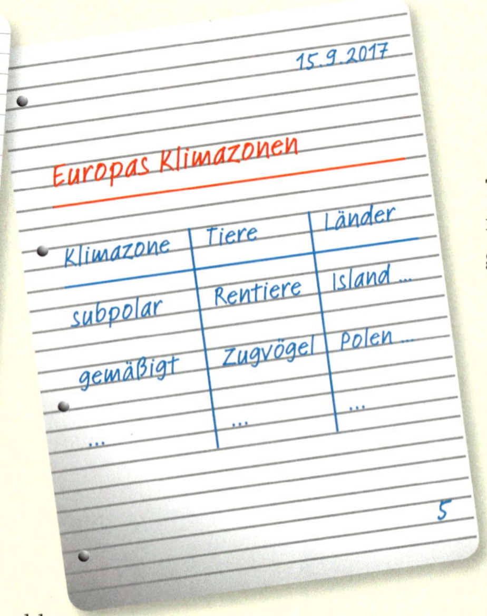

Tabellen sollten mit dem Lineal gezeichnet werden.

Das Inhaltsverzeichnis sollte keine Seitenzahl bekommen. Es kann ja sein, dass im Laufe des Schuljahres mehrere Seiten daraus werden.

Jeder Eintrag bekommt eine Überschrift. Du kannst sie unterstreichen oder farbig hervorheben.

Methode Portfolio anlegen

[1] Jils Portfolio.

Was ist ein Portfolio?
Ein Portfolio* ist eine Mappe, in dem du deine gelungenen Arbeiten zusammenstellst. Es ist eine Mischung aus „Schatzkästchen“ und Lerntagebuch. Du kannst deine besten Arbeiten (Bilder, Zeichnungen, Geschichten, selbst gestaltete Arbeitsblätter) zu einem Thema hier sammeln und zusätzlich etwas über deine Erfahrungen beim Lernen und Arbeiten notieren.

So kannst du dein Portfolio anlegen:

1. Schritt: Sammeln und selbst bewerten

- Sieh deine Arbeiten durch und lege die schönsten beiseite (Sammelmappe).
- Lege zu jeder Arbeit ein Blatt an und erkläre:
  - Wie bist du auf die Idee gekommen?
  - Gab es Schwierigkeiten bei der Durchführung?
  - Was findest du gut? Was könnte noch verbessert werden? Begründe deine Aussagen.

2. Schritt: Lernerfahrungen beschreiben

- Wenn ein Kapitel im Buch zu Ende geht, hast du ganz sicher eine Menge neuer Informationen erhalten. Auch bestimmte Arbeitsweisen (Methoden) sind hinzugekommen. Auf der Seite „Teste dich!“ konntest du überprüfen, wie sicher du mit den neuen Informationen umgehen kannst.
- Nun solltest du deine Erfahrungen festhalten und deine „Lerngeschichte“ notieren. Dazu sollen dir die folgenden Fragen eine Anregung geben; du kannst auf jede einzelne Frage kurz antworten oder auch einen zusammenhängenden Text schreiben:
  - Was hat mich am meisten interessiert? Was hat mich weniger interessiert?
  - Was habe ich neu gelernt?
  - Wie hat das Lernen geklappt? (Was war besonders schwierig, was war leicht?)
  - Wie zufrieden bin ich mit: „Teste dich“?
  - Welche Hilfen hätte ich noch benötigt?
  - Welche Frage(n) habe ich noch?
  - Was werde ich demnächst anders machen?
- Schreibe die Ergebnisse sauber auf ein eigenes Blatt. Überschrift: „Wie meine Arbeit mit dem Kapitel (Thema einsetzen) verlaufen ist“.

3. Schritt: Sortieren

- Sortiere jeweils am Ende eines Kapitels die neuen Seiten, trage sie ins Inhaltsverzeichnis ein und lege sie in dein Portfolio. Fertig!

*

(das) Portfolio:
Ursprünglich italienisch: portare = (mit sich) tragen, fo(g)lio = Papier-Blatt, Buchseite.

Methode Arbeiten mit den Wahlseiten

Welches Einzelthema interessiert dich?
In jedem Kapitel dieses Buches findest du **Wahlseiten**. Sie sollen selbstständig bearbeitet werden: allein, mit einem Partner oder in Gruppenarbeit. Aber zunächst ohne Hilfe einer Lehrperson. Die Wahlseiten sind oben mit einem Würfel gekennzeichnet. Wahlseiten mit (⚀) sind etwas leichter, Wahlseiten mit (⚂) etwas schwieriger zu lösen. In der Regel findest du Wahlseiten auf mittlerem Niveau (⚁).
Du findest auf diesen Seiten unten in dem gelben Balken Tipps für die Erarbeitung und für die Präsentation.

[1] Wahlseiten.

[2] Arbeiten mit dem Buch. *Foto.*

[3] Eine Schülerin präsentiert die Ergebnisse der Gruppe. *Foto.*

Bei der Arbeit mit den Wahlseiten kannst du so vorgehen:

1. Schritt: Thema auswählen

- Blättere die Seiten kurz durch und überlege, welche der vier Einzelseiten dich am meisten interessiert. Wähle diese aus.

2. Schritt: Allein oder mit anderen arbeiten?

- Entscheidet zusammen mit dem Lehrer/der Lehrerin, ob ihr in Gruppen- oder Partnerarbeit zusammenarbeiten wollt oder du dich lieber alleine mit der Seite beschäftigst.

3. Schritt: Wichtigste Punkte herausarbeiten

- Betrachte die Bilder und lies die Texte. Lasse dich von den Arbeitsvorschlägen anregen.
- Kläre offene Fragen, notiere die wichtigsten Inhaltspunkte.
- Notiere einen „Merksatz" für die Klasse.
- Entscheide, wie du der Klasse die Abbildungen zeigen willst (Hinweis auf die Seite, auf der das Bild steht; eigene Zeichnungen; Folien für den Overhead-Projektor usw.).

4. Schritt: Ergebnisse vorstellen

- Entscheide dich, wie du der Klasse deine Ergebnisse präsentieren willst:
  - ☐ als kleinen Vortrag (Dauer 3–5 Minuten)
  - ☐ als erfundene Zeitungsreportage
  - ☐ als kurzes Theater- oder Rollenspiel
  - ☐ als Wandzeitung usw.

Methode Arbeiten mit dem Textknacker

Der Textknacker hilft dir, Texte zu lesen und zu verstehen. Die Wahlseiten mit ◘ beinhalten Texte, die du mit dem Textknacker erschließen kannst. Du kannst hier üben, die Schritte anzuwenden. Auch bei der Arbeit mit schwierigeren Sachtexten kannst du den Textknacker anwenden. Öffne dazu die Umschlagklappe hinten im Buch. Wende den Textknacker Schritt für Schritt an.

Wahlseite **Griechenland**

1. Informiere dich anhand der Materialien dieser Seite über Griechenland.
2. Suche in Lexika oder im Internet nach weiteren Informationen und Materialien.
3. Präsentiere deine Ergebnisse auf einer Wandzeitung und stelle sie in der Klasse vor.

Land der Inseln und Berge

Nur etwa 100 von den über 3000 griechischen Inseln sind von Menschen bewohnt. Auf den meisten der nicht bewohnten Inseln gibt es kein Trinkwasser.
Die größte griechische Insel ist **Kreta**. Diese Insel zieht Jahr für Jahr viele Tausend Touristen an. Auch **Rhodos**, **Mykonos** oder **Lesbos** sind bekannte Toruisteninseln.
Wenn man auf eine Griechenlandkarte schaut, fällt die Halbinsel **Peloponnes** auf, die an die Form einer Hand erinnert. Hier leben über eine Million Menschen.
Außerdem ist die Landschaft Griechenlands von Gebirgen geprägt. Der bekannteste und höchste Berg des Landes ist der **Olymp**.

[1] Landschaft in Griechenland. *Foto, 2015.*

[2] Der Olymp. *Foto, 2016.*

[3] Karte von Griechenland.

Tipps für die Erarbeitung
Textknacker benutzen: Suche Informationen zu den fettgedruckten Wörtern. Weitere Suchbegriffe: Klima, Tiere und Pflanzen in Griechenland.

Tipps für die Präsentation
Zeige Griechenland auf einer Europakarte.
Zeige auf der Europakarte Kreta, Rhodos, Mykonos, Lesbos, die Peloponnes und den Olymp.
Nimm die Wandzeitung von Seite 27 zu Hilfe.

30

Das habe ich auf den Wahlseiten gefunden:

1 Bilder

2 Überschrift

3 Schlüsselwörter

4 Tipps in der gelben Leiste

1. Schritt: Vor dem Lesen

Bilder helfen mir, den Text besser zu verstehen.
Die Überschrift sagt mir etwas über den Text.

- Ich sehe mir die Bilder an.
- Ich lese die Überschrift.
- Worum könnte es in dem Text gehen?

2. Schritt: Das erste Lesen

Ein Text hat Absätze. Was in einem Absatz steht, gehört zusammen.
Die Schlüsselwörter im Text sind besonders wichtig.
Einige Wörter werden unter dem Text erklärt.

- Ich zähle die Absätze.
- Ich lese die hervorgehobenen Schlüsselwörter.
- Ich lese die Worterklärungen. Sie stehen am Rand auf der Seite oder im Lexikon (S. 195–198).
- Was weiß ich jetzt?

3. Schritt: Den Text genau lesen

Erst der ganze Text sagt mir, worum es geht.

- Ich lese den ganzen Text – Absatz für Absatz.
- Was habe ich erfahren?

4. Schritt: Nach dem Lesen

Ich habe den ganzen Text gelesen.

- Ich schreibe zu jedem Absatz etwas auf.
- Ich schreibe die wesentlichen Informationen auf.
- Ich schreibe auf, was für mich wichtig ist.

Europa – ein vielseitiger Kontinent

Schauplatz: Europa

Eiskalte, lange Winternächte im Norden, einladende Strände im Süden, hohe Berge in den Alpen und weite Grasländer im Osten – all das ist Europa. Wir Europäer sprechen in vielen verschiedenen Sprachen und das Leben in den einzelnen Ländern ist sehr unterschiedlich. Doch: Wir alle gehören zu Europa.

1. Beschreibe das Bild. Zähle auf, was du erkennst.
2. Schreibe auf, in welchen Ländern die hier gezeigten Gebäude stehen.
3. In welchen europäischen Ländern warst du schon? Berichte in der Klasse.

Schauplatz Europa

Europa hat viel zu bieten
Kinder aus verschiedenen Ländern Europas erzählen über ihre Heimat:

In meinem Land gibt es zahlreiche alte Burgen und Schlösser. Unsere Hauptstadt London liegt am Fluss Themse. Auf dem Bild seht ihr die Tower Bridge.

Mein Land ist bekannt für besonders gutes Essen. Vom Eiffelturm aus kann man über ganz Paris schauen.

Unser Land wird auch „Insel aus Feuer und Eis“ genannt. Hier gibt es Eis, Schnee, Vulkane und Geysire, aus denen heißes Wasser in die Höhe schießt. Unsere Hauptstadt heißt Reykjavik.

Viele Tausend Touristen kommen jedes Jahr in unser Land. Sie lieben die Strände am Mittelmeer und die Städte. Weltberühmt ist das 2000 Jahre alte Kolosseum in Rom.

Die Menschen mögen die Berge in meinem neuen Zuhause zu allen Jahreszeiten. Auf dem Bild seht ihr das Riesenrad in unserer Hauptstadt Wien.

Mein Heimatland ist riesengroß und liegt auf zwei Kontinenten. Im Zentrum der Hauptstadt Moskau steht die Basilius-Kathedrale.

Im Norden meines Landes geht die Sonne im Sommer nicht unter. Wintersport ist bei uns sehr beliebt. Das hier ist die bekannte Sprungschanze „Holmenkollen“ in Oslo.

Mein Land ist bekannt für herrliche Strände. Athen ist unsere Hauptstadt. An vielen Stellen sind noch Bauwerke zu sehen, die über 2000 Jahre alt sind.

1. Finde heraus, aus welchen Ländern Europas die Kinder kommen.
2. Berichte, was du über diese Länder schon weißt.
3. Erstelle eine Liste: Länder und Hauptstädte Europas.

Orientierung – Europa

Welche Staaten gehören zu Europa?

[1] Die Staaten Europas auf einer politischen Karte.

Europa – kleiner Kontinent mit vielen Staaten

Europa ist nach Australien der zweitkleinste Kontinent. Doch von den etwa 190 Staaten auf der Erde findet man 47 in Europa.

1. Sieh dir die politische Karte [1] an.
- Beschreibe, wo die Grenzen des Kontinents Europa verlaufen.
- Zähle die Staaten auf, die zu Europa gehören. Beachte auch kleine Staaten und die Auflösungen der Abkürzungen.
- Nenne Staaten, deren Gebiet nur zum Teil in Europa liegt.
- Zähle Staaten auf, die gleichzeitig Inseln sind.

2. Erkläre: Europa ist ein Kontinent der Vielfalt.

3. Erstelle eine Tabelle mit zwei Spalten:

Meere	Angrenzende europäische Staaten
Nordsee	Norwegen, Schweden, ...
Ostsee	...
Mittelmeer	...
...	...

4. Miss mithilfe des Maßstabs in der Karte [1] die Entfernungen von
- Portugal bis nach Russland (Uralgebirge),
- Island bis Griechenland (Kreta),
- Russland (Kaukasus) bis nach Irland,
- Frankreich bis zum Ural,
- Dänemark bis Estland.

Die Türkei und Russland

Die Gebiete von Russland und der Türkei erstrecken sich über die Kontinente Asien und Europa. Der größere Teil beider Staaten liegt in Asien. Die große Mehrheit der Bewohner der Türkei lebt auf asiatischem Gebiet. Die Millionenstadt Istanbul besitzt einen europäischen und einen asiatischen Teil. Dazwischen liegt der Bosporus, eine Meerenge, die das Schwarze Meer mit dem Mittelmeer verbindet. Der Bosporus bildet die Grenze zwischen den beiden Kontinenten.

5. Zeige auf der Karte [1] die Türkei, das Mittelmeer, das Schwarze Meer und den Bosporus.

Menschen in Europa

In Europa leben über 700 Millionen Menschen.

Staat	Einwohnerzahl
Großbritannien und Nordirland	60 Millionen
Russland	104 Millionen*
Polen	39 Millionen
Ukraine	48 Millionen
Deutschland	82 Millionen
Frankreich	61 Millionen
Spanien	44 Millionen
Niederlande	16 Millionen
Rumänien	22 Millionen
Italien	58 Millionen

[2] Die zehn bevölkerungsreichsten Staaten Europas.
*Die Einwohnerzahl im europäischen Teil Russlands wurde geschätzt.

6. Ordne die Staaten in der Tabelle [2] nach der Anzahl ihrer Einwohner.

Wähle einen der Arbeitsaufträge aus:

Fertige eine Liste an:

Staaten in Europa	Hauptstadt
Deutschland	Berlin
...	...

Erstelle aus Tabelle [2] ein Säulendiagramm (1 cm = 10 Millionen Menschen).

Europa – ein vielseitiger Kontinent

Deutschland – ein Staat in Europa

Wer sind unsere Nachbarn?

[1] Deutschland und seine Nachbarn.

1. Sieh dir Karte [1] genau an. Beschreibe die Lage Deutschlands. Unterscheide Großräume in Deutschland nach ihrer Höhe.
2. Zähle die Nachbarstaaten Deutschlands auf.
3. Bilde Sätze wie:
   – Polen liegt im Osten von Deutschland.
   – Deutschland liegt im Süden von Dänemark.
   – Deutschland grenzt an die Nordsee ...
4. Deutschland liegt im Zentrum Europas. Belege diese Aussage mithilfe der Karte auf dieser Seite und der Karte auf S. 16. Nutze den Maßstab.

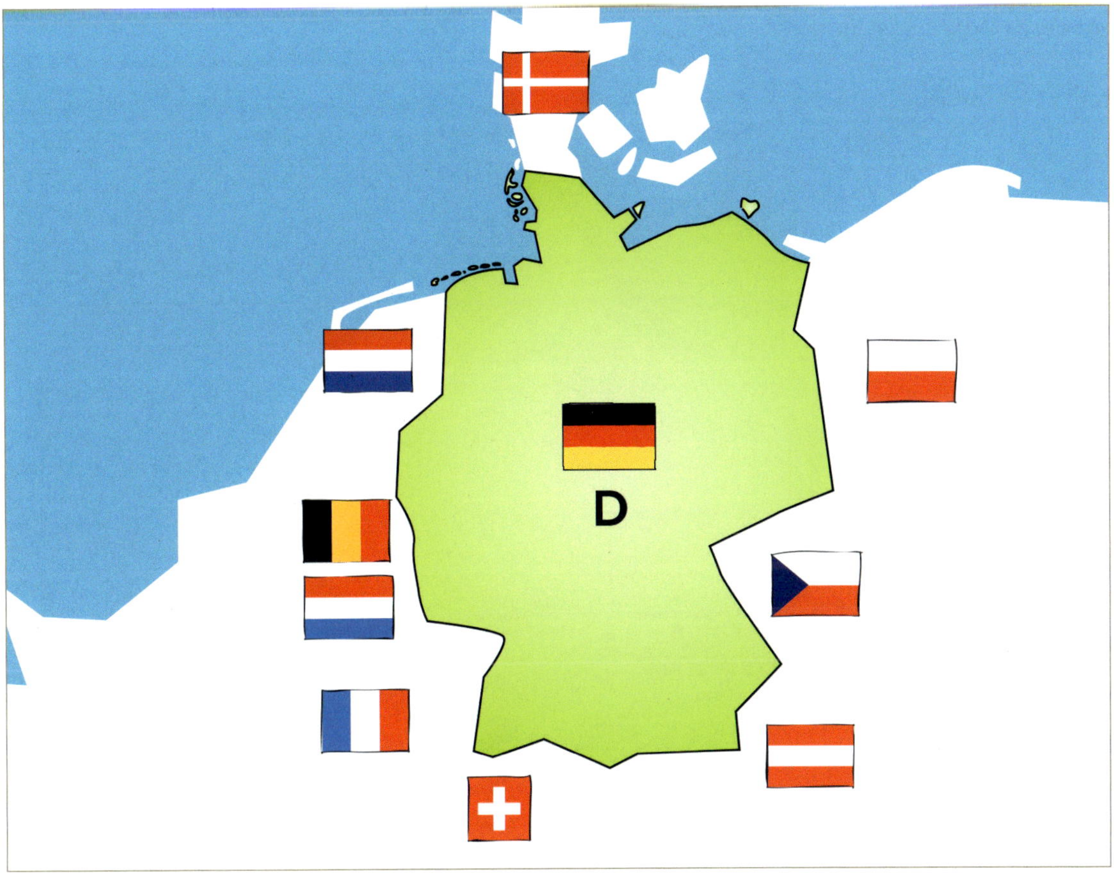

[2] Deutschland und seine Nachbarn. *Faustskizze**.

5. Übertrage die Faustskizze [2] in deine Mappe. Schreibe die Namen der Nachbarländer Deutschlands über die jeweiligen Flaggen.

Deutschland und seine Nachbarn

Deutschland liegt in der Mitte Europas und hat mit neun Nachbarländern gemeinsame Grenzen. Unsere südlichen Nachbarn, die Schweiz und Österreich, werden durch das Hochgebirge der Alpen geprägt. Deutschland und Frankreich haben nur einen kleinen Anteil an den Alpen.
Mittelgebirge ziehen sich von Frankreich über Luxemburg, Teilen Belgiens und Deutschlands bis in die Tschechische Republik.
Der Norden Deutschlands ist geprägt von Tiefländern. Man findet sie auch im Norden Frankreichs und im Norden Belgiens. Die Niederlande und Dänemark liegen insgesamt in einem Tiefland, Polen nur mit seinem nördlichen Teil.

(die) Faustskizze:
Vereinfachte Darstellung einer Karte, die man von Hand zeichnet.

6. Zeige auf der Karte [1] die Alpen, Mittelgebirge (500–1500 m) und Tiefländer.

7. Zeige auf Karte [1], welche Nachbarstaaten Deutschlands an Nord- oder Ostsee grenzen.

Wähle einen der Arbeitsaufträge aus:

- Fertige eine Faustskizze nach dem Vorbild von [2] für den Klassenraum an.
- Nimm eine Europakarte aus dem Atlas zu Hilfe und erstelle eine Skizze mit den vollständigen Umrissen von Deutschland und seinen Nachbarländern. Trage auch Ländernamen und die Hauptstädte ein.

Gebirge, Meere, Millionenstädte

Wo liegen die Grenzen Europas?

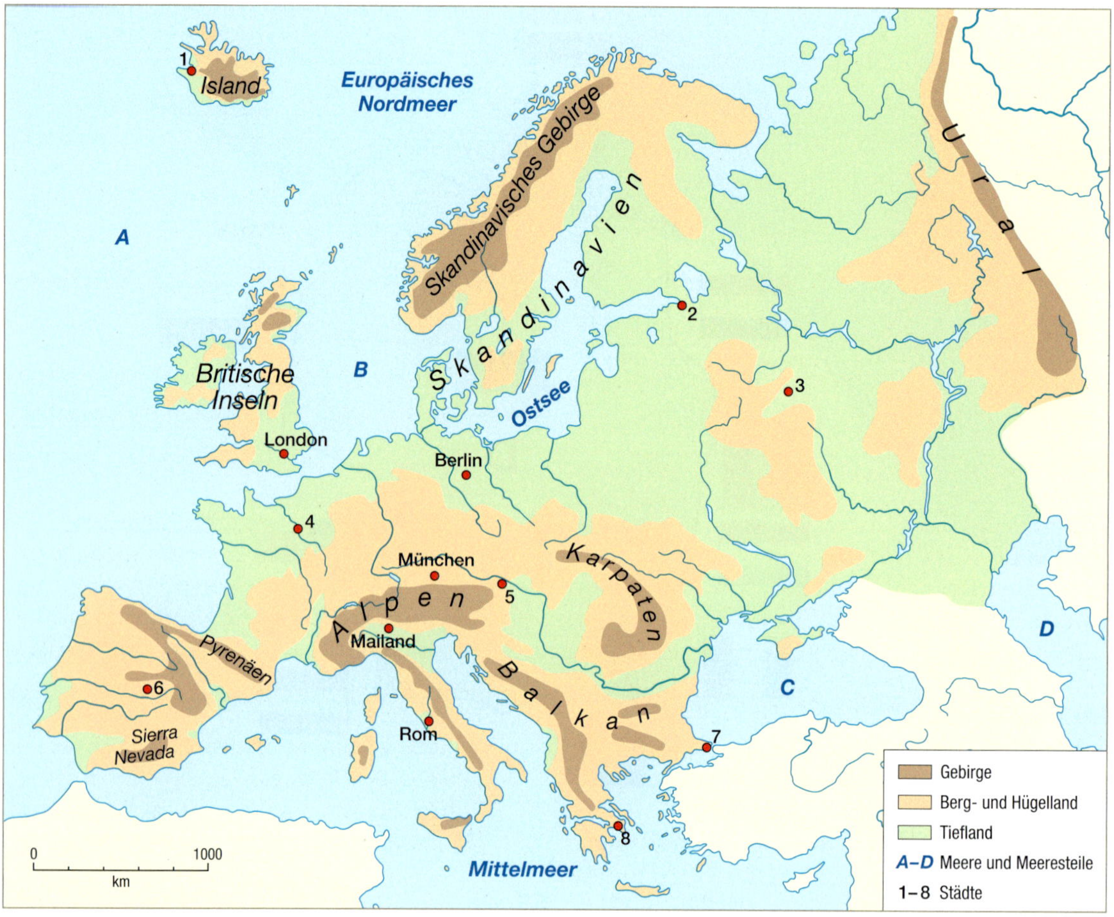

[1] Europa, *Karte.*

1. Beschreibe die Karte [1] mithilfe der Legende.
- Schreibe in deine Mappe die fehlenden Legendenpunkte A–D und 1–8 (Beispiel: 7 = Istanbul) der Karte.
- Benenne die Städte in der Karte.

Der Kontinent Europa

Europa erstreckt sich vom Europäischen Nordmeer bis zum Mittelmeer im Süden. Im Westen des Kontinents liegt der Atlantische Ozean. Im Osten bildet das Uralgebirge die Grenze zu Asien. Temperaturen und Niederschläge unterscheiden sich in den Teilräumen Europas erheblich, ebenso die Tier- und Pflanzenwelt.

2. Übertrage den folgenden Text in deine Mappe und fülle die Lücken dort mit den richtigen Begriffen aus dem Kasten aus.

Mit dem Flugzeug über Europa

Wir starten in München. Zunächst fliegen wir in Richtung Norden. Nach einer Stunde hören wir die Stimme des Piloten: „Unter uns rechts ist Berlin." Etwas später sehen wir Wasser. Es ist die [redacted]. Wir fliegen weiter und stoßen wieder auf Land. Anfangs ist das Land noch flach. Dann sehen wir immer mehr Berge. Wir fliegen über [redacted].

Das Gebirge geht über in eine steile Felsenküste und ein Meer. Das Flugzeug befindet sich über dem [redacted].

Wir ändern den Kurs in Richtung Westen. Nach einiger Zeit sehen wir eine große Insel. Obwohl es Sommer ist, erkennen wir von Schnee bedeckte Gebiete auf [redacted].

Erneuter Kurswechsel in Richtung Süden: Wir befinden uns über dem [redacted].

[2] Grenze zwischen Europa und Asien im Ural. *Foto, 2016.*

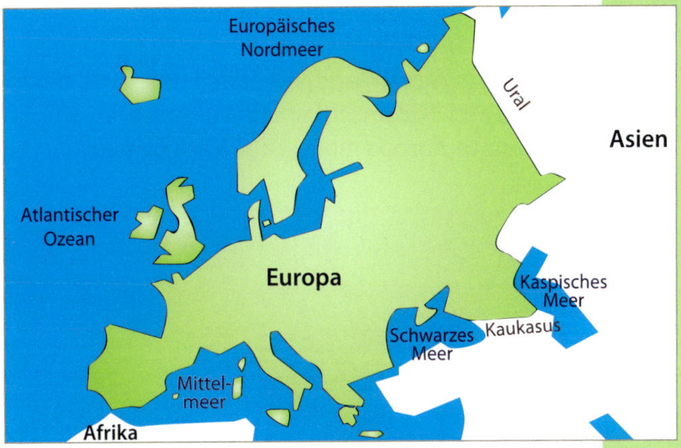

[3] Die Grenzen Europas. *Faustskizze, am Computer erstellt.*

Und wieder kommt Land in Sicht. Das müssen die [redacted] sein.
Nach einer weiteren Stunde Flug ist eine große Stadt zu erkennen. Das ist [redacted].
Erneut verändern wir den Kurs in Richtung Südost und schon sind wir wieder über dem Meer. Doch nach kurzer Zeit befinden wir uns schon wieder über Land. Nach einer längeren Strecke überqueren wir ein hohes Gebirge, das sich von Westen nach Osten erstreckt: die [redacted].
Unmittelbar hinter dem Gebirge ist eine große Stadt zu erkennen: Mailand. Es folgt eine andere Stadt: [redacted]. Und schon ist das [redacted] zu sehen.
Wir fliegen weiter in Richtung Süden. Der Pilot erklärt, dass auf der linken Seite des Flugzeugs die Insel Sizilien zu sehen ist. Bald darauf sehen wir aus dem rechten Fenster bereits Afrika.
Der Pilot fliegt eine große Kurve und weiter geht es in Richtung Nordost. Wir überfliegen den [redacted], dann die Donau. Wir überfliegen die [redacted] und dann geht es mehrere Stunden über flaches Land bis zur Grenze Europas, dem [redacted]-Gebirge. Unsere Forschungsreise endet nach langem Rückflug wieder in München.

„Kastenbegriffe“:
Europäischen Nordmeer; Atlantischen Ozean; Ostsee; Island; Alpen; Rom; Britischen Inseln; Balkan; London; Ural; Mittelmeer; Karpaten; Skandinavien

3. Vergleiche die Faustskizze [3] mit Karte [1].
4. Zeichne die Faustskizze [3] möglichst aus dem Kopf. Du kannst dabei so vorgehen:
- Präge dir die Faustskizze einige Minuten ein. Vergleiche dabei immer wieder die Faustskizze mit Karte [1].
- Decke die Faustskizze ab.
- Zeichne sie nun möglichst ohne nachzusehen aus dem Kopf auf Papier.
- Vergleiche dein Ergebnis mit der Faustskizze [3] und verbessere deine Skizze, wenn nötig.

Wähle einen der Arbeitsaufträge aus:

- Fertige eine große Skizze wie [3] für das Klassenzimmer an.
- Zeichne auf ein großes Blatt Papier eine Faustskizze von Europa. Trage die Flugroute aus dem Text „Mit dem Flugzeug über Europa“ dort ein.

Was du noch tun kannst …
- Informiere dich im Lexikon oder im Internet über die Herkunft des Namens „Europa“.

Klimazonen in Europa

Welche Klimazonen gibt es in Europa?

Gebiete, in denen in etwa die gleichen Temperaturen herrschen und in denen auch ungefähr gleich viel Niederschlag fällt, nennt man Klimazonen. In Europa gibt es vier Klimazonen.

1. Sieh dir die Bilder an und lies dazu die Texte. Vermute, welche Länder Europas (Karte S. 16) in den beschriebenen Klimazonen liegen.

Die subpolare Klimazone

Im Norden unseres Kontinents befindet sich die subpolare Klimazone: Die Winter sind lang und kalt, die Sommer kurz und kühl. Sogar im Sommer liegen die Temperaturen häufig unter 10 Grad Celsius.

In dieser Klimazone fällt nur wenig Niederschlag. In weiten Gebieten ist der Boden immer gefroren. Die Menschen lebten von der Jagd oder züchteten Rentiere. Diese Tiere sind an das Klima angepasst.

Die gemäßigte Zone

Keine Klimazone ist so stark vom Wechsel der Jahreszeiten geprägt wie die gemäßigte Zone. Die Winter sind oft kalt und es fällt Schnee. Die Sommer sind warm bis heiß. Es fällt ausreichend Niederschlag. Diese Zone ist besonders gut für die landwirtschaftliche Nutzung geeignet. Frühling und Herbst bilden die Übergänge zwischen Sommer und Winter.

Laubbäume lassen vor dem Winter die Blätter fallen, da sie sonst vertrocknen würden, wenn weiterhin Wasser über die Blätter verdunstet.

Auch die Tiere sind an das wechselhafte Klima angepasst: Einige haben ein Sommer- und ein Winterfell bzw. ein Sommer- und ein Wintergefieder. Manche Tiere wie Frösche, Salamander, Molche, Eidechsen oder Schlangen fallen in eine sogenannte „Winterstarre".

Säugetiere wie der Igel, der Siebenschläfer (Foto links) oder die Fledermaus fallen in einen Winterschlaf, weil sie in der kalten Jahreszeit sonst verhungern würden.

Zugvögel wie Störche, Kraniche, Gänse, Mauersegler oder Schwalben fliegen in wärmere Gebiete wie Afrika, weil sie im Winter in der gemäßigten Zone zu wenig oder gar keine Nahrung finden.

Achtung: Bitte „weckt" keine Tiere im Winterschlaf! Der Siebenschläfer links wurde für das Foto sehr behutsam behandelt.

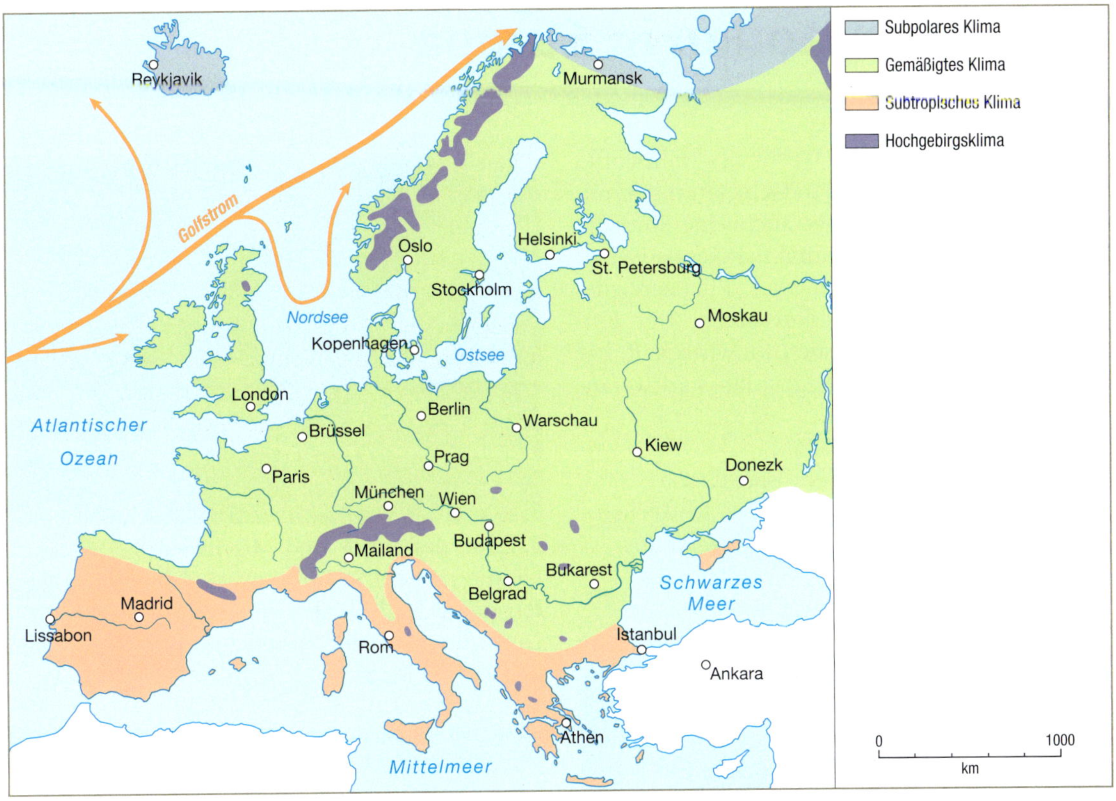

[1] Klimazonen in Europa. *Karte.*

Die subtropische Klimazone

Im Süden Europas gibt es im Sommer oft lange und heiße Trockenperioden. Die Winter sind kühl und regnerisch. Schnee ist selten. Die Temperatur liegt im Jahresdurchschnitt bei über 20 Grad Celsius. Hier leben Geckos.

Hochgebirgsklima

Wo es sehr hohe Gebirge gibt, herrscht Hochgebirgsklima. Hier ist der seltene Steinadler zu beobachten. Im Hochgebirge gibt es zwischen Oktober und Mai Niederschlag meistens als Schnee.

In den Alpen sind die Temperaturen auf 2500 Metern so niedrig, dass es auch im Sommer vielfach schneit.

2. Fertige mithilfe einer politischen Europakarte (siehe S. 16) eine Liste an:

Klimazone	Länder, die ganz oder teilweise dort liegen
Subpolare Zone	Island, ...
...	...

Wähle einen der Arbeitsaufträge aus:

Erstelle eine Tabelle:

Klimazone	Merkmale	
	Sommer	Winter
Subpolare Klimazone	...	...
...	...	

Fertige eine große Europakarte mit Klimazonen wie in [1] an.

Vegetationszonen in Europa

Was wächst in Europa?

Pflanzen brauchen für ihr Wachstum Nährstoffe, Wasser, Wärme und Licht. In Gebieten mit ähnlichem Klima hat sich daher auch eine ähnliche Vegetation gebildet. Zusammenhängende Gebiete mit gleicher oder ähnlicher Pflanzenbedeckung nennt man Vegetationszonen. Der Einfluss des Menschen (z. B. die Landwirtschaft) hat allerdings die natürliche Vegetation stark verändert.

1. Lies die folgenden Texte und sieh dir die dazugehörigen Bilder an. Vermute, in welchen Ländern Europas die jeweiligen Vegetationszonen vorkommen.

1. Zone der Tundra: In der Tundra wachsen Gräser, Moose, Flechten und Zwergsträucher. Bäume gibt es hier gar nicht. Die Pflanzen müssen mit wenig Wärme auskommen.

2. Zone des Nadelwaldes: Wegen des kurzen Sommers und des langen, kalten Winters können hier keine Laubbäume wachsen, sondern ausschließlich Nadelhölzer.

3. Zone des Laub- und Mischwaldes: Die Laubbäume sind im Sommer grün. Zum Winter werfen sie ihr Laub ab. Es gibt auch Mischwälder mit Laub- und Nadelbäumen, außerdem Sträucher, Gräser und Moose.

4. Zone der Steppe: Hier wachsen kaum Bäume. Wegen der starken Trockenheit im Sommer gibt es hier Gräser und Kräuter.

5. Zone der Hartlaubgewächse: Die Pflanzen sind an die trockenen und heißen Sommer angepasst. Laubbäume, die im Winter ihre Blätter ver-

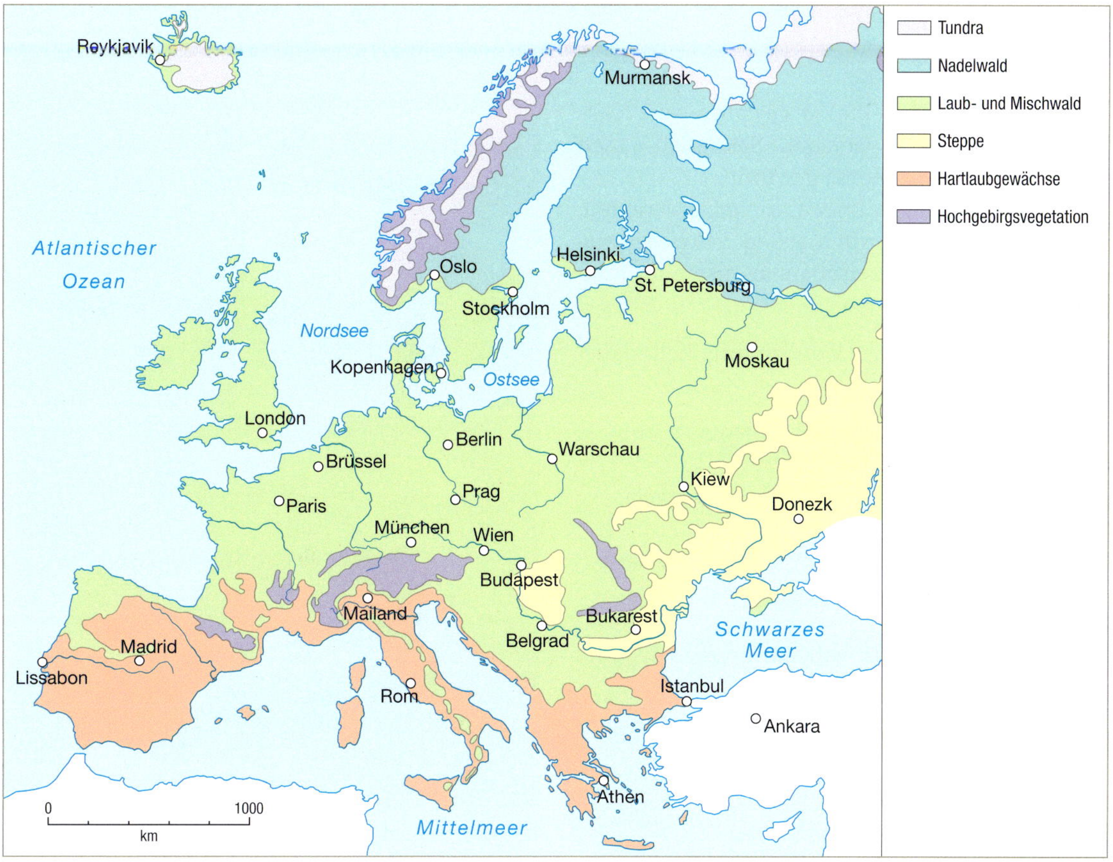

[1] Vegetationszonen in Europa. *Karte.*

lieren, gibt es hier nicht, denn es herrscht nur selten Frost. Die Pflanzen wachsen das ganze Jahr über. Typisch für diese Zone sind Pflanzen mit harten Blättern (Hartlaubvegetation).

6. Zone der Hochgebirgsvegetation: In den verschiedenen Höhen der Hochgebirge wachsen unterschiedliche Pflanzen. Am Gebirgsfuß findet man Laub- und Mischwälder. Dann kommt ein Bereich, in dem Nadelwälder wachsen. Noch weiter oben ist es so kalt, dass nur Zwergsträucher, Gräser und Kräuter wachsen können.

Wähle einen der Arbeitsaufträge aus:

- Erstelle eine Liste mit den Pflanzen der jeweiligen Vegetationszonen. Tundra: Gräser, Moose, ... ; Nadelwald: ...

- Nimm eine politische Karte Europas (S. 16) zu Hilfe und vergleiche sie mit Karte [1]. Erarbeite eine Tabelle nach folgendem Beispiel:

Land	Vegetationszonen
Spanien	Hartlaubgewächse, Laub- und Mischwald, ...
...	...

- Erstelle ein Info-Plakat oder Wandzeitung zu einer Vegetationszone.

Methode Eine Wandzeitung erstellen

Aufmerksamkeit schaffen

Eine Wandzeitung sollte so gestaltet sein, dass man innerhalb von wenigen Sekunden einen Überblick über ein Thema gewinnt.
Sie zeigt große Abbildungen, die dazu verleiten, hinzusehen. Überschriften sollen neugierig machen. Texte sollten überschaubar, also eher kurz sein.

Bei der Erstellung einer Wandzeitung helfen diese Schritte:

1. Schritt: Informationen auswählen

- Was soll gezeigt werden, was kann weggelassen werden?
- Was soll als Bild, Schaubild, Diagramm, Karte oder in einer Tabelle dargestellt werden?

2. Schritt: Material sichten und sortieren

- Welche Bilder sind geeignet?
- Welche Tabellen, Schaubilder oder Zeichnungen sind vorhanden oder müssen selbst angefertigt werden?
- Welche Texte werden verwendet?

3. Schritt: Gestaltung

- Welche Materialien werden gebraucht? (Tonpapier, Tapete, Stellwände, ...)
- Wie soll die Wandzeitung gestaltet werden?
- Wo sollen Bilder, Diagramme, Schaubilder, Tabellen oder Zeichnungen angebracht werden?
- Wie groß werden die einzelnen Bestandteile?

4. Schritt: Arbeit verteilen und Wandzeitung fertigstellen

- Wer besorgt Bilder, Tabellen, Schaubilder, Zeichnungen bzw. fertigt sie an?
- Wie soll die Wandzeitung endgültig aussehen? (Achtung! Bilder, Texte, Diagramme usw. nicht sofort aufkleben, sondern erst lose auf der Unterlage anordnen! Erst wenn alle Materialien passend angeordnet sind, alles festkleben!)

5. Schritt: Präsentation

- Wandzeitung aufhängen und der Klasse vorstellen.

[1] Materialsichtung und Sortierung.

[2] Fertigstellung einer Wandzeitung. *Illustration.*

[3] Beispiel: Die Klasse 6 B hat eine Wandzeitung zu Island erstellt:

Island – Land der Geysire

Zahlen zu Island:

Ausdehnung von Osten nach Westen:	ca. 600 km
Ausdehnung von Norden nach Süden:	ca. 350 km
Einwohnerzahl insgesamt:	ca. 338 000
Davon in der Hauptstadt Reykjavik:	ca. 120 000
Bewohner auf einem Quadratkilometer (Durchschnitt):	ca. 3

Geysire – Wasserfontänen

Ein Geysir ist eine heiße Wasserquelle. In regelmäßigen oder unregelmäßigen Abständen stößt ein Geysir sein Wasser in hohen Fontänen in die Luft. Das Wasser hat eine Temperatur von über 90 °Celsius. Auf Island gibt es insgesamt 26 aktive Geysire.

Sommer und Winter

Der Winter in Island ist lang und dunkel. Obwohl Island weit im Norden liegt, ist es dort im Winter vergleichsweise mild, weil die Insel unter dem Einfluss von warmen Meeresströmungen liegt. Der Sommer ist eher kühl ...

Tiere

Bekannt ist die Insel für die nach ihr benannten Islandpferde. Aber auch die Papageientaucher sind zu einem Markenzeichen Islands geworden. Im Meer um Island tummeln sich...

Gemüse und Obstanbau im Schnee

Im Winter sieht man in Island oft Gewächshäuser im Schnee. Hier wachsen z. B. Kartoffeln, Gurken, Tomaten, Paprika oder Brokkoli. – Künstliches Licht und Wärme helfen dabei. Und beides kostet fast gar nichts und ist außerdem umweltschonend. Heiße Quellen helfen ...

[1] Geysir auf Island. *Foto, 2016.*

[2] Papageientaucher auf Island. *Foto, 2017.*

Wahlseite Niederlande

1. Informiere dich anhand der Materialien dieser Seite über die Niederlande.
2. Suche in Lexika oder im Internet nach weiteren Informationen und Materialien.
3. Präsentiere deine Ergebnisse auf einer Wandzeitung und stelle sie in der Klasse vor.

Land und Menschen

Viele Menschen sprechen von „Holland". Doch der offizielle Name unseres Nachbarlandes im Nordwesten lautet „Niederlande".

In dem recht kleinen Land leben fast 17 Millionen Menschen. Mit etwa 410 Einwohnern pro Quadratkilometer sind die Niederlande einer der am dichtesten besiedelten Staaten der Erde.

Die Hauptstadt der Niederlande ist Amsterdam. Der Sitz der Regierung ist jedoch in Den Haag.

Land und Meer

Die Hälfte der „Nieder"lande liegt weniger als einen Meter oberhalb des Meeresspiegels. Etwa ein Viertel des Landes liegt sogar darunter. Die Küstenregion muss daher durch insgesamt etwa 3000 Kilometer Deich geschützt werden. Denn bei einer Sturmflut wären diese Gebiete sehr stark gefährdet.

Teile des Landes in den Niederlanden waren früher vom Meer bedeckt. Durch den Bau von Deichen wurden diese Gebiete dauerhaft vom Meer abgetrennt. Man spricht auch von „Landgewinnung". Auch die in der südlichen Nordsee liegenden „Westfriesischen Inseln" gehören zu den Niederlanden.

[1] Niederlande, *Karte.*

[2] Fluttore bei Rotterdam. *Foto, 2017.*

[3] Amsterdam, die Hauptstadt der Niederlande. *Foto, 2016.*

Tipps für die Erarbeitung

Suche nach weiteren Informationen und Material. Nutze folgende Suchbegriffe: Grachten, Tulpen, Käse, Windmühlen, ...

Tipps für die Präsentation

Zeige die Niederlande auf einer Karte von Europa. Nimm die Wandzeitung von Seite 27 zu Hilfe.

Irland

1. Informiere dich anhand der Materialien dieser Seite über Irland.
2. Suche in Lexika oder im Internet nach weiteren Informationen und Materialien.
3. Präsentiere deine Ergebnisse auf einer Wandzeitung und stelle sie in der Klasse vor.

Irland und Großbritannien

Irland ist eine Insel im Westen von Großbritannien. Dabei muss man zwischen der Insel Irland und dem Staat Irland unterscheiden.
Die Insel Irland ist auf der Karte unten leicht zu erkennen. Sie ist grün eingefärbt und auch das hellgrüne Gebiet im Nordosten ist ein Teil der Insel Irland.
Jedoch gehört nur die dunkelgrün eingefärbte Fläche zum Staat Irland. Die hellgrün gefärbte Fläche ist Nordirland. Nordirland gehört zu Großbritannien. Die Bürger des Staates Irland haben einen irischen Pass. Die Bürger Nordirlands besitzen einen britischen Pass.

[1] Irland und Großbritannien. *Karte.*

[2] Palmen in Irland. *Foto, 2017.*

Palmen in Irland

Wer in Irland unterwegs ist, sollte stets Regenkleidung und einen Schirm bei sich tragen. Auch wenn die Sonne scheint, ist immer mit plötzlich auftretendem Niederschlag zu rechnen. Für die Pflanzen auf der Insel ist das günstig. Irland wird darum auch die „grüne Insel“ genannt.
Das Klima in Irland ist milder als in anderen Ländern auf demselben Breitengrad. Schnee fällt selten. Denn Irland befindet sich nah am Golfstrom, einer warmen Meeresströmung. Vor allem im Süden Irlands herrscht ein Klima, wie man es am Mittelmeer erwarten würde. Sogar Palmen können hier wachsen.
Stürme, die vom Atlantischen Ozean in Richtung auf die Britischen Inseln ziehen, treten häufig auf. Dann werden Fährlinien eingestellt. Im Westen Irlands treffen riesige Wellen auf die Küste.

Tipps für die Erarbeitung

Suche nach weiteren Informationen und Material. Nutze folgende Suchbegriffe: Dublin, Belfast, Schafe in Irland, Fluss Shannon, ...

Tipps für die Präsentation

Zeige Irland auf einer Wandkarte von Europa. Nimm die Wandzeitung von Seite 27 zu Hilfe.

Wahlseite

Griechenland

1. Informiere dich anhand der Materialien dieser Seite über Griechenland.
2. Suche in Lexika oder im Internet nach weiteren Informationen und Materialien.
3. Präsentiere deine Ergebnisse auf einer Wandzeitung und stelle sie in der Klasse vor.

Land der Inseln und Berge

Nur etwa 100 von den über 3 000 griechischen Inseln sind von Menschen bewohnt. Auf den meisten der nicht bewohnten Inseln gibt es kein Trinkwasser. Die größte griechische Insel ist **Kreta**. Diese Insel zieht Jahr für Jahr viele Tausend Touristen an. Auch **Rhodos**, **Mykonos** oder **Lesbos** sind bekannte Touristeninseln. Wenn man auf eine Griechenlandkarte schaut, fällt die Halbinsel **Peloponnes** auf, die an die Form einer Hand erinnert. Hier leben über eine Million Menschen. Außerdem ist die Landschaft Griechenlands von Gebirgen geprägt. Der bekannteste und höchste Berg des Landes ist der **Olymp**.

[1] Landschaft in Griechenland. *Foto, 2015.*

[2] Der Olymp. *Foto, 2016.*

[3] Karte von Griechenland.

Tipps für die Erarbeitung
Textknacker benutzen: Suche Informationen zu den fettgedruckten Wörtern. Weitere Suchbegriffe: Klima, Tiere und Pflanzen in Griechenland.

Tipps für die Präsentation
Zeige Griechenland auf einer Europakarte. Zeige auf der Europakarte Kreta, Rhodos, Mykonos, Lesbos, die Peloponnes und den Olymp. Nimm die Wandzeitung von Seite 27 zu Hilfe.

Wahlseite

Polen

1. Informiere dich anhand der Materialien dieser Seite über Polen.
2. Suche in Lexika oder im Internet nach weiteren Informationen und Materialien.
3. Präsentiere deine Ergebnisse auf einer Wandzeitung und stelle sie in der Klasse vor.

Unser Nachbar im Osten

Die Grenze zwischen Deutschland und Polen bilden die Flüsse Neiße und Oder.
In Polen leben über 38 Millionen Menschen, über die Hälfte von ihnen in Städten. Die größten Städte in Polen sind Warschau, Krakau, Lodz, Breslau, Posen und Danzig.

Natur

Polen gehört zu den Ländern der Welt mit den meisten Seen. Es hat geschätzt über 9000 große und kleine Seen.
In Polen gibt es Urwälder, in denen sich die Natur noch frei entfalten kann. Diese Urwälder sind noch nie von Menschen verändert worden. Hier leben Tiere, die sonst kaum oder gar nicht in anderen Ländern Europas anzutreffen sind: Wisent, Braunbär, Luchs, Wolf, Dachs, Otter und Biber sind nur einige der Tiere, die sich in den Nationalparks frei bewegen können.

Ostsee und „Frisches Haff"

Im Norden verläuft die Grenze Polens an der Ostsee. Die polnische Küste ist 528 Kilometer lang. Eine Besonderheit der Ostseeküste vor Polen ist das „Frische Haff". Das „Frische Haff" gehört zur Ostsee, ist aber durch die „Frische Nehrung", einen 70 Kilometer langen und zwei Kilometer breiten Landstreifen, von ihr getrennt.
Der einzige Durchlass zwischen Haff und Ostsee ist das 380 Meter breite „Neue Tief". Etwa in der Mitte des Haffs verläuft die Grenze zwischen Polen und Kaliningrad.
Kaliningrad hieß bis 1946 Königsberg und gehörte zu Deutschland. Als Folge des von Deutschland verlorenen Zweiten Weltkrieges (1939–1945) fiel die Stadt an die Sowjetunion (heute Russland).

[1] Masuren. *Luftbild, 2015.*

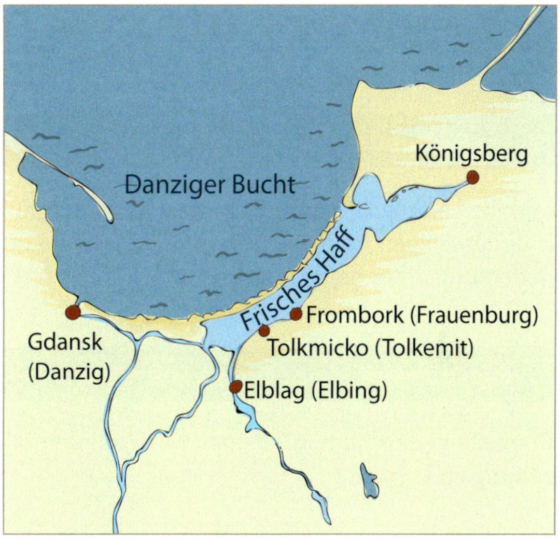

[2] Das „Frische Haff". *Karte.*

Tipps für die Erarbeitung

Suche nach weiteren Informationen und Material über Polen. Nutze folgende Suchbegriffe: Klima in Polen, Tiere und Pflanzen in Polen, Seen in Polen, ...

Tipps für die Präsentation

Zeige Polen auf einer Wandkarte von Europa.
Zeige auf der Wandkarte die Grenze zwischen Deutschland und Polen.
Nimm die Wandzeitung von Seite 27 zu Hilfe.

GPG aktiv

Wenn du dich noch mehr für Europa interessierst, findest du auf dieser Seite weitere Anregungen. Denke auch daran, dein Portfolio zu führen:

- schöne Ergebnisse in Bild und Text sammeln,
- Lernerfahrungen zum Thema Europa aufschreiben.

1. Europäische Flaggen für die Klassenwand

In Europa gibt es unterschiedliche Staaten und Sprachen. Jeder Staat hat eine eigene Flagge. Fertigt für eure Klassenwand zusammen Zeichnungen von europäischen Flaggen an. Darunter könnt ihr in der jeweiligen Landessprache Wörter wie „Willkommen!“, „Guten Tag!“, „Hallo!“ oder „Wie geht es dir?“ schreiben:

Willkommen!	**Welcome!**	**Bienvenidos!**

2. Die Bedeutung europäischer Flaggen erklären

Mithilfe einer Suchmaschine findest du sehr schnell heraus, welche Bedeutung die Farben und Symbole der jeweiligen Flaggen haben. Über die Bedeutung kannst du in der Klasse berichten oder die Bedeutung unter der Flagge in einem kurzen Text erklären.

3. Eine Wandzeitung zu Europa anfertigen

Erarbeite gemeinsam mit deinen Mitschülern mithilfe der Methode auf Seite 26 gemeinsam eine Wandzeitung zu Europa.

4. Eine Karte zeichnen: Europäische Rekorde

Fertige zusammen mit deinen Mitschülern eine „Rekordkarte Europa“ an. Zeichnet dazu eine Umrisskarte von Europa und schreibt die Rekorde hinein.

Europäische Rekorde

- das Land mit den meisten Inseln: Griechenland (über 3000 Inseln)
- der höchste Berg: der Montblanc (4810 m)
- der längste Fluss: die Wolga (3692 km)
- die Stadt mit den meisten Einwohnern: Moskau (11,5 Millionen Einwohner)
- die größte Insel: Großbritannien mit 209 000 Quadratkilometern
- das Land mit der größten Fläche: Russland mit 3,9 Millionen Quadratkilometern (nur der europäische Teil, insgesamt hat Russland eine Fläche von über 17 Millionen Quadratkilometern)

Teste dich!

[1] Faustskizze von Europa.

[2] **Begriffe und Erklärungen richtig zuordnen:**

Eiffelturm	Es steht in Rom und wurde vor über 2000 Jahren gebaut.
Gemäßigte Zone	In diesem Land gibt es über 3000 Inseln.
Zone der Steppe	Von hier oben kann man ganz Paris überblicken.
Kolosseum	Hier spürt und sieht man den Wechsel der Jahreszeiten besonders.
Griechenland	Wegen der starken Trockenheit wachsen hier Gräser und Kräuter.

[3] **Richtig oder falsch?**

a) Die Tower Bridge steht in Italien.

b) Gebiete, in denen in etwa die gleichen Temperaturen herrschen und in denen auch in ungefähr gleich viel Niederschlag fällt, nennt man Klimazonen.

c) Deutschland grenzt an die Nordsee und an die Ostsee.

d) Der größte Teil der Türkei gehört zu Europa, der kleinere Teil gehört zu Asien.

e) Der Ural bildet die Grenze zwischen Europa und Asien.

Erkenntnisse gewinnen

1. Ordne in [2] den Begriffen die richtigen Erklärungen zu.
2. Beantworte die folgenden Fragen. Nutze einen Atlas, wenn du ihn brauchst:
   - Zwischen welchen Staaten liegen die Pyrenäen?
   - In welchen Staaten liegen die Alpen?
   - In welchen Staaten liegen die Karpaten?
3. Nenne anhand einer großen Atlaskarte:
   - die westlichste Hauptstadt Europas
   - die nördlichste Hauptstadt Europas
   - die südlichste Hauptstadt Europas
   - fünf große Inseln im Mittelmeer
   - zwei große Inseln im Norden
   - drei Flüsse, die in die Ostsee münden
   - zwei Flüsse, die in die Nordsee münden
   - einen Fluss, der ins Mittelmeer mündet
   - zwei Flüsse, die in den Atlantischen Ozean münden.
4. Zähle mindestens zehn europäische Länder auf. Nenne die Hauptstädte dieser Länder.

Beurteilen und bewerten

5. Bewerte aus deiner Sicht folgende Behauptung: Europa – ein vielseitiger Kontinent.

Anwenden und handeln

6. Fertige eine Skizze an: Deutschland und seine Nachbarn.
7. Zeichne mithilfe der Skizze [1] eine Faustskizze von Europa. Nenne die Grenzen Europas und beschrifte deine Faustskizze.
8. Erkläre, wie du vorgehst, wenn du eine Wandzeitung erstellst.
9. Begründe deine Meinung: Sind die Aussagen in [3] richtig oder falsch?

WEBCODE: MZ648962-033

Herrlich – die Sonne und das warme Wasser!
In diesem Jahr soll's hier Quallen geben.
Der Flieger hatte auch wieder zwei Stunden Verspätung.
... ganz schön zugebaut mit Hotels aber das Frühstück war gut.

Tourismus

Am Mittelmeer

Viele Millionen Menschen verbringen ihre Ferien am Mittelmeer. Wie hier am Strand von El Arenal auf Mallorca suchen die Touristen Sonne …

1. Beschreibe das Bild. Was gefällt dir, was findest du nicht so schön?
2. Lies die Denk- und Sprechblasen und finde dazu jeweils eine Überschrift (Beispiel: Lärmbelästigung).
3. Erstelle eine Liste mit den Gründen, warum viele Menschen ihren Urlaub am Mittelmeer verbringen.

Schauplatz Am Mittelmeer

[1] Beliebte Touristenstrände und Ferienorte am Mittelmeer.

1. Ordne den Mittelmeerländern Spanien, Frankreich, Italien, Kroatien, Griechenland, Tunesien und Türkei bekannte Strände oder Touristenorte zu. Lege dazu eine Tabelle an:

Land	Strand/Ort
…	…

2. Nenne je zwei Urlaubsinseln im westlichen, mittleren und östlichen Mittelmeer.

Der Traum von Sonne und Meer

Jahr für Jahr begeben sich Millionen von Touristen auf den Weg zum Mittelmeer. Sie wollen dort ihren Traum von Sonne und Meer verwirklichen. Schon 1950 fuhren viele Menschen aus Deutschland in den Süden. Das Ziel vor allem bayerischer Touristen ist die italienische Adria-Küste. Sie ist schnell erreichbar.

Tourismus als Massenveranstaltung

Ein Reisender, der vor 200 Jahren nach Italien fuhr, reiste mit der Postkutsche. Für die Strecke von Deutschland nach Rom brauchte er zwei Monate. Vor Sehenswürdigkeiten musste er nicht Schlange stehen. Er konnte sich in aller Ruhe umschauen. Zur Erinnerung konnte er ungestört Zeichnungen anfertigen.

Heute überqueren Reisende in wenigen Stunden mit dem Flugzeug, Reisezug oder Auto die Alpen. Günstige Flugtickets und ausgebaute Autobahnen haben das Reisen preiswerter und schneller gemacht. Noch nie hatten die Menschen so viel Urlaub wie heute.

Zahlreiche Mittelmeerländer sind Mitglieder der Europäischen Union. An der Grenze gibt es deshalb keine langen Kontrollen mehr. Beinahe überall gilt der Euro als einheitliches Zahlungsmittel. Urlaub am Mittelmeer ist zum Massentourismus geworden. Bis zum Jahr 2020 werden jedes Jahr bis zu 350 Millionen Urlauber am Mittelmeer erwartet.

Vom Fischerdorf zur Ferienhochburg

Wo noch vor 50 Jahren kleine Fischerdörfer oder einfache Herbergen standen, sind heute vielfach große Ferienorte entstanden. Für die Wirtschaft der Mittelmeerländer hat der Tourismus aber eine sehr große Bedeutung.

3. Nenne Ursachen des Massentourismus.
4. Schreibe einige Merkmale des Massentourismus auf.

[2] Strand von Bibione (Italien) um 6.00 Uhr. *Foto, 2015.*

Das Beispiel Bibione

Bibione liegt an der italienischen Adria, nur wenige Kilometer nordöstlich der Stadt Venedig. Der Ort hat viel zu bieten für Touristen: einen Sandstrand von acht Kilometer Länge, im Sommer bis zu zehn Sonnenstunden pro Tag und hohe Temperaturen. Die Hotels und Geschäfte im Ort haben sich auf Touristen ausgerichtet. In der Nähe gibt es einen Vergnügungspark mit Wellenbad und Wasserrutschen.

5. Suche Bibione auf einer Karte im Atlas.
6. Beschreibe die Fotos [2] und [3].
7. Beurteile, ob Bibione für dich ein guter Urlaubsort wäre.

Wähle einen der Arbeitsaufträge aus:

- Schreibe unter der Überschrift „Bibione – mehr als Sonne, Strand und Meer" einen kleinen Werbetext für den Urlaubsort.
- Schreibe eine Postkarte oder Mail an Freunde und berichte darin kurz über deine Erlebnisse und Eindrücke vom Urlaub am Mittelmeer.

[3] Bibione. *Foto, 2015.*

Was du noch tun kannst ...

- Sammle Informationen zu einem bekannten Urlaubsort am Mittelmeer (Internet, Reiseprospekte aus dem Reisebüro, Atlas). Stelle deine Ergebnisse in der Klasse vor (kurzes Referat, Schaubild, Plakat).

Orientierung – Tourismus

[1] Beliebte Urlaubsgebiete in Europa. *Karte.*

Urlaub am Meer oder im Gebirge?

Ob am Mittelmeer, im fernen Asien oder in den Alpen – überall trifft man Touristen. Am Anfang ihrer Urlaubsplanung steht fast immer die Frage: Meer oder Gebirge?

[2] Dein Urlaubstraum? *Foto, 2016.*

1. Zeige auf der Karte Urlaubsregionen, die du kennst.
2. Erstelle anhand der Karte eine Tabelle, in der du wichtige europäische Reiseziele notierst:

Reiseland	Touristenziele
...	...

3. Schreibe aus der Karte oben beliebte Urlaubsziele in Deutschland heraus.
4. Notiere, in welchen Alpenländern Winterurlaub stattfindet.
5. Vergleiche Abbildung [2] mit dem großen Foto auf den Seiten 34/35.

Formen des Tourismus

Früher waren Urlaubsreisen nur für wenige reiche Menschen bezahlbar. Heute fahren viele Einzelreisende, Familien oder Gruppen in den Urlaub. Sie benutzen dazu das eigene Auto, reisen mit dem Zug, mit Bussen oder mit dem Flugzeug. Wenn jemand An- und Abreise, Unterkunft und Programm eigenständig plant, spricht man von einer Individualreise.

Viele Touristen entscheiden sich aber für Angebote von Reiseveranstaltern. Der angebotene Gesamtpreis umfasst dabei die Hin- und Rückreise, die Unterkunft, Verpflegung und das Programm. Man sagt dazu auch Pauschalreise. Heute werden auch spezielle Reisen für Alleinstehende, Behinderte oder ältere Menschen angeboten. Junge Leute reisen gern mit ihrer Jugendgruppe.

6. Erstelle eine Liste verschiedener Reiseformen.

Auswirkungen des Tourismus

Der Tourismus kann für die bereisten Länder und deren Einwohner bedeutende Folgen haben. Der Bau von Flughäfen, Hotels oder Freizeitanlagen kostet viel Geld, aber es entstehen neue Verdienst- und Beschäftigungsmöglichkeiten für die einheimische Bevölkerung. Naturschutz, Kultur und Traditionen kommen dabei aber oft zu kurz.

(der) Tourismus:
Geht auf das französische Wort le tour für Reise, Spaziergang, Rundgang zurück.

7. Sammle Vorteile und Nachteile von Auto, Bus und Flugzeug für Rollstuhlfahrer, die ihren Urlaub planen.

Tourismus

Sommerurlaub in den Alpen

Warum verbringen Touristen ihren Sommerurlaub in den Bergen?

[1] Sommerurlaub in den Alpen. *Karte.*

1. Finde aus der Karte [1] heraus: Welche Staaten haben Anteil an den Alpen? Wie hoch sind der Montblanc (höchster Berg), die Zugspitze und der Großglockner?
2. Nenne die Temperaturen in Oberstdorf ([2]) im Sommer (Juni–September) und im Winter (November–Februar).

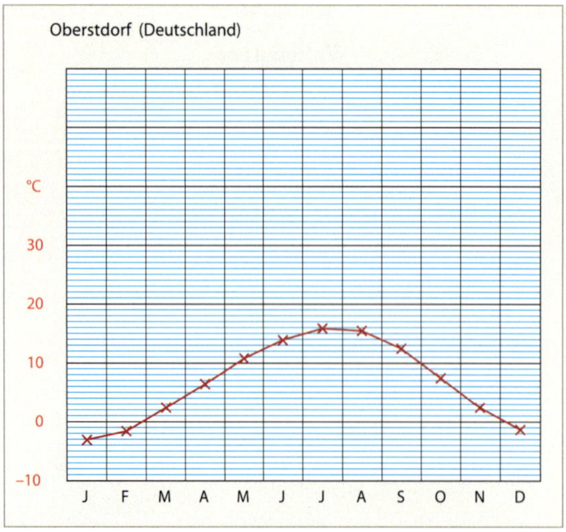

[2] Durchschnittliche Temperaturen in Oberstdorf. *Diagramm.*

Urlaub in den Alpen

Die Alpen sind mit einer West-Ost-Erstreckung von 1200 km und einer Nord-Süd-Ausdehnung von 250 km das größte Gebirge in Europa. Hier gibt es ca. fünf Millionen Ferienbetten, 500 Millionen Übernachtungen und 120 Millionen Feriengäste pro Jahr. Die meisten Touristen kommen im Winter zum Skifahren oder Snowboarden. Familie Köster hat sich entschlossen, die Alpen im Sommer kennen zu lernen. Die Eltern möchten vor allem wandern. Dazu hatten Hendrik (11 Jahre) und Tina (9 Jahre) eigentlich keine Lust. Aber in ihrem Ferienort Oberstdorf gibt es ja noch viele andere Möglichkeiten ...

3. Kläre, welche Vorbereitungen (Ausrüstung, Verpflegung) Familie Köster für eine Wanderung in den Bergen bis auf 2000 m Höhe treffen müsste. Nimm dazu [3] und [4] zu Hilfe.
4. Beschreibe mithilfe der Abbildungen auf der rechten Seite Freizeitmöglichkeiten in Oberstdorf. Was würdest du gerne machen? Was würden deine Eltern gerne tun?
5. Sammle Gründe, warum Menschen im Sommer in den Alpen Urlaub machen.

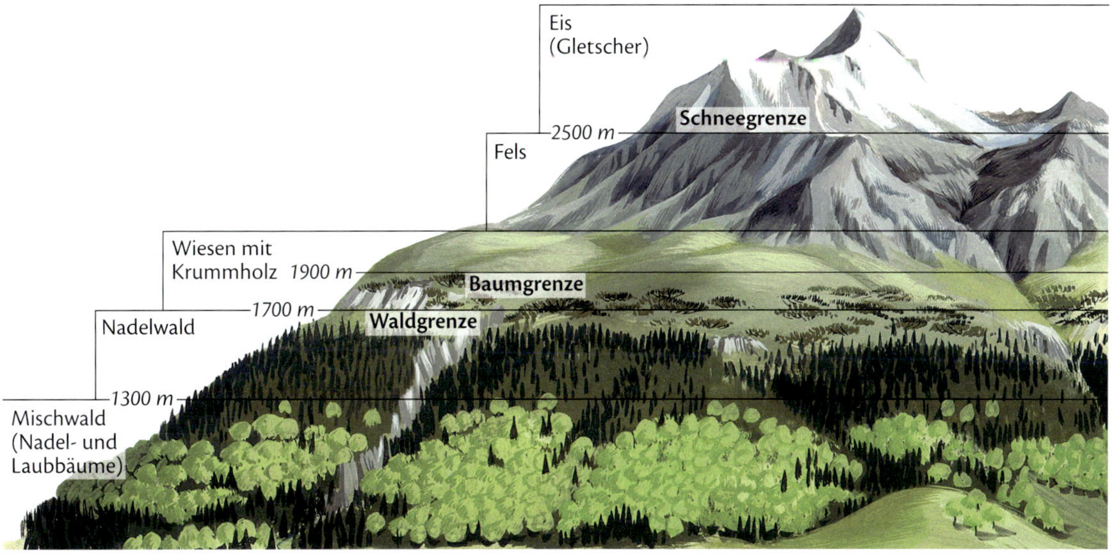

[3] Höhenstufen der Pflanzenwelt auf der Nordseite der Alpen.

[4] Wandern in der Umgebung von Oberstdorf. *Foto, 2017.*

[5] Wildwasserfahren (Rafting). *Foto, 2017.*

[6] Mountainbiking. *Foto, 2016.*

Wähle einen der Arbeitsaufträge aus:

- Entwirf einen Flyer für den Urlaubsort Oberstdorf.
- Schreibe mithilfe der Zeichnung [3] einen Brief über eine Bergwanderung bis zu einer Berghütte auf 2000 m Höhe. Schildere die Vorbereitungen (Ausrüstung, Verpflegung), Einzelheiten der Strecke (z. B. Höhe, Temperatur, Pflanzen- und Tierwelt) und deine Eindrücke vom Erlebnis.

Was du noch tun kannst …

- Im Reisebüro Prospektmaterial zum Urlaub in den Bergen beschaffen, im Internet oder in der Bibliothek Material zu einzelnen Orten in den Alpen heraussuchen.

Ski und mehr ...

Weiß um jeden Preis?

[1] Kindergruppe in den Alpen. *Foto, 2015.*

1. Berichte vom Winterurlaub in den Alpen oder von einem Klassenausflug im Winter: Was hat dir viel Spaß gemacht? Was war nicht so gut?

Erlebnis Wintersport

Winterurlaub in den Alpen ist heute mehr als nur Skifahren, Rodeln oder Eislaufen. In vielen Skiorten bieten Schwimmbäder mit Sauna und Erholungsbereich Spaß und Entspannung.
Inzwischen ist ein Wettkampf um größere Skigebiete, mehr Luxus und mehr Nervenkitzel entstanden. In den Ötztaler Alpen (Österreich) wurde die größte Disco in den Alpen errichtet. In Sölden (Tirol) flossen 30 Millionen Euro in den Bau einer neuen Seilbahn. Auf künstlichen Plattformen oder Hängebrücken können die Besucher tief in den Abgrund schauen [4].

2. Beschreibe das „Erlebnis Wintersport" mithilfe des Textes und der Abbildungen [1]–[4].

Wirtschaftliche Folgen

Millionen von Besuchern haben in den letzten Jahrzehnten viel Geld in die Alpenregion gebracht. Zahlreiche Besitzer von Hotels, Skiliften, Restaurants oder Läden kamen zu Wohlstand. Die meisten Einwohner der Skiorte arbeiten in der Tourismusbranche – als Skilehrer, Bergführer, Hotelangestellte, in Gaststätten oder Discos.

3. Beschreibe die positiven Folgen des Winter-Tourismus in den Alpen.

[2] Freizeitbad Sölden in Tirol. *Foto, 2015.*

[3] Skipiste im Sommer. *Foto, 2015.*

[4] Die Aussichtsplattform „Thrill Walk" (Nervenkitzel-Weg) am Berg Schilthorn in der Schweiz führt um eine steile Felswand herum. *Foto, 2016.*

Tourismus und Umwelt

In den Alpen machten früher nur wenige Bergsteiger oder Skiläufer Urlaub. Heute übernachten hier im Sommer und Winter Millionen von Urlaubern. Wissenschaftler sprechen von Massentourismus. Dadurch hat sich das Aussehen der Orte sehr verändert. Immer mehr Hotels, Straßen, Bergbahnen, Ferieneinrichtungen oder Restaurants wurden gebaut.

Die meisten Touristen reisen im Auto an. Die Abgase schädigen den Bergwald. Um neue Skipisten oder Bergbahnen anzulegen, wurden Wälder gerodet. Das nimmt Tieren und Pflanzen ihren Lebensraum. Außerdem wächst die Gefahr, dass Schlamm- oder Schneelawinen die Berge herunterstürzen.

Die Auswirkungen des weltweiten Klimawandels sind in den Alpen besonders zu spüren. Es fällt weniger Schnee als früher. Deshalb müssen viele Skipisten mit Schneekanonen künstlich beschneit werden. Das kostet viel Energie und Wasser.

4. Beschreibe die Folgen des Tourismus in den Alpen für die Umwelt.

5. Begründe, ob der Massentourismus in den Alpen eher positiv oder negativ zu bewerten ist.

Wähle einen der Arbeitsaufträge aus:

- Erstelle eine Stichwort-Liste mit Gefahren für die Umwelt, die vom Tourismus hervorgerufen werden.
- Schreibe einen Tagebucheintrag über einen Tag auf der Skipiste oder einen Ausflug zum „Thrill Walk".

Massentourismus – Sanfter Tourismus

Was ist Sanfter Tourismus?

[1] Benidorm (Spanien). *Foto, 2016.*

1. Betrachte und beschreibe die Bilder [1] und [2].
2. Erläutere, warum die Bilder typisch sind für den Begriff „Massentourismus".

Massentourismus

Im Sommer und im Winter locken Sonne, Strände, Schnee und Skipisten Millionen von Touristen an das Mittelmeer oder in die Alpen. Überall dort, wo Touristen in größeren Massen an bestimmten Zielorten auftreten, sprechen wir von Massentourismus.

Der Massentourismus wird vor allem von großen Reiseanbietern bestimmt. Sie bieten Pauschalreisen an. Dabei werden Anreise, Unterkunft, Verpflegung und Programm zu einem günstigen Gesamtpreis angeboten. Meistens werden die Touristen in großen Hotels („Bettenburgen") untergebracht. Um die Massen zu bewältigen, müssen Straßen, Flugplätze, Hotels und Freizeitanlagen gebaut werden.

Auswirkungen

Der Massentourismus bringt Jahr für Jahr viel Geld in die touristischen Länder und einzelnen Orte. Er schafft auch Millionen von Arbeitsplätzen im Transportgewerbe, in Hotels, Restaurants und Freizeiteinrichtungen. Aber der Massentourismus nimmt zahlreichen Tieren und Pflanzen ihren natürlichen Lebensraum. Die Autos der Touristen schädigen mit ihren Abgasen die Umwelt.

3. Stelle in Stichworten zusammen:
   a) Kennzeichen des Massentourismus;
   b) positive und negative Folgen des Massentourismus.

[2] Parkplatz in den Alpen. *Foto, 2016.*

[3] Sanfter Tourismus: Benutzung öffentlicher Verkehrsmittel. *Foto, 2015.*

[4] Bootfahren im Altmühltal. *Foto, 2016.*

Sanfter Tourismus
Der „Sanfte Tourismus" versteht sich als Gegenmodell zum Massentourismus. Er ist eine Form des Reisens, die drei wesentliche Ziele verfolgt:
- Es soll so wenig wie möglich auf die Natur des Urlaubsgebietes eingewirkt werden. Der Natur soll nicht geschadet werden.
- Die Touristen sollen die Natur möglichst nah, intensiv und ursprünglich erleben.
- Die Reisenden sollen sich der Kultur des bereisten Gebietes möglichst anpassen (Beispiele: Sprache, Musik, Essen und Trinken).

4. Beschreibe die Bilder [3] und [4] und erläutere, was sie mit dem „Sanften Tourismus" zu tun haben.
5. Überlege und entscheide: Was ist Sanfter Tourismus? Schreibe aus dem Feld unten die Begriffe ab, die zum Begriff „Sanfter Tourismus" passen.

Anreise mit Flugzeug oder Auto, Anreise mit öffentlichen Verkehrsmitteln, Ferienclubs, einfache Unterkünfte, Swimmingpools, öffentliche Freibäder, Wandern, Radfahren, Reiten, Discos, Bars, Vergnügungsparks, einheimisches Essen, internationales Essen.

Sanfter Tourismus in Bayern und Österreich
22 Orte in Bayern und Österreich werben für sich als „Bergsteigerdörfer". Sie verzichten auf Kunstschnee und teure Liftanlagen. Sie setzen auf Langlauf-, Wander- und Schneetouren-Angebote. Der Verbund „Fahrtziel Natur" setzt sich dafür ein, dass Naturräume umweltschonend mit öffentlichen Verkehrsmitteln entdeckt werden. Dazu gehören auch die bayerischen Alpenregionen Ammergauer Alpen, Allgäuer Hochalpen und Berchtesgaden. Besonders gut kann man sanften Tourismus im Nationalpark Bayerischer Wald oder bei einer Radtour entlang von Donau oder Altmühl erleben.

Wähle einen der Arbeitsaufträge aus:

⚀ Fertige ein kurzes Referat an zum Thema „Sanfter Tourismus".

⚁ Stelle Argumente für oder gegen den Sanften Tourismus aus der Sicht folgender Personen bzw. Gruppen dar: Naturschützer, Ferienclubangestellter, Reitstallbesitzer, Bürgermeister.

Was du noch tun kannst ...
- Pauschalreisen-Prospekte aus dem Reisebüro sammeln und einzelne Angebote vorstellen.
- Im Internet Informationen zum „Nationalpark Bayerischer Wald" sammeln.

Methode Klimadiagramme lesen

Klima und Klimadiagramm

Das Zusammenwirken von Temperatur, Niederschlag, Bewölkung, Wind und Luftdruck wird als Klima bezeichnet. Aus den langjährigen (meist 30 Jahre) Durchschnittswerten des Wetters ergibt sich das jeweilige Klima eines Ortes.
An vielen Orten auf der Erde werden heute ständig die Temperaturen gemessen und in Grad Celsius (°C) angegeben. Der Niederschlag wird mit einem Regenmesser aufgefangen und in Millimetern abgelesen.
Bei Klimadiagrammen werden die monatlichen Durchschnittstemperaturen eines Ortes mit den durchschnittlichen Niederschlagsmengen kombiniert dargestellt.

So kann man Klimadiagramme lesen:

1. Schritt: Grundinformationen ablesen

- Um welchen Ort geht es? (Name/Staat, Höhe über dem Meer)
- Wie hoch ist die durchschnittliche Jahrestemperatur?
- Wie hoch ist die durchschnittliche jährliche Niederschlagsmenge?

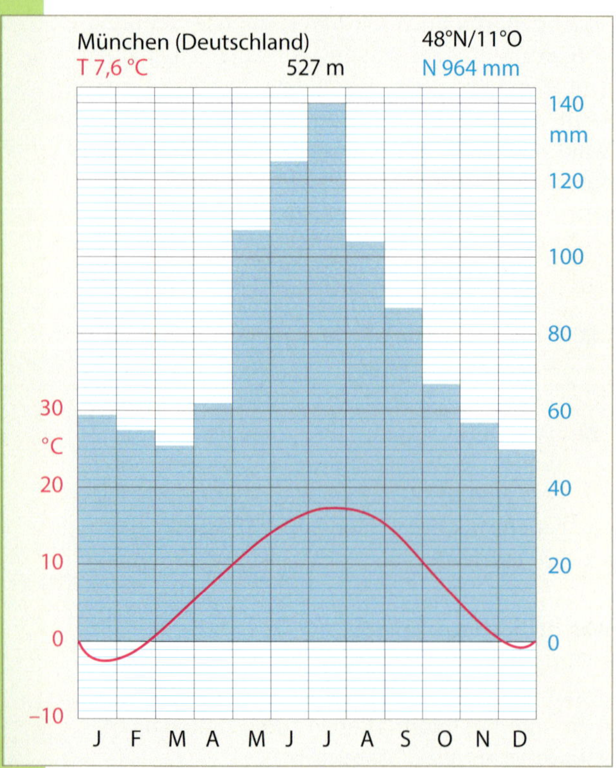

2. Schritt: Durchschnittliche Monatstemperaturen ermitteln

- Mit dem Finger oder einem Stift den einzelnen Monat zeigen, bis zur roten Kurve nach oben gehen und an der linken Hochachse den Wert in °C ablesen.
  Beispiel [1]: September 13,3 °C

3. Schritt: Niederschlagsmengen ermitteln

- Mit dem Finger oder einem Stift den einzelnen Monat zeigen, an der blauen Säule nach oben gehen und die Niederschlagsmenge an der rechten Hochachse ablesen.
  Beispiel [1]: Oktober etwa 67 mm

4. Schritt: Aussagen einordnen und vergleichen

- Die jeweiligen Monate mit den höchsten und niedrigsten Temperaturen bzw. den geringsten und höchsten Niederschlägen ermitteln.
- Mit anderem Klimadiagramm vergleichen.
- Auswirkungen des Klimas z. B. auf die Vegetation (Pflanzenwachstum) einschätzen.

[2] Niederschlagsmesser, *Foto, 2016.*

1. Lies aus dem Klimadiagramm von München die durchschnittlichen Temperaturen und Niederschläge pro Monat ab und übertrage sie in eine Tabelle.
2. Vergleiche die Werte links mit den Angaben für Nürnberg (siehe Seite 47).

[1] Klimadiagramm von München.

Methode

Klimadiagramme zeichnen

Klimadiagramme veranschaulichen Klimawerte einer Station. So könnt ihr ein Klimadiagramm zeichnen:

1. Schritt: Grundlinie zeichnen und beschriften

- Zeichne auf Millimeterpapier eine waagerechte 12 cm lange Grundlinie und teilt sie für die 12 Monate ein (1 Monat = 1 cm). Schreibe die Anfangsbuchstaben der Monate unter die Linie. Beachte: Sind in der Klimatabelle Minus-Temperaturen angegeben, werden die Anfangsbuchstaben der Monate unter die Abschlusslinie geschrieben.

2. Schritt: Temperaturkurve zeichnen

- Zeichne links eine senkrechte Achse für die Temperaturwerte. Beschrifte rot die Achse mit °C. Trage den Wert 0 an der Grundlinie ein. Anschließend unterteile in Zehnerschritten die Achse (1 cm = 10 °C). Sind in der Klimatabelle Minus-Werte angegeben, muss die Achse unterhalb der 0-°C-Linie fortgeführt werden.
- Markiere die Temperaturwerte für die jeweiligen Monate mit einem roten Punkt.
- Verbinde alle Punkte zu einer Kurve.

3. Schritt: Niederschlagssäulen zeichnen

- Zeichne rechts eine senkrechte Achse für die Niederschlagswerte. Trage mit einem blauen Stift mm an der Achse und den Wert 0 an der Grundlinie ein. Anschließend unterteile die Achse (1 cm = 20 mm; über 100 mm: 1 cm = 200 mm).
- Zeichne die Niederschlagswerte der einzelnen Monate mit einem Querstrich über dem jeweiligen Monat. Verbinde die Striche senkrecht mit der Grundlinie.
- Färbe die Niederschlagssäulen blau ein.

4. Schritt: Klimadiagramm beschriften

- Beschrifte das Klimadiagramm mit dem Namen und der Lage der Klimastation, der Höhe über dem Meeresspiegel, der Jahresmitteltemperatur und dem Jahresniederschlag.

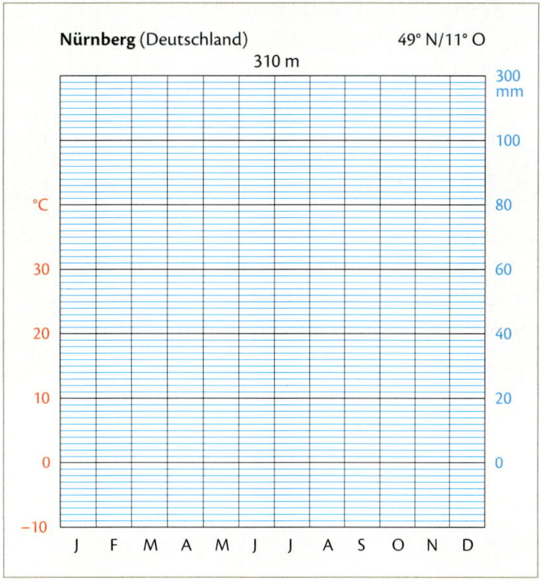

1. Zeichne mithilfe der Angaben aus der Klimatabelle und der Schritte das Klimadiagramm zur Station Nürnberg.

Nürnberg Deutschland 310 m	T (°C)	N (mm)
J	–1,4	43
F	–0,4	39
M	3,7	35
A	8,2	40
M	13,0	55
J	16,5	71
J	18,0	90
A	17,3	75
S	13,8	46
O	8,4	46
N	3,7	41
D	0,0	42
Jahr	8,4	623

Wahlseite

Radtour an der Donau

[1] Wegweiser zum Donau-Radweg. *Foto, 2015.*

[2] Unterwegs an der Donau. *Foto, 2016.*

1. Informiere dich anhand des Textes und der Abbildungen über eine Radtour an der Donau.
2. Präsentiere deine Ergebnisse in geeigneter Form in der Klasse.

Von Donaueschingen bis Passau

Der deutsche Teil des Donau-Radweges ist 588 km lang. Er führt von der Quelle der Donau bei Donaueschingen bis zur Grenze nach Österreich bei Passau. Zur Orientierung dient ein Logo, das auf dem gut ausgeschilderten Radweg verwendet wird. Der Radweg ist leicht befahrbar.

Erlebnis Radfahren

Voraussetzungen für eine Radtour entlang der Donau sind eine angemessene Ausrüstung (Fahrrad, Kleidung, Fahrradhelm, Packtaschen), Kenntnisse über die Strecke und Kondition.
Im engen Oberen Donautal sieht man eher Mountainbiker. Familien mit Kindern befahren dagegen meist Strecken im Bereich der Auwälder oder Städte. Diese Abschnitte sind mit guten Radwegen ausgebaut. Besonders beliebt ist das 232 km lange Teilstück zwischen Ingolstadt und Passau. An den Ufern laden Burgen oder Schlösser, Gaststätten oder Eisdielen zum Verweilen ein. Eine Schiffstour durch den Donaudurchbruch zwischen Kloster Weltenburg und Kelheim ist ein tolles Erlebnis!

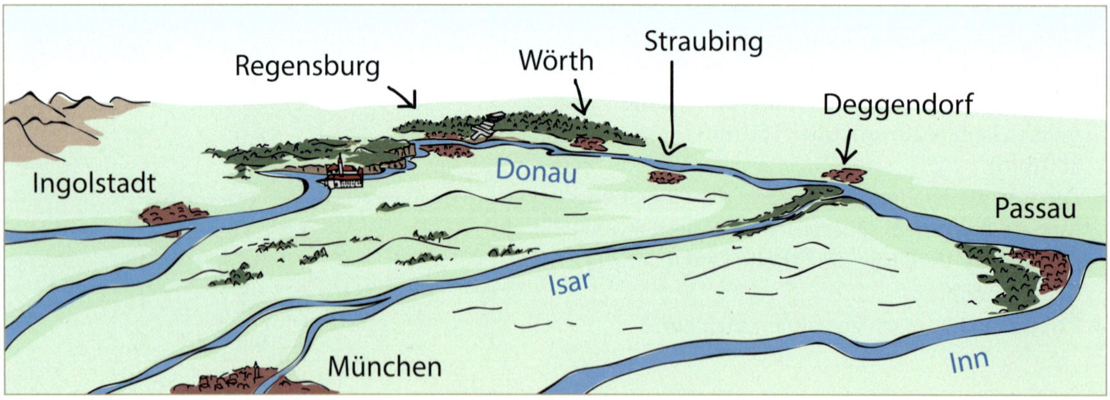

[3] Teilstück des Donau-Radwegs zwischen Ingolstadt und Passau. *Karte.*

Tipps für die Erarbeitung
Strecke von Ingolstadt bis Passau mithilfe von [3] beschreiben, Voraussetzungen notieren, mögliche Aktivitäten aufschreiben.

Tipps für die Präsentation
Wandzeitung erstellen (Karte vergrößern, zusätzliche Bilder aus dem Internet), Werbe-Flyer zusammenstellen.

Wahlseite

Nationalpark Bayerischer Wald

1. Informiere dich anhand des Textes und der Abbildungen über den Nationalpark Bayerischer Wald.
2. Präsentiere deine Ergebnisse in geeigneter Form in der Klasse.

Der Nationalpark Bayerischer Wald

Der Nationalpark Bayerischer Wald wurde 1970 als erster Nationalpark Deutschlands gegründet. Zusammen mit dem angrenzenden tschechischen Nationalpark Sumava bildet der Bayerische Wald die größte zusammenhängende Waldfläche in Mitteleuropa. Geschützt werden vor allem Wälder aus Tannen, Buchen und Fichten. Im Nationalpark entwickelt sich die Natur seit über 40 Jahren fast ungestört von menschlichen Eingriffen. Wälder, Wiesen, Felsen und Moore bilden eine einzigartige Naturlandschaft. Als besonders schützenswerte Tierarten leben hier Luchs, Fischotter, Schwarzstorch, Wanderfalke, Weißrückenspecht oder Habichtskauz.

Angebote für die Besucher

Der Nationalpark bietet für Kinder, Familien und Schulklassen im Sommer wie im Winter ein umfassendes, abwechslungsreiches Programm. Sie können mit allen Sinnen den Lebensraum Wald erleben, auf Aktionstagen gemeinsam die Wildnis entdecken, Tiere in den Gehegen besuchen und Interessantes über ihre Lebensweise erfahren oder mithilfe von GPS-Geräten einen Schatz suchen. Sie können erfahren, wie wilde Tiere im kalten, rauen Winter überleben. Außerdem können die Besucher im Winter Kunstwerke aus Schnee gestalten.

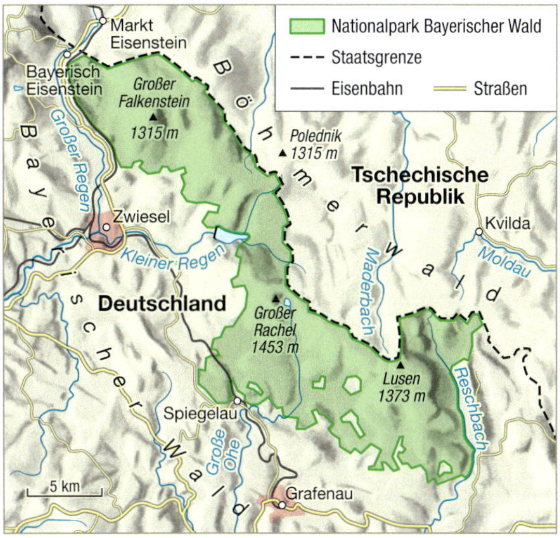

[1] Nationalpark Bayerischer Wald, *Karte.*

[2] Schülergruppe im Nationalpark Bayerischer Wald. *Foto, 2016.*

[3] Luchse im Nationalpark. *Foto, 2015.*

Tipps für die Erarbeitung

Lage des Nationalparks ermitteln, mögliche Aktivitäten notieren; prüfen, ob „sanfter Tourismus" möglich ist.

Tipps für die Präsentation

Lage des Nationalparks auf einer Karte von Deutschland zeigen, Ziele und Aktivitäten des Parks verdeutlichen, weitere Bilder aus dem Internet zeigen.

Wahlseite

Flughafen München

[1] Flughafengelände München. *Foto, 2016.*

[2] Abflugplan (Departures). *Foto, 2016.*

1. Informiere dich anhand des Textes und der Bilder über den Flughafen München.
2. Präsentiere deine Ergebnisse in geeigneter Form in der Klasse.

Von Bayern in die Welt

2014 starteten insgesamt 81,6 Millionen Flugpassagiere von deutschen Flughäfen aus. Über 60 Millionen davon steuerten Ziele in Europa an. Mehr als 20 Millionen Menschen flogen nach Amerika, Asien, Australien oder Afrika.
Der Münchener Flughafen „Franz Josef Strauß“ zählt mit 42,3 Millionen Passagieren zu den größten Flughäfen in Europa und steht in Deutschland hinter Frankfurt am Main an zweiter Stelle.
In München sind 100 Fluggesellschaften tätig, die insgesamt 272 Verbindungen in 70 Länder unterhalten. Der Flughafen ist über die Autobahn oder S-Bahn mit dem 28 km entfernten Stadtzentrum Münchens verbunden.

Der Luftverkehr hat Umweltauswirkungen

Flughäfen benötigen große Flächen für Abfertigungsgebäude, Start- und Landebahnen, Rollbahnen und Parkplätze. Die Außenflächen werden betoniert. Dadurch kann Niederschlag nicht mehr versickern.
Da beim Start von Flugzeugen viel Treibstoff verbrannt wird, werden an den Flughäfen große Mengen schädlicher Abgase in die Luft ausgestoßen. Vor allem der Ausstoß von Kohlendioxid belastet die Umwelt und das Klima.
Eine weitere Umweltbelastung – vor allem für die Anwohner in Flugplatznähe – ist der von den startenden und landenden Maschinen erzeugte Lärm.

Tipps für die Erarbeitung

Bilder beschreiben, Abflugziele aufschreiben, Umweltauswirkungen notieren.

Tipps für die Präsentation

Einige Flugziele auf einer Europakarte zeigen, Folgen für die Umwelt an Bild [1] zeigen.

Wahlseite

Schnelle Wege über die Alpen

1. Informiere dich anhand des Textes und der Abbildungen über „Schnelle Wege über die Alpen".
2. Präsentiere deine Ergebnisse in geeigneter Form in der Klasse.

Die Alpen – eine Gebirgsschranke

Die Alpen bilden eine natürliche Gebirgsschranke zwischen Nord- und Südeuropa. Um über die Alpen zu gelangen, wurden schon von den Römern die ersten Straßen gebaut. Schon damals war der 1372 Meter hohe Brennerpass die wichtigste Verbindung zwischen Nord und Süd. Heute machen Autobahnen, Tunnel und Brücken die Alpen zu einem Durchgangsraum für Personen und Güter.

Immer mehr Fahrzeuge – immer mehr Staus

In den letzten Jahren hat der Verkehr in den Alpen deutlich zugenommen. Vor allem zur Ferienzeit befahren Millionen von Touristen die Pässe und Tunnel. Kilometerlange Staus sind die Folge. Aber es werden immer mehr Waren mit LKWs oder Zügen transportiert. Der Bau von Verkehrswegen, Abgase und Lärm belasten die Umwelt und die Anwohner.

Auf Schienen durch die Alpen

Der Personen- und Güterverkehr soll stärker als bisher auf die Schiene verlagert werden. Am Brenner ist ein Basistunnel geplant, der auf einer Strecke von fast 60 Kilometern Innsbruck (Österreich) mit Brixen (Italien) verbinden und die Autobahn entscheidend entlasten soll.
Kann der Bau des Brenner-Basistunnels die Lösung der Probleme sein? Der Plan erscheint riesig: Von München nach Verona sollen täglich bis zu 400 Züge unterirdisch in beiden Richtungen rollen. Wird das sehr teure Projekt wirklich zu einer Entlastung für Mensch und Natur beiderseits des Brenners führen?

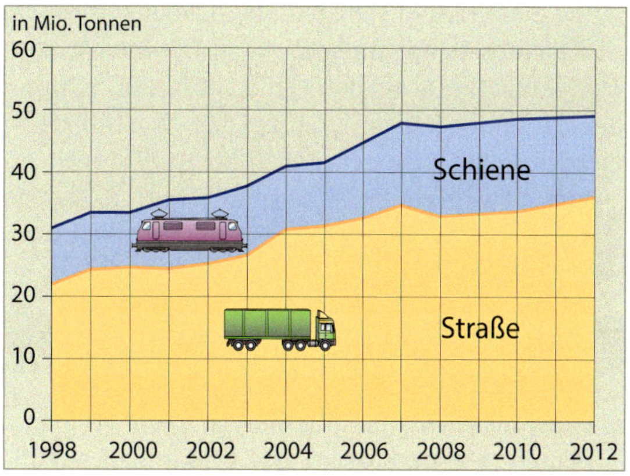

[1] Entwicklung des Güterverkehrs über den Brenner.

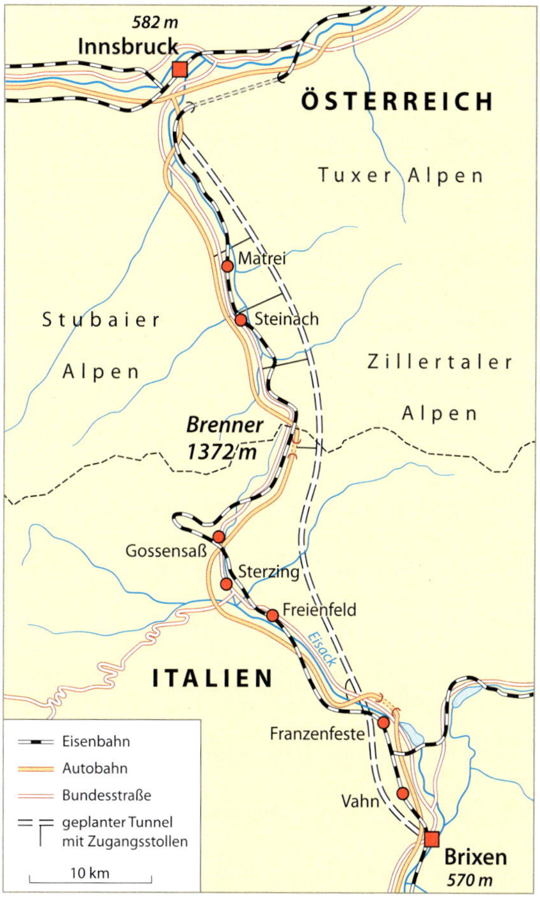

[2] Verkehrswege über den Brenner.

Tipps für die Erarbeitung

Weitere Wege über die Alpen (Pässe, Tunnel) aus dem Atlas ermitteln, geplanten Brenner-Basistunnel beschreiben.

Tipps für die Präsentation

Anhand der Karte die Maßnahmen verdeutlichen, die das Verkehrsproblem lösen sollen.

GPG aktiv

Diese Seite richtet sich an alle, die das Thema „Tourismus“ besonders interessiert, die gern lesen, recherchieren, zeichnen ...
Du kannst die Aufgaben vielleicht in der Schule oder außerhalb der Schule, allein, zu zweit oder in der Gruppe anpacken und mit den Ergebnissen eine kleine Präsentation organisieren.
Denke auch daran, dein Portfolio zu führen:

– schöne Ergebnisse in Text und Bild sammeln.
– Lernerfahrungen zum Thema „Tourismus“ aufschreiben.

Planen: Eine Tagesreise vorbereiten

- eine Klassenwanderung in die nähere Umgebung planen (Wanderstrecke, Besichtigungen, Verpflegung vor Ort usw. erkunden)
- eine Stadtbesichtigung (z. B. München, Augsburg, Würzburg) vorbereiten (Erkundungen im Internet, Reiseführer und Stadtplan, Strecke und Besichtigungen festlegen usw.)
- eine Radtour planen (Strecke aussuchen, Informationsmaterial beschaffen, Besichtigungsmöglichkeiten einplanen, Ausrüstung überprüfen usw.)

Erforschen: Reisen früher und heute

- im Internet oder in der Bibliothek das Reisen in früherer Zeit erforschen (z. B. Badeurlaub um 1900, Bergsteigen in den Alpen vor 100 Jahren) und heutigen Urlaubsformen gegenüberstellen (z. B. Powerpoint-Präsentation, Vortrag, Wandzeitung)
- Reiseberichte aus früherer Zeit lesen
- alte Postkartenansichten von Touristenorten heutigen Fotos gegenüberstellen
- Fotoausstellung mit historischen Bildern zu Urlaubsorten, Urlaubskleidung, Aktivitäten usw. zusammenstellen

Schreiben: Reiseberichte oder Reiseführer

- Berichte über eigene Urlaubsreise schreiben (Anreise, Landschaft, Freizeiteinrichtungen, Erlebnisse usw.)
- Flyer oder Reiseführer zu einem Urlaubsort oder einer Urlaubsregion, vielleicht auch zum eigenen Wohn- oder Schulort zusammenstellen und schreiben (Texte, Karten, Bilder aus eigenen Unterlagen, im Internet oder in der Bibliothek beschaffen, kopieren, zusammenstellen)

Teste dich!

[1] **Begriffe und ihre Bedeutung**

Tourismus	alternativer, umweltbewusster Fremdenverkehr
Klimadiagramm	wichtigste Urlaubsregion in Europa
Sanfter Tourismus	Reisebranche, Fremdenverkehr
Alpen	Schaubild (Temperaturen, Niederschläge)
Mittelmeer	Gebirge, Urlaubsregion in Europa

[2] **Klimadiagramm von Norderney**

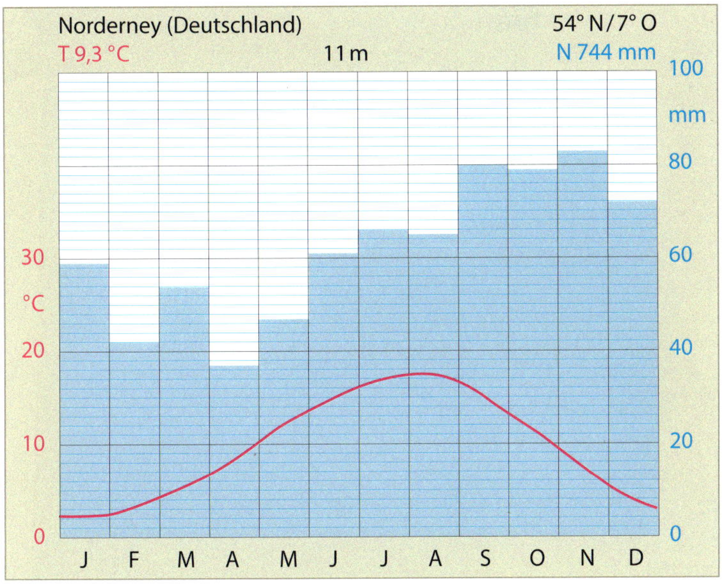

[3] **Die Alpen vor 50 Jahren**

Erkenntnisse gewinnen

1. Ordne den Begriffen aus Abbildung [1] die jeweils passende Erklärung zu.
2. Nenne natürliche Gegebenheiten am Mittelmeer und in den Alpen, die diese Regionen für den Tourismus interessant machen.
3. Beschreibe, was unter dem Begriff „Massentourismus“ verstanden wird.
4. Erkläre, was unter dem Begriff „Sanfter Tourismus“ zu verstehen ist.
5. Zähle negative Auswirkungen des Tourismus in den Alpen auf.

Beurteilen und bewerten

6. Stelle Vor- und Nachteile des Massentourismus am Mittelmeer und in den Alpen gegenüber. Beurteile, ob es mehr Vor- oder Nachteile gibt.
7. Bewerte: Welche deiner eigenen Urlaubsbeschäftigungen entsprechen dem Konzept des sanften Tourismus, welche widersprechen diesem Konzept?

Anwenden und handeln

8. Werte das Klimadiagramm von Norderney [2] aus.
9. Beschreibe die Abbildung [3]. Notiere Veränderungen, die der Tourismus in der gezeigten Alpenregion inzwischen bewirkt hat.

WEBCODE: MZ648962-053

Leben im Mittelalter

Leben auf der Burg

An vielen Orten in Bayern stehen Burgen aus dem Mittelalter. Früher wohnten dort unter anderem die Ritter. Sie beherrschten von den Burgen aus das umliegende Land. Burgen boten ihren Bewohnern, aber auch den Bauern der Umgebung Schutz.

1. Beschreibe die Burg auf dem Foto.
2. Berichte über Burgen, die du kennst.
3. Notiere Fragen, die du zum Leben auf einer Burg hast.

Schauplatz

Leben auf der Burg

Wohnsitz und Verteidigungsanlage

Burgen waren stark befestigt. Ihre dicken Mauern waren kalt und feucht, das Leben im Innern wenig bequem. Die Burg bot Adelsfamilien Schutz vor Angreifern. Sie zeigte den Bauern außerdem, wer in der Gesellschaft „oben" und „unten" war.

So genannte Höhenburgen waren schwer zugänglich (siehe Bild S. 54/55). Alles, was die Bewohner zum Leben brauchten, mussten sie über steile Wege nach oben bringen. Auf einer Burg lebten im Durchschnitt 60 bis 80 Personen. Sie alle brauchten Nahrung und Kleidung. Ihr Alltag war darauf ausgerichtet, die Versorgung zu sichern und sich für den Kampf vorzubereiten.

Der Burgherr nahm häufig an Kriegen teil und blieb lange weg. Wenn eine Burg von Feinden belagert wurde, bedeutete das für die Bewohner Hunger und Entbehrungen, im schlimmsten Fall den Tod.

1. Erläutere die Bilder Bilder [1]–[6].

[1] Betritt man eine Burg über die Zugbrücke, kommt man zuerst in den **Burghof**. Dort ist es eng, die Gebäudeteile stehen dicht an dicht. Nicht alle entstanden zur selben Zeit. Immer wieder wurde im Laufe der Jahrhunderte an- und umgebaut.

[2] Im **Rittersaal** der Burg wurden Gäste empfangen, Versammlungen abgehalten oder Feste gefeiert.

[3] Das ist die **Kemenate**. Sie war der einzige beheizbare Wohn- und Schlafraum in der Burg. Hier hielten sich vor allem Frauen mit ihren kleinen Kindern auf. Bäder gab es in einer Burg nicht. Man wusch sich über einer Schüssel und benutzte ein Plumpsklo.

[4] Ebenfalls warm, aber weniger behaglich war es in einer **Burgküche**. Hier wurden die Mahlzeiten für die Burgbewohner zubereitet. Bedienstete (Köche und Mägde) trugen die Speisen von der Küche in den Rittersaal. Sie selbst durften nicht am Tisch der Adligen sitzen. Sie bekamen meist Getreidebrei und die Reste der „Herrenmahlzeit" zu essen.

[5] In den **Waffenkammern** vieler Burgen kann man Rüstungen aus verschiedenen Zeiten sehen. Hier gibt es auch Waffen für den Angriff oder die Verteidigung.

[6] Ein Brunnen versorgte die Burgbewohner mit Wasser. Er war oft bis zu 100 Meter tief. Es dauerte Jahre, ihn zu graben (Bild: Burg Harburg).

Wähle einen der Arbeitsaufträge aus:

⚀ Notiere Stichworte und sprich vor der Klasse: Stelle als stolzer Ritter einem Besucher deine Burg vor. Nenne dabei möglichst viele Vorteile deiner Burg.

⚀ Erstelle eine Tabelle: Leben auf einer Burg.

Das finde ich gut:	Das finde ich nicht gut:
...	...

⚀ Du gehörst zum Küchenpersonal der Burg. Schildere deinem Partner einen deiner Arbeitstage.

Orientierung – Das Mittelalter

[1] Stände in der mittelalterlichen Gesellschaft. *Illustration.*

1. Beschreibe das Bild. Achte dabei besonders auf Kleidung und Tätigkeiten.

Das Mittelalter

Das Mittelalter begann mit dem Ende der Römerzeit um das Jahr 500 nach Christus. Es endete mit der Entdeckung Amerikas um das Jahr 1500. Auf das Mittelalter folgte die Neuzeit, die bis heute andauert.

Die mittelalterliche Gesellschaft

Die Menschen des Mittelalters waren eingebunden in eine streng geordnete Gesellschaft. Darin hatte jeder seinen festen Platz. Die gesellschaftlichen Schichten bezeichnet man als Stände.

Alle nahmen diese strenge Einteilung als von Gott gewollt hin. Als fromme Christen waren sie davon überzeugt, dass alle Ereignisse von Gott gelenkt würden.

Die meisten Menschen im Mittelalter waren Bauern. Sie lebten und arbeiteten auf dem Land. Die Bauern versorgten sich selbst und die übrige Bevölkerung mit Nahrungsmitteln. Bauern gehörten zusammen mit einfachen Handwerkern zum niedrigsten Stand.

Über den Bauern standen die Ritter, reiche Kaufleute und Geistliche wie Mönche oder Pfarrer.

Die angesehenste Gruppe war der Hochadel. Darunter versteht man Grafen und Herzöge. Aus ihren Reihen kamen auch die Bischöfe und Klostervorsteher (Äbte).

An der Spitze der mittelalterlichen Gesellschaft stand der König.

Die Stände unterschieden sich unter anderem durch die vorgeschriebene Kleidung. So konnte man leicht am Aussehen erkennen, zu welchem Stand jemand gehörte.

2. Nenne Gruppen und Einzelpersonen, die du auf Bild [1] erkennst und einem Beruf oder „Stand" zuordnen kannst.
3. Erläutere die für dich neuen Begriffe. Schreibe sie mit einer kurzen Erklärung auf.
4. Zähle Argumente auf, mit denen Menschen im Mittelalter die Ständegesellschaft begründeten.

- **um 500 nach Christus**
  Ende des Römischen Reiches
- **622**
  Mohammed begründet den Islam: Beginn der islamischen Zeitrechnung in Arabien
- **711**
  Muslimische Araber beginnen mit der Eroberung Spaniens
- **800**
  Kaiserkrönung Karls des Großen

- **ab 1000**
  Zahlreiche Stadtgründungen

- **1096**
  Beginn des Ersten Kreuzzuges
- **1343**
  Ausbruch der Pest in Europa
- **1492**
  Christoph Kolumbus entdeckt Amerika
- **um 1500 nach Christus**
  Ende des Mittelalters

Leben im Mittelalter

Königsherrschaft im Mittelalter

Wie regierte Karl der Große sein Reich?

[1] Reiterstatue aus Bronze, 24 cm hoch. Sie entstand um das Jahr 870 und zeigt vermutlich Karl den Großen.

1. Beschreibe die Statue Karls des Großen [1].

Eine große Persönlichkeit

Karl der Große war einer der bedeutendsten Herrscher des Mittelalters. Er gehörte zum Stamm der Franken. Die Franken hatten ein großes Reich auf dem Gebiet errichtet, das früher zum Römischen Reich gehörte.

Geboren wurde Karl um das Jahr 747. Er starb 814 in Aachen. Er lernte noch im Alter Lesen und Schreiben, gründete Schulen und förderte in seinem Reich Bildung, Wissenschaft und Kunst. Im Jahr 768 wurde Karl zum König der Franken gekrönt. Er herrschte nun über das ganze Reich.

Karl der Große wird Kaiser

Der Papst in Rom hatte damals viele Gegner. Karl nutzte diese Notsituation aus und half dem Papst mit seinem Heer. Dafür unterstützte Papst ihn beim Ausbau seiner Macht. Er krönte Karl 800 zum Kaiser. Das war ein Ehrentitel, der ihn über alle Könige erhob. König und Kaiser war Karl auf Lebenszeit.

An Stelle einer Hauptstadt gab es überall im Land königliche Burgen (Pfalzen). Wie alle Könige im frühen Mittelalter reiste auch Karl ständig von einer Pfalz zur nächsten. So behielt er sein großes Reich unter Kontrolle. Er schuf eine straffe Organisation und erließ viele Gesetze.

2. Beschreibe, wie Karl sein Reich regierte.
3. Betrachte die Karte [2]. Stelle fest, welche heutigen Länder zum Reich der Franken gehörten.

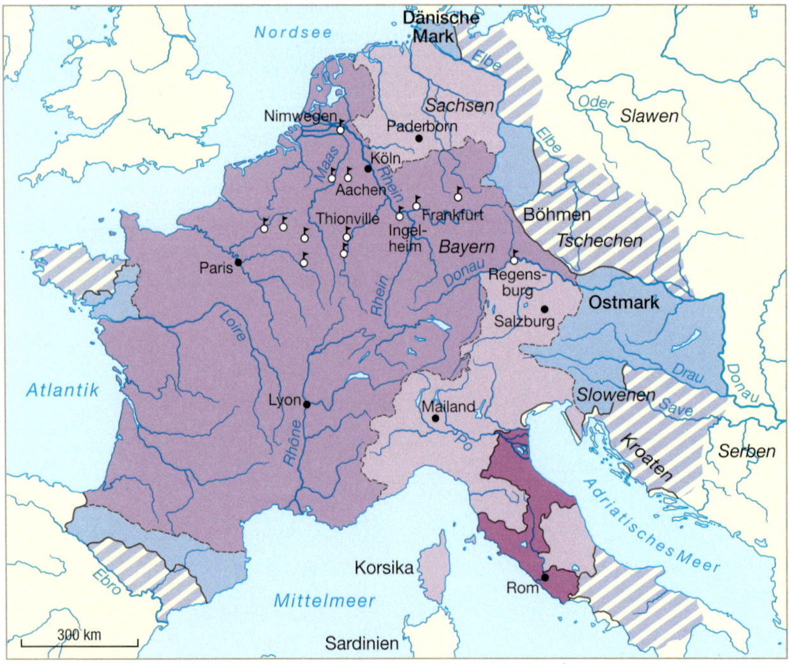

[2] Das Reich der Franken unter Karl dem Großen, *Karte*.

Ein Großreich entsteht

In den 46 Jahren seiner Regierungszeit konnte Karl das Reich der Franken auf nahezu die doppelte Größe ausdehnen. Dazu führte er zahlreiche Kriege.

Jahrelang kämpfte er mit seinen Soldaten gegen die Sachsen im Osten und Norden des Reiches. Er zwang sie mit brutaler Gewalt, den christlichen Glauben anzunehmen. Der Widerstand endete erst, nachdem sich der Sachsenkönig Widukind taufen ließ.

Die stark befestigten Gebiete rings um die Reichsgrenzen nannte man Marken. Karl setzte dort Markgrafen ein. Ihre Aufgabe war es, feindliche Angriffe abzuwehren.

4. Erläutere den Begriff „Markgrafen".
5. Suche die von Karl eroberten Gebiete auf der Karte [2].

Das Lehenswesen

Karl der Große und alle anderen Könige konnten ihr Reich nicht ohne Helfer verwalten. Sie setzten für verschiedenste Aufgaben Vertreter ein.

Seine besten Gefolgsleute belohnte der König, indem er ihnen Ämter, Rechte und die Herrschaft über ein Stück Land verlieh (Lehen). Dort hatten sie dann z. B. das Recht, Abgaben und Zölle zu erheben, eigene Münzen zu prägen und selbst Gericht zu halten.

Anfangs erhielt der König das Land beim Tod des Lehensmannes zurück. Später wurden die Lehen erblich. Die Gefolgsleute (Kronvasallen) waren im Gegenzug verpflichtet, ihrem König Treue zu schwören und Kriegsdienste zu leisten. Wenn sie die Treue brachen, konnte ihnen der König das Land wegnehmen.

Die Menschen mit größerem Grundbesitz wurden Edelleute oder Adlige genannt. Bald schon gaben diese Herren Teile ihrer Gebiete unter ähnlichen Bedingungen an ihre eigenen Vertrauensleute weiter (Untervasallen).

So entstand zur Zeit Karls des Großen das Lehenswesen. Es war ein Geflecht von Vertrauen und gegenseitigen Verpflichtungen. Gleichzeitig sicherte es die Macht der Könige und Kaiser, die an der Spitze dieser „Lehenspyramide" standen.

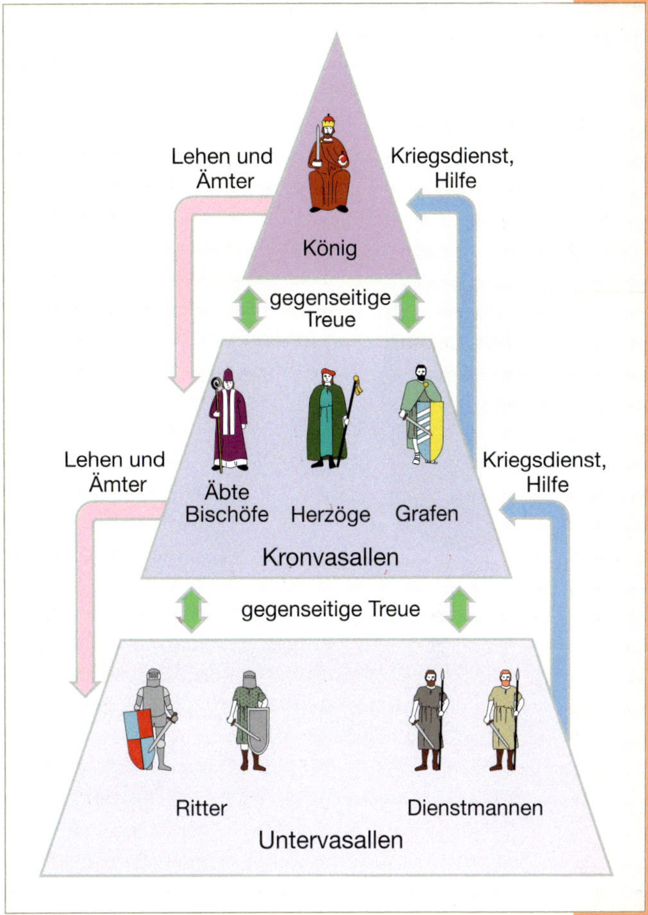

[3] Die Lehenspyramide, *Schaubild.*

6. Beschreibe und erkläre das Schaubild [3] mithilfe des Textes.

Wähle einen der Arbeitsaufträge aus:

- Zeichne das Schaubild [3] vergrößert als Poster für die Klassenwand.
- Zeichne die Umrisse von Karte [2] ab. Trage die Namen der heutigen Länder ein, die ganz oder teilweise auf dem Gebiet des früheren Reich der Franken liegen.

Bauern und Grundherrschaft

Wie war der Alltag der Bauern im Mittelalter?

[1] Zwei Bauern unterhalten sich auf dem Markt:

„Ich bin ein **freier Bauer**. Aber mit meinem Hof kann ich kaum meine Familie ernähren und die Steuern bezahlen!“

„Kein Wunder! Das Land wird ja auch gleichmäßig unter den Söhnen aufgeteilt, wenn ein Bauer stirbt. So wurden die Höfe in unserer Gegend immer kleiner.“

„Fast jedes Frühjahr muss ich **Kriegsdienst** leisten! Die Ausrüstung muss ich selbst bezahlen. Wenn ich weg bin, schafft meine Familie kaum die nötigsten Arbeiten. Aber falls ich hierbleibe, kostet mich das eine hohe Geldbuße.“

„Mir ging es genauso. Deshalb habe ich dem **Grundherrn** den Hof übertragen. Er beschützt mich und ich muss keinen Kriegsdienst mehr leisten. Ich bin nun ein **höriger*** **Bauer**.“

„Das heißt aber, du bist nicht mehr frei! Du musst dem Herrn gehorchen, für ihn **Frondienste** ausführen und **Abgaben** leisten: Das heißt, du musst für ihn arbeiten und einen Teil deiner Ernte abliefern. Wenn du heiraten möchtest, brauchst du seine Erlaubnis. Und als Höriger darfst du den Hof niemals verlassen.“

„Das finde ich nicht weiter schlimm, denn der Herr darf uns auch nicht vom Hof verjagen. Sogar wenn er ihn verkauft, können wir bleiben. Schlimmer finde ich, dass meine Familie das beste Vieh und die beste Kleidung abliefern muss, wenn ich sterbe.“

1. Lies und kommentiere das Gespräch der beiden Bauern.
2. Notiere, welche Vor- und Nachteile es hat, ein freier Bauer zu sein.
3. Notiere, welche Vor- und Nachteile es hat, ein höriger Bauer zu sein.
4. Erläutere Schaubild [2].

[2] Abgaben und Dienste der hörigen Bauern. *Schaubild.*

[3] **Aus einer Liste mit Abgaben und Diensten:**
- Jedes Jahr: 1 Eber, 3 Hühner, 18 Eier, 1 Pfund Garn.
- 5 Wagenladungen Mist, 5 Bündel Baumrinde, 12 Wagenladungen Holz, 50 Latten und 50 Schindeln für Dachreparaturen.
- Eine Woche Hirtendienst bei der Schweineherde im Wald.
- Jede Woche an 3 Tagen Feldarbeit: Einzäunung der Äcker und Weiden, pflügen, säen und ernten und die Ernte in die Scheune bringen.
- 15 Nächte Wachdienst.
- Die Frau muss Tücher weben und daraus Hosen nähen.

Zit. nach: Günther Franz, Quellen zur Geschichte des Bauernstandes im Mittelalter, Darmstadt 1967, S. 82 ff.

5. Erläutere drei Punkte aus der Liste [3].

Ein arbeitsreiches Leben

Das Leben der Bauern war geprägt von schwerer Arbeit und den vier Jahreszeiten. Im Frühling mussten sie den Acker pflügen und das Getreide aussäen, im Sommer die Ernte einholen. Im Herbst mussten sie Feuerholz sammeln und Vorräte für den Winter anlegen.

Die Bauern konnten nirgendwo Nahrung kaufen, sondern mussten alles selbst herstellen, was sie aßen. Bei Bauernhöfen mit wenig Land reichte die Ernte oft gerade so zum Überleben. War die Ernte schlecht oder wurde das Vieh krank, war das eine Katastrophe: Dann drohte nämlich eine Hungersnot.

Die Familie stand beim ersten Tageslicht auf und ruhte sich erst bei Einbruch der Dunkelheit aus. Sie musste die Tiere versorgen, sich um den Gemüsegarten kümmern, Werkzeuge und Gebäude reparieren. Hörige Bauern mussten außerdem noch für den Grundherren* arbeiten.

6. Stelle für den Bauern und seine Frau einen Tagesplan auf.

7. Vermute, welche Arbeiten die Kinder hatten.

[4] Bauern bei der Arbeit, *Buchmalerei, um 1510.*

8. Beschreibe die Arbeiten der Bauern in Bild [4].

(die) Hörigen:
Unfreie Bauern, die ihr Land an einen Grundherrn abgegeben haben und für ihn arbeiten.

(der) Grundherr:
Ein Adliger, der Land besitzt und es von hörigen Bauern bewirtschaften lässt. Auch ein Kloster konnte Grundherr sein.

Wähle einen der Arbeitsaufträge aus:

- Gestalte eine mittelalterliche Abgabenliste für die Klassenwand (Text und Zeichnungen).
- Schreibe das Gespräch [1] mithilfe der Materialien weiter. Spiele es der Klasse vor.

Leben auf dem Dorf

Wie sah ein Dorf im Mittelalter aus?

[1] Ein Dorf im Mittelalter. Im Hintergrund ein Kloster. *Zeichnung, 2017.*

Das Dorf – eine eigene Welt

Im Mittelalter lebten die meisten Menschen auf dem Land. Sie verließen ihr Dorf nur selten. Sie mussten sich nämlich um das Vieh und ihren Hof kümmern. Hörige Bauern durften nur wegziehen, wenn der Grundherr es erlaubte. Außerhalb des Dorfes lauerten viele Gefahren, zum Beispiel Überfälle durch Räuber.

Nur wenige Dörfer hatten damals mehr als 200 Einwohner. Die Bewohner waren aufeinander angewiesen. Auch Kinder mussten mitarbeiten. Schulen gab es keine, niemand konnte lesen und schreiben.

Im Dorf lag meist der Hof des Verwalters, den der Grundherr eingesetzt hatte. Der Grundherr selbst wohnte oft in der Nähe des Dorfes.

1. Wandere mit den Augen durch das Bild und beschreibe das Dorf und die Umgebung. Du kannst z. B. so anfangen: „Im Vordergrund steht die Mühle ..., auf der Wiese daneben sieht man ...“
2. Diskutiert zu zweit, ob ihr gern in einem mittelalterlichen Dorf gelebt hättet. Was hätte euch gefallen? Was weniger?

Wähle einen der Arbeitsaufträge aus:

- Erstelle eine Liste aller Tätigkeiten der Menschen, die du im Bild erkennst.
- Schreibe eine Erzählung über das Dorf aus Sicht eines Jungen. Schildere z. B. deine Aufgaben und beschreibe die Orte, an denen du dich im Laufe eines Tages aufhältst.

Das Kloster – eine eigene Welt

Welche Bedeutung hatten die Klöster im Mittelalter?

[1] Tätigkeiten im mittelalterlichen Kloster. *Zeichnung, 2017.*

1. Beschreibe die Tätigkeiten im Kloster.
2. Notiere zu jedem Bild, wer diese Aufgaben heute bei uns übernimmt.

Ora et labora! – Bete und arbeite!

Mönche, Nonnen und Klöster sind aus unserem Alltag nahezu verschwunden. Im Mittelalter sah das anders aus. Klöster spielten eine große Rolle. Das Leben der Menschen im Mittelalter war geprägt vom christlichen Glauben. Sie waren sich sicher, dass es ein Leben nach dem Tod gibt. Angst vor der Hölle und Hoffnung auf das Paradies im Himmel bestimmten den Alltag. Viele Menschen waren zu einem Leben im Kloster bereit.

Strenge Regeln in den Klöstern

Benedikt von Nursia gründete im Jahr 529 in Italien die erste Klostergemeinschaft: die Benediktiner. Für das Zusammenleben stellte er genaue Regeln auf: Mönche und Nonnen sollten nicht nur an den gemeinsamen Gebeten teilnehmen. Sie sollten auch auf Eigentum und Ehe verzichten, sowie gehorsam sein gegenüber dem Leiter eines Klosters, dem Abt (der Äbtissin).

Wer in ein Kloster eintrat, musste dort sein Leben lang bleiben.

Im Laufe des Mittelalters entstanden überall in Europa neue Orden für Männer oder Frauen. Sie hatten regen Zulauf. Besonders junge, gebildete Adlige traten dort ein. Söhne ohne Aussicht auf ein Erbe oder Töchter, die nicht nach dem Willen der Eltern verheiratet werden wollten, fanden im Kloster ihren Platz. Manche Adlige brachten ihre Kinder auch für eine begrenzte Zeit im Kloster unter. Dort konnten sie in Klosterschulen Singen und Beten, Lesen und Schreiben sowie Rechnen und Latein lernen.

3. Berichte über die Regeln in den Klöstern.

Klöster als Wissens- und Wirtschaftszentren

Klöster bewahrten in ihren Bibliotheken das Wissen der damaligen Zeit auf. Mönche schrieben die Bücher von Hand ab und tauschten sie mit anderen Klöstern.

Besonderes Wissen besaßen Mönche und Nonnen in Medizin und Kräuterheilkunde. Sie stellten aus den Pflanzen der Klostergärten neue Medikamente her. Auch in der Kunst, Architektur

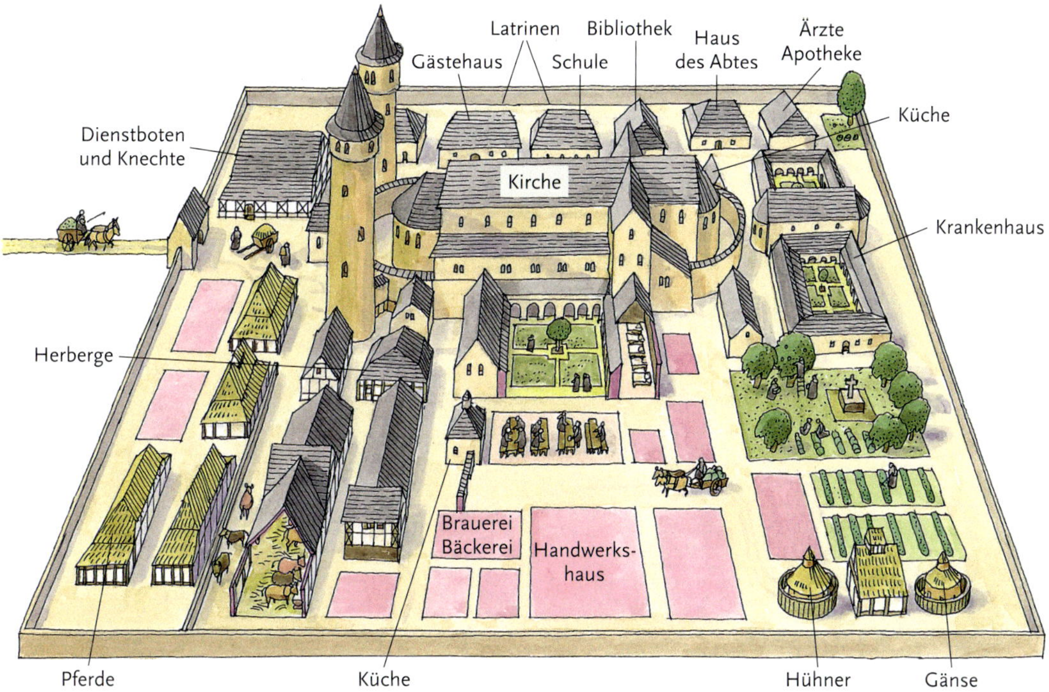

[2] Klosterplan von Sankt Gallen. *Rekonstruktionszeichnung nach einem Plan von 820 n. Chr.*

und Landwirtschaft waren Mönche und Nonnen erfolgreich. Sie züchteten neue Obst- und Gemüsesorten und legten Fischteiche an. Ein mittelalterliches Kloster war kein Ort der Stille, sondern ein Wirtschaftshof voller Leben, Lärm und Gestank.

4. Zähle weitere Tätigkeiten auf, die in den Klöstern ausgeübt wurden.
5. Erläutere, welche Gebäude in der Abb. [2] zu welchen Bereichen des Lebens im Kloster gehörten. Tipp: Du kannst z. B. Oberbegriffe wie Glaube, Bildung, Ernährung und Handwerk nutzen.

Das Benediktinerkloster Niederaltaich

Niederaltaich ist eines der ältesten Klöster Bayerns. Es wurde 731 vom bayerischen Herzog Odilo gegründet. Das Kloster wurde mit zahlreichen Gütern und Höfen ausgestattet, die von abhängigen Bauern bewirtschaftet wurden. Mönche aus Niederaltaich beteiligten sich an der Missionierung der Böhmen und Ungarn. Sie ließen von ihren abhängigen Bauern Sümpfe trocken legen. Sie veranlassten die Rodung von Wäldern und gründeten neue Orte und Klöster. Große Gebiete des Bayerischen Waldes wurden so erschlossen.

6. Stelle eine Liste der Aufgaben zusammen, die ein Kloster wie Niederaltaich im Mittelalter hatte.

Wähle einen der Arbeitsaufträge aus:

⚀ Übertrage eines der Bilder aus [1] in dein Heft und schreibe eine Erklärung dazu.

⚁ Ein junger Mönch möchte einen Brief an seine Schwester schreiben. Gestalte diesen Brief. Du kannst zwischen zwei Briefanfängen wählen:
„Liebe Maria, das Kloster ist ein Paradies ..."
„Liebe Maria, das Kloster ist ein Gefängnis ..."

⚀ Vergleiche das Leben in einem mittelalterlichen Kloster mit dem Leben auf einer Burg.

Die Stadt im Mittelalter

Was machte eine Stadt im Mittelalter aus?

[1] Nürnberg, *Holzschnitt von 1493.*

1. Beschreibe Bild [1]. Nenne Gemeinsamkeiten und Unterschiede zu einer heutigen Stadt.

Städte heute und früher

In Bayern gibt es heute über 300 Städte. In etwa 70 dieser Städte wohnen mehr als 20 000 Menschen.

Viele unserer heutigen Städte wurden im Mittelalter gegründet. Meist waren Könige, Herzöge und Bischöfe die Stadtgründer. Sie suchten sich für ihre Städte günstig gelegene Orte aus: Diese Plätze sollten für möglichst viele Menschen gut erreichbar sein. Dann konnte man sich dort treffen und Waren kaufen und verkaufen. Die Bauern aus dem Umland versorgten die Stadt mit Lebensmitteln. Die Stadt wiederum war ein wichtiger Handelsplatz und bot vielen Handwerkern Arbeit.

Nur ein kleiner Teil der Menschen lebte im Mittelalter in Städten. Hier ließen sich vorwiegend Handwerker und Kaufleute nieder. Zwischen Dorf und Stadt gab es zahlreiche Unterschiede.

[2] Orte, die sich zu Städten entwickelten.

2. Ordne den Bildern [2] die richtigen Unterschriften zu:
a) Kreuzungen von Handelswegen
b) Hafenbuchten
c) ehemalige Römerstädte
d) Burgen und Klöster
e) Flussübergänge.

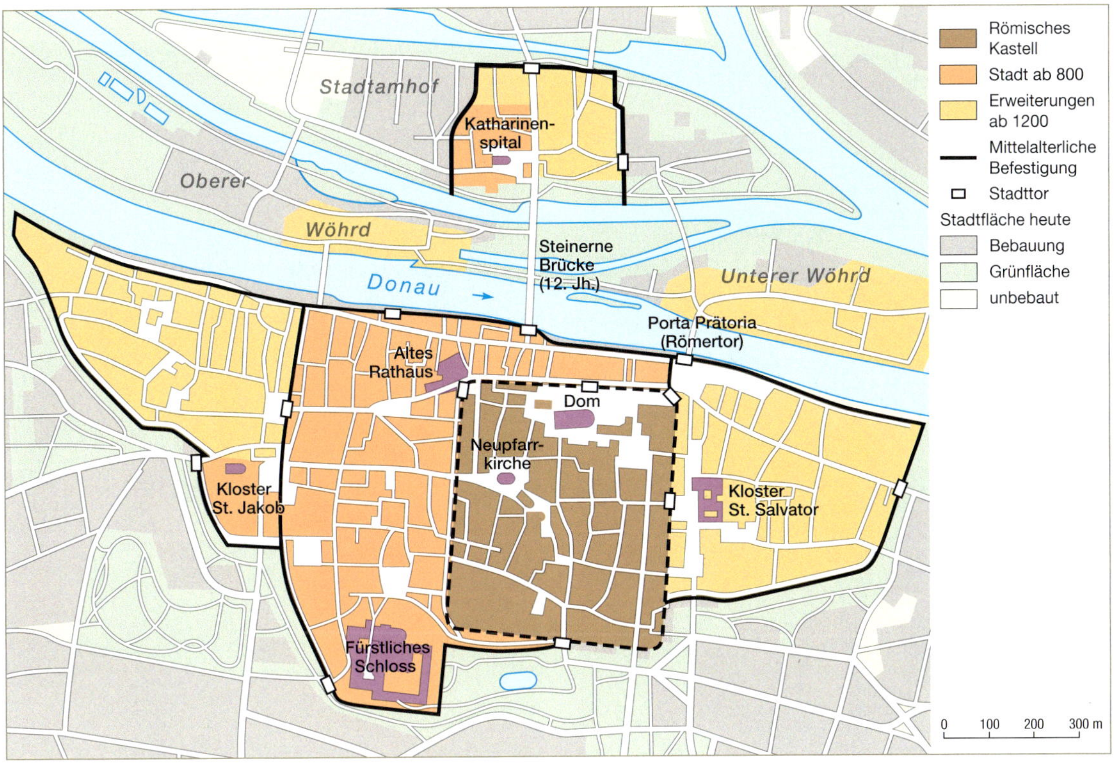

[3] Die Entwicklung der Stadt Regensburg im Mittelalter, *Karte*.

3. Werte Karte [3] aus:
- Beschreibe die Lage der Stadt.
- Nenne wichtige Gebäude.
- Erkläre, wie sich die Stadt entwickelt hat.

[4] **Das könnte Jörg, ein Junge aus dem Dorf im Mittelalter, erzählt haben:**

„So etwas Spannendes wie gestern habe ich noch nie erlebt. Ich durfte zum ersten Mal mit Vater in die große Stadt. Er hat am Vorabend einen riesigen Korb gepackt mit Mehl, Butter und Fellen. Zwei Hühner hat er sich noch über die Schulter gepackt.

In aller Früh – es war noch dunkel – sind wir losgelaufen. Der Weg war total anstrengend: Es hat über vier Stunden gedauert, und die Straßen waren schmal und schlammig. Doch als ich dann endlich auf einmal einige hohe Türme in der Weite sah, war es umso schöner. So hohe Gebäude aus Stein hatte ich noch nie gesehen! Bald waren ganz viele Menschen um uns herum.

Wir mussten kurz warten, bis wir durch das Stadttor gelassen wurden. Dann liefen wir am Rathaus und am Gericht vorbei – all das gibt es nur in der Stadt. Kurz darauf waren wir am Markt angelangt. Hier baute Vater unsere Waren auf und feilschte mit anderen Händlern."

(Verfassertext)

4. Notiere anhand von Jörgs Bericht die Merkmale einer Stadt.

Wähle einen der Arbeitsaufträge aus:

Übertrage ein kleines Bild aus [2] auf die Mitte einer leeren Zeichenblockseite.

- Zeichne eine Stadtmauer ein.
- Zeichne um dein kleines Bild herum, wie die Stadt größer wird (neue Stadtmauer, Häuser, Kirchen ...).
- Erstelle einen Bericht über die Entwicklung der Stadt aus der Sicht des Stadtherren.

Die Bewohner der Stadt

Wer lebte in der Stadt?

[1] Patrizierfamilie, *Gemälde von Jean Bourdichon (1457–1521).*

[2] Handwerkerfamilie, *Gemälde von Jean Bourdichon.*

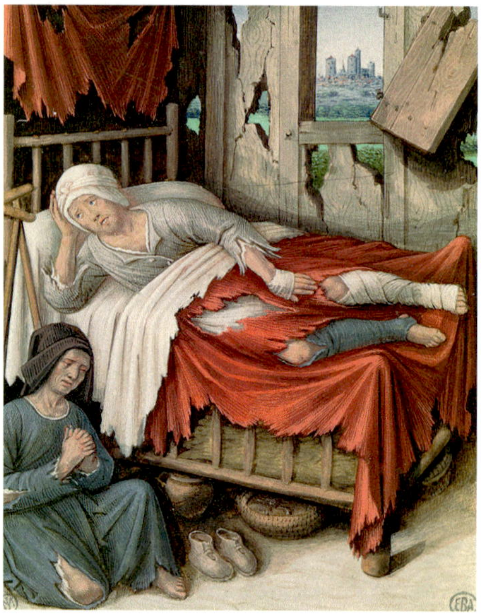

[3] Arme Leute, *Gemälde von Jean Bourdichon, um 1490.*

[4] Mittelalterliche Darstellung von Juden, *13. Jahrhundert.*

1. Beschreibe die Gemälde [1]–[4]. Achte auf die Kleidung der Menschen und – falls erkennbar – ihre Wohnumgebung.

[5] Die Ständegesellschaft in der Stadt, *Schaubild.*

(A) Bürger waren Handwerksmeister, kleinere Kaufleute und Stadtbeamte. Sie stellten Waren her, bauten Häuser, sorgten für die Ernährung der Stadtbevölkerung oder verkauften Kleidung. Bürger genossen hohes Ansehen und verlangten zunehmend mehr Mitsprache.

(B) Patrizier bildeten die oberste Schicht der Stadt. Sie waren meist adlig oder hatten Berufe wie z. B. Fernhändler, in denen sie viel Geld verdienten. Ihre prächtigen Häuser standen direkt am Marktplatz, also im Zentrum der Stadt. Sie konnten sich Bedienstete wie Köche oder Mägde leisten. Patrizier konnte man nur als Kind einer Patrizierfamilie werden.

(C) Die **Unterschicht** bildete die größte Gruppe. Zu ihr zählten viele Frauen und Männer, die nur wenig Geld verdienten. Sie arbeiteten bei Bürgern als Dienstboten, Handelsgehilfen oder Handwerksgesellen. Menschen ohne Ausbildung verdienten ihr Geld als Tagelöhner. Sie mussten sich jeden Tag neue Arbeit suchen.

(D) Juden waren zunächst willkommene Stadtbewohner. Als Kaufleute waren sie angesehen. Doch im Laufe der Zeit beneideten immer mehr Christen ihren Erfolg. Darum wurden sie zunehmend ausgeschlossen. Sie mussten in der Öffentlichkeit ein gelbes Zeichen auf der Kleidung tragen und in eigenen Vierteln leben. Immer wieder wurden sie verfolgt.

(E) „Unehrliche Leute“ nannte man die niedrigste Schicht. Sie übten aus damaliger Sicht keinen ehrenvollen Beruf aus. Andere Stadtbewohnern verachteten sie. Zu dieser Gruppe zählten Bettler, Totengräber, Henker und Gaukler, Behinderte und Aussätzige.

2. Beschreibe Schaubild [5].
3. Lies die Texte A–E und ordne sie den Gruppen im Schaubild [5] zu.

Wähle einen der Arbeitsaufträge aus:

- Wähle eine Person aus Bild [1], [2], [3] oder [4] und schreibe einen Tagebucheintrag.
- Entwirf und spiele mit deinen Mitschülern eine Unterhaltung zwischen zwei Personen aus dem Bild [5].

Herrschaft in der Stadt

Wer regierte die Stadt im Mittelalter?

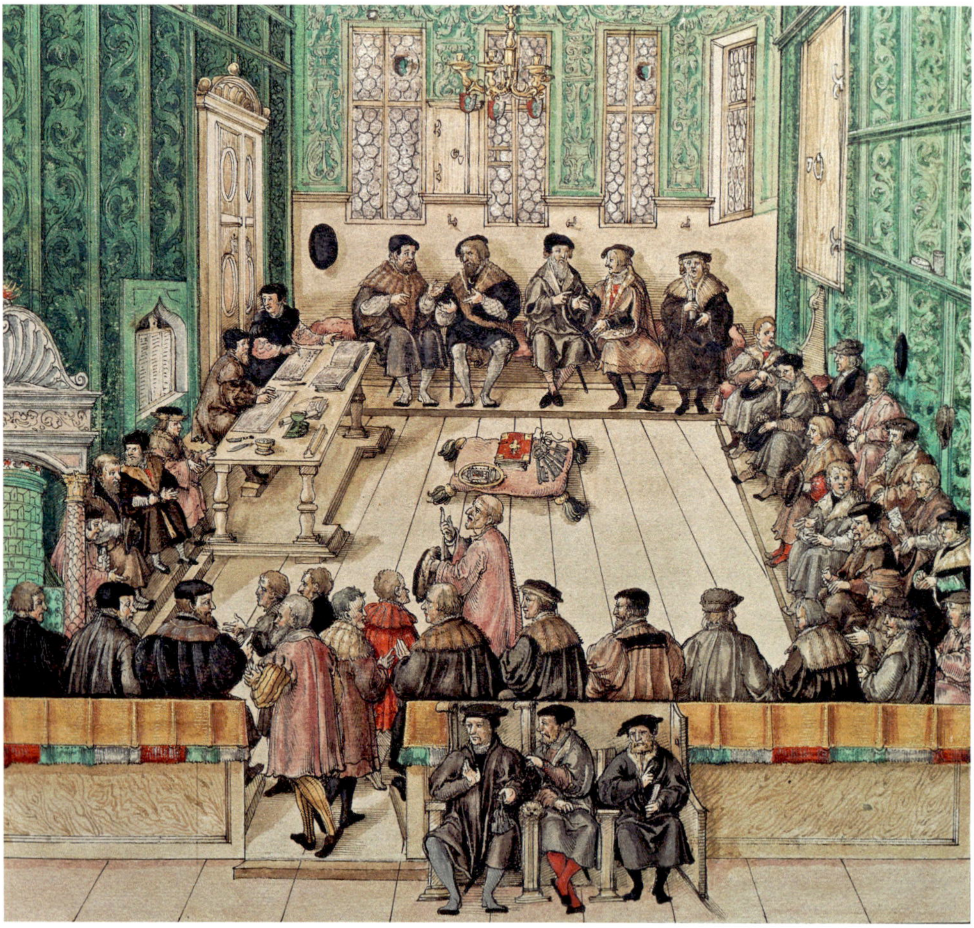

[1] Der Stadtrat von Augsburg, *Malerei aus dem 16. Jahrhundert.*

1. Beschreibe Bild [1].

Verwaltung durch den Stadtherrn

Ab dem Jahr 1100 gründeten Grafen, Herzöge und Bischöfe viele neue Städte. Die Städte erhielten das Recht, eine Stadtmauer zu bauen, Märkte abzuhalten und Münzen zu prägen.

Die Stadtgründer nannte man Stadtherren. Sie legten Regeln für die Bewohner fest. Die Städte wurden von Stellvertretern der Stadtherren verwaltet, sogenannten Vögten. Diese achteten darauf, dass Steuern pünktlich gezahlt und Gesetze eingehalten wurden. Außerdem hielten sie Gericht und legten Zölle fest.

2. Nenne Rechte und Pflichten der Stadt gegenüber dem Stadtherrn.

Selbstbewusste Kaufleute

Im Schutz der Stadtmauern blühten Handel und Handwerk. Vor allem die Kaufleute verdienten durch den Fernhandel große Vermögen. Sie nannten sich Patrizier* nach dem Vorbild der vornehmen Römer. Manche wurden so reich, dass sich sogar der Stadtherr bei ihnen Geld lieh. Selbstbewusst forderten die Patrizier mehr Mitsprache in der Stadt.

Ab dem 13. Jahrhundert schafften sie es, den Stadtherren wichtige Rechte abzutrotzen. In einigen Städten vertrieben sie den Stadtherrn sogar ganz. Nun konnten die Patrizier aus ihren eigenen Reihen Ratsherren wählen, einen Bürgermeister bestimmen und alles selbst regeln.

3. Beschreibe, wie sich die Herrschaft in der Stadt veränderte.

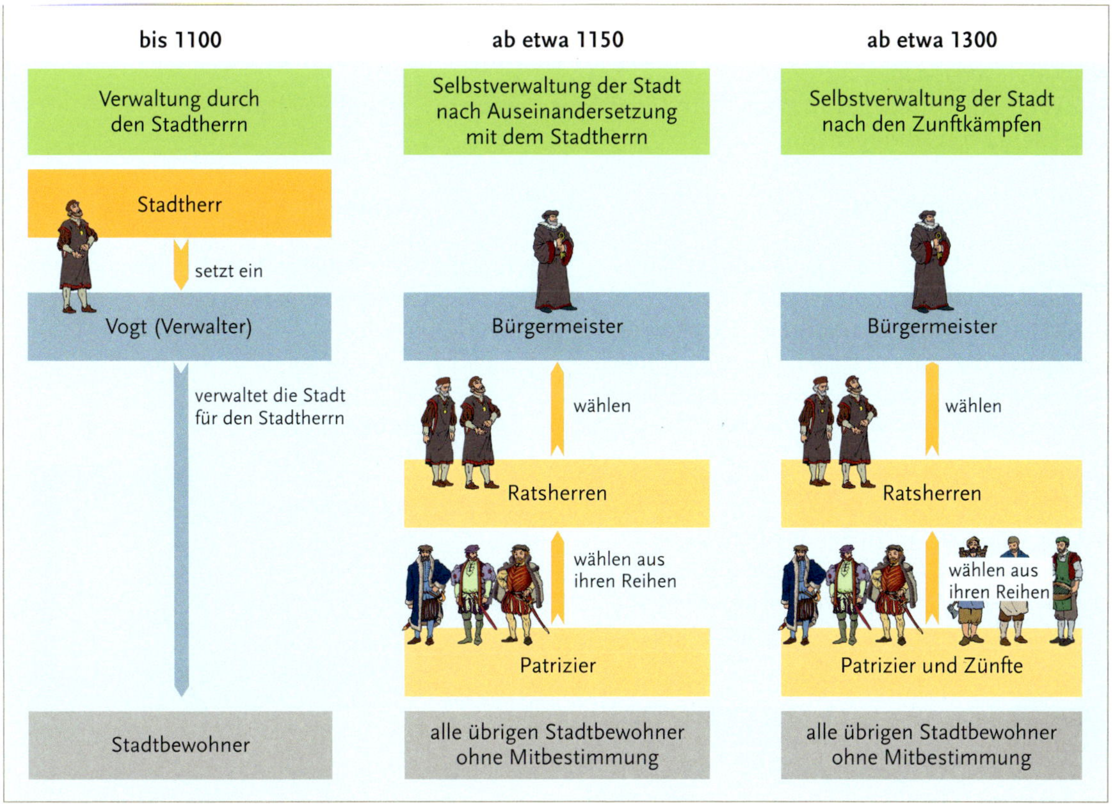

[2] Herrschaft in der Stadt. *Schaubild.*

4. Erläutere das Schaubild:
- Beschreibe die Zeitabschnitte einzeln,
- gib eine Zusammenfassung.

Handwerker fordern Mitbestimmung

Die Handwerker bildeten in der Stadt die größte Bevölkerungsgruppe. Sie schlossen sich zu Zünften* zusammen. Jedes Handwerk hatte seine eigene Zunft. Es gab z. B. eine Bäcker-, Schmiede- oder eine Schneiderzunft.
Wurde die Stadt angegriffen, mussten die Zünfte je einen Teil der Stadtmauer verteidigen. Außerdem mussten sie Brände löschen und Steuern zahlen. Mitbestimmen durften sie zunächst aber nicht.
Im Laufe der Zeit wurden die Zünfte immer unzufriedener und forderten Mitsprache. Es kam zu erbitterten Auseinandersetzungen mit den Patriziern (Zunftkämpfe). Am Ende erhielten die Zünfte das Wahlrecht. Nun konnten auch die Handwerksmeister in den Stadtrat aufgenommen werden.

5. Begründe, warum die Zünfte Mitbestimmung forderten.

(der) Patrizier:
Ein Adliger oder reicher Kaufmann in der Stadt

(die) Zunft:
Zusammenschluss von Handwerkern mit gleichem Beruf

Wähle einen der Arbeitsaufträge aus:

- Übertrage das Schaubild auf ein Poster..
- Verfasse zusammen mit Mitschülern eine Spielszene: Der Stadtherr bittet die Kaufleute, ihm Geld für ein teures Fest zu leihen. Sie beraten über eine Antwort. Welche Gegenleistung sollen sie fordern? Spielt die Szene vor der Klasse vor.

Methode Früher und heute vergleichen

Ein Vergleich
Geschichtliche Vorgänge und besonders das Handeln der Menschen sind häufig aus heutiger Sicht schwer zu verstehen.
Ein Vergleich zwischen früher und heute kann zum besseren Verständnis führen.
Dazu kannst du so vorgehen:

1. Schritt: Vorbereitung

- Wähle ein Thema aus, das du vergleichen willst: *z. B. die Ständegesellschaft*.
- Mache dir klar: Was ist das Ziel deines Vergleichs? *z. B.: Gibt es auch heute noch Stände?*
- Beschaffe dir Informationen über das Thema: Wie war es früher, wie ist es heute?

2. Schritt: Durchführung

- Lege eine Liste an, in der du Stichpunkte zur Situation früher und heute gegenüberstellst.
- Arbeite anschließend Gemeinsamkeiten und Unterschiede zwischen früher und heute heraus.

[1] Die drei Stände, *Holzschnitt von Johannes Lichtenberger, 1488*. Die Beschriftung lautet: Tu supplex ora – du bete demütig! Tu protege – du beschütze! Tuque labora – Und du arbeite!

3. Schritt: Auswertung

- Erstelle Texte, Tabellen oder Grafiken, in denen die Gemeinsamkeiten oder Unterschiede deutlich werden.
- Suche nach Gründen dafür, warum sich die genannten Dinge verändert haben oder gleichgeblieben sind.

[2] Bürger im Wahllokal, *Foto, 2017*.

1. „Alle Menschen sind gleich", heißt es in unserem Grundgesetz*. Notiere, wie der entsprechende Satz lauten könnte, der für das Mittelalter gilt.

(das) Grundgesetz:
Die Verfassung (Ordnung) der Bundesrepublik Deutschland. Sie bestimmt unter anderem, welche Rechte jeder Bürger hat.

2. Schau dir die Abbildungen [1] und [2] auf der linken Seite und die Bilder [3] und [4] auf dieser Seite an. Vergleiche früher mit heute. Gehe so vor, wie du es auf der linken Seite gelernt hast.

[3] Grundherr und Bauern im Mittelalter, *Buchmalerei*.

[4] Ein Landwirt regelt die Stromversorgung für seinen Hof am Computer, *Foto, 2013*.

[5] **Tagesplan von Bauer Hanns am 3. Juni 1417:**

- vor Sonnenaufgang (5:00 Uhr): kurze Wäsche, Getreidebrei zum Frühstück
- bei Sonnenaufgang (5:15 Uhr): Aufbruch aufs Feld zum Pflügen und Säen
- 13:00 Uhr: erste kurze Pause
- Sonnenuntergang (21:30 Uhr): Arbeitsende. Zu Hause Abendessen: Brot, Käse und Bier
- 22:00 Uhr: Schlafen gehen

[6] **Tagesplan von Landwirt Kurt, 3. September 2017:**

- 6:00 Uhr: Aufstehen: Duschen, Frühstück mit Brot und Marmelade
- 7.30 Uhr: Tiere füttern
- 8:30 Uhr: mit dem Traktor das Feld pflügen
- 13:00 Uhr: Mittagspause
- 17:00 Uhr: Kühe an die Melkmaschine anschließen
- 20:00 Uhr: Abendessen, Fernsehabend mit der Familie
- 23:00 Uhr: Schlafen gehen

Methode Spuren suchen

Bei einer Spurensuche erkundet man eine Stadt und sucht gezielt nach Hinweisen aus früherer Zeit. Dazu ist eine gute Vorbereitung wichtig. Meist steht nämlich nur eine begrenzte Zeit zur Verfügung. Und wer keine Vorstellung hat, was es am Ort zu sehen gibt, läuft möglicherweise an interessanten Gebäuden achtlos vorbei.
Eine Spurensuche führt ihr am besten in einer Gruppe durch.

1. Schritt: Vorbereitung

- Lege gemeinsam mit deinen Mitschülern fest, welchen Ort oder welche Stadt ihr erkunden wollt.
- Beschaffe Informationsmaterial (z. B. im Internet, bei der Stadtverwaltung oder bei Museen).
- Wähle Schwerpunkte aus, die du untersuchen willst, z. B. wichtige Plätze oder Gebäude.
- Teilt euch in Gruppen ein. Jede Gruppe bereitet ein Teilthema vor, z. B. Stadtmauer, Kirche ...
- Formuliere Fragen, die du bei der Exkursion beantworten willst.
- Entscheide zusammen mit den anderen, wie ihr eure Ergebnisse dokumentieren wollt: z. B. Wandplakate, Reportage für die Schülerzeitung, Blog ...

2. Schritt: Durchführung

- Verschaffe dir einen Überblick, wo ihr seid und welche Orte ihr erkunden wollt.
- Überprüfe, ob es Informationstafeln an den historischen Gebäuden gibt.
- Fertige Notizen, Fotos und Zeichnungen an.

3. Schritt: Auswerten

- Werte deine Ergebnisse aus: Welche Bedeutung hatte das Gebäude/der Ort früher, welche Bedeutung hat es heute?
- Bereite eine Präsentation über eure Ergebnisse vor und halte sie vor der Klasse.
- Überlege abschließend gemeinsam mit deiner Gruppe: Was lief bei der Exkursion gut? Was könnt ihr das nächste Mal besser machen?

[1] Wandzeitung von Schülern über Kaufbeuren, *Foto.*

Beispiel: Spurensuche in Kaufbeuren

Kaufbeuren ist eine Stadt in Schwaben mit etwa 45 000 Einwohnern. Im Jahr 1286 wurde sie zur Reichsstadt erklärt und darf seitdem Märkte abhalten.

Noch heute finden wir in Kaufbeuren viele Spuren aus dem Mittelalter: Klöster, Kirchen und Stadtmauern, die damals gebaut wurden, sind bis in unsere Zeit gut erhalten. Du musst also nur mit offenen Augen durch die Stadt laufen, um das Mittelalter zu entdecken.

[2] Fünfknopfturm und Stadtmauer von Kaufbeuren, erbaut um 1200. Die Mauer war 1500 Meter lang und hatte zwölf Türme. Man kann sie heute noch begehen.

[3] Marktplatz in Kaufbeuren, *Foto*. Hier findet zwei Mal pro Jahr ein Jahrmarkt statt. An der gleichen Stelle verkauften Händler schon vor 800 Jahren ihre Waren.

[4] Kirche Sankt Martin (hinten) und Kloster von Kaufbeuren (vorne), *Foto*. Das Kloster wurde nach einem Brand im Jahr 1472 wieder neu aufgebaut.

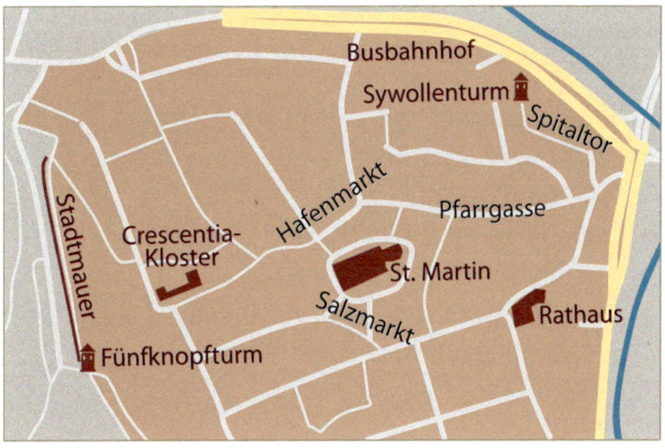

[5] Plan der Altstadt von Kaufbeuren, *Karte*.

Methode Präsentationen durchführen

Präsentieren heißt: etwas vorstellen oder zeigen. Damit sich die Zuhörer Informationen besser merken können, ist es bei einer guten Präsentation wichtig, die Sachverhalte sichtbar zu machen. Das kann in ganz unterschiedlicher Form geschehen. Du kannst zum Beispiel Fotos, Skizzen, Diagramme, Collagen, Modelle, Schaubilder, Karten und vieles mehr zeigen.
Eine Präsentation führst du mit einer kleinen Gruppe durch. So kannst du vorgehen:

1. Schritt: Vorbereitung

- Sammle Informationen und Material zum Thema.
- Überlege, welche Informationen für die Zuhörer wichtig sind. Nur diese solltest du vorstellen.
- Bringe die Informationen in eine sinnvolle Ordnung.
- Erstelle eine Gliederung.
- Schreibe dir einen Stichwortzettel mit Informationen, die du in der Präsentation mitteilen willst.

2. Schritt: Informationen veranschaulichen

- Überlege, welches Medium eure Präsentation am besten unterstützt. Denkbar sind: Overhead-Projektor, Computerpräsentation, Dokumentenkamera oder eine Wandzeitung.
- Kombiniere kurze Texte und Fotos, Diagramme, Schaubilder usw.

3. Schritt: Präsentation

- Erläutere zunächst, zu welchem Thema du etwas vorträgst. Zeige an der Tafel oder auf Folie die Gliederung.
- Beziehe deine Bilder, Karten usw. in den Vortrag mit ein.
- Am Ende der Präsentation müssen die Zuhörer die Möglichkeit haben, dir Fragen zu stellen.

[1] Die Klasse 6b bereitet sich auf ihre Präsentationen vor, *Illustration.*

[2] **Grundregeln und Tipps für einen guten Vortrag**

- mindestens einmal vorher proben
- so wenig wie möglich auf den Stichwortzettel schauen
- langsam und deutlich sprechen
- Blickkontakt zu den Zuhörern halten
- Füllwörter wie „ähm" vermeiden
- Hände aus den Hosentaschen!

1. Gestalte eine Präsentation zu einem Thema aus diesem Kapitel, zum Beispiel:
- Leben auf dem Land (S. 62–64)
- Die Stadt im Mittelalter und ihre Bewohner (S. 68–71)
- Kontakt von Muslimen und Christen (S. 84–85).

Nutze die jeweiligen Seiten im Buch und suche weitere passende Bilder und Karten.

Wahlseite Burgbewohner

1. Informiere dich über das Leben der Burgbewohner.
2. Präsentiere die Ergebnisse deiner Klasse.

[1] Ritterturnier in Landshut, *Foto, 2013.* Auf vielen Burgen werden im Sommer Turniere nachgespielt.

Heinrich von Hohenfels erzählt von seinem Leben auf der Burg:

„Mit sieben kam ich an den Hof unseres Lehensherrn, Herzog Kunibert. Dort wurde ich als Page ausgebildet. Ich lernte Bogenschießen, reiten, gute Manieren, Tischsitten und tanzen. Alles, was man am Hof eines Herren so braucht.
Mein erstes Schwert bekam ich mit 14. Nun diene ich meinem Herrn als Knappe und begleite ihn zu Turnieren und in den Kampf. Natürlich musste ich dafür erst einmal verschiedene Kampftechniken lernen.
Für den Ritterschlag muss ich aber 21 Jahre alt sein. Ich werde vor meinem Herrn knien und schwören, stets ein edler Ritter zu sein und den Schwachen zu helfen. Danach berührt er mit dem Schwert meine Schulter und ‚schlägt' mich so zum Ritter. Wir feiern dann ein großes Fest und mein Vater wird sehr stolz auf mich sein!"

Seine Schwester Edeltraut berichtet:

„Mit meinen Geschwistern lebe ich bei meinen Eltern auf der Burg. Im Sommer ist es ganz schön hier, im Winter ungemütlich kalt. Dann sitzen wir oft in der Kemenate um den Kamin herum.
Dort findet unser Unterricht statt. Ich bin froh, dass ich etwas zu Hause lernen darf. Viele Mädchen müssen mit 12 Jahren zur Ausbildung in eine Klosterschule oder an einen fremden Hof. Wir Mädchen lernen alles, was für eine zukünftige Burgherrin wichtig ist: Haushaltsführung, lesen und schreiben, nähen und sticken, Wissen über Kräuter und Krankenpflege.
Ich spiele gern auf meiner Laute. Deshalb freue ich mich auf das nächste Turnier. Abends gibt es da immer ein großes Festessen. Sänger und Musiker treten auf und es wird getanzt. Meine Eltern meinten neulich, dass es Zeit wäre, mich zu verheiraten. Sie nannten auch ein paar Namen."

Tipps für die Erarbeitung
Fremde Wörter klären, Stichworte zur Erziehung beim Burgherrn notieren.

Tipps für die Präsentation
Erziehung zum Ritter als Vater-Sohn-Gespräch vorstellen, Knappe und Burgfräulein im Gespräch der Geschwister präsentieren.

Wahlseite

Auf dem Markt

1. Informiere dich auf dieser Seite über den Ablauf eines typischen Markttages.
2. Präsentiere deine Ergebnisse in geeigneter Form vor der Klasse.

[1] Auf dem Markt, *Rekonstruktionszeichnung.*

Treffpunkt Markt

Das Zentrum der mittelalterlichen Stadt war der Markt. An mehreren Tagen pro Woche strömten Menschen aus der Umgebung dorthin. **Bauern** brachten Käse, Eier, Getreide, Gemüse, Obst und Vieh. **Kaufleute** boten wertvolle Gewürze und Stoffe aus fernen Ländern an. Am Stadttor herrschte großes Gedränge. Jeder Wagen wurde gründlich kontrolliert: Händler mussten nämlich Geld bezahlen, um bestimmte Waren in die Stadt bringen zu dürfen (Zoll).

Pünktlich um 7 Uhr früh wurde die Marktfahne hochgezogen: Das Kaufen und Verkaufen ging los. Doch Märkte dienten ebenso als Treffpunkt zum Austausch von Neuigkeiten: **Fahrende Händler** brachten Nachrichten aus der Welt, **Gaukler** und Musikanten sorgten für Vergnügen. Da nur wenige Menschen lesen und schreiben konnten, war der **Schreiber** ein gefragter Mann. Er fertigte Briefe, Verträge oder Rechnungen an. Zum Schreiben benutzte er Federn und Tierhaut. Hatte jemand körperliche Beschwerden wie Zahnschmerzen, konnte er sich beim **Bader** helfen lassen.

Ein **Marktaufseher** wachte über das bunte Treiben. Er prüfte, ob das Brot zu wenig wog oder die Würste zu kurz waren. Dafür gab es feste Maßeinheiten, die öffentlich zu sehen waren. Wer dagegen verstieß, wurde streng bestraft.

Tipps für die Erarbeitung
Textknacker anwenden. Berufsgruppen aufzählen, die du auf Bild [1] erkennst. Was wird angeboten?

Tipps für die Präsentation
Marktszenen nachspielen: Verkauf von Waren, Beauftragen eines Briefes, Behandlung beim Bader, Einschreiten eines Marktaufsehers.

Wahlseite Krankheit und Tod

1. Informiere dich auf dieser Seite über Krankheit und Tod im Mittelalter.
2. Präsentiere deine Ergebnisse in geeigneter Form vor der Klasse.

[1] Aussätzige vor der Stadt. *Buchillustration, um 1345.*

Krankheiten im Mittelalter

Im Gegensatz zum Land lebten in der Stadt viele Menschen auf engem Raum. Daraus ergaben sich zahlreiche Gefahren. Man lagerte z. B. den Mist vor dem Haus und entleerte den Nachttopf auf die Straße. Dadurch wurde das Trinkwasser in Brunnen und Flüssen extrem verschmutzt. Das führte zur Ausbreitung von Krankheiten. An Seuchen wie Pest oder Cholera starb bis zu einem Drittel der Bewohner.

Kranke wurden in Spitälern behandelt. Die Krankenzimmer waren äußerst klein. Häufig mussten sich zwei Kranke ein Bett teilen. Daher war die Ansteckungsgefahr sehr groß. Menschen mit schweren ansteckenden Krankheiten wie Lepra mussten außerhalb der Stadt wohnen. Ihnen war das Betreten der Städte bei Strafe untersagt. Mit Klappern warnten sie jeden, der sich ihnen näherte.

Gerade Kinder waren von Krankheiten betroffen. In der Regel starb die Hälfte aller Kinder, bevor sie 14 Jahre alt waren.

[2] **Lebensdauer der Kinder des Burkhard Zink und seiner Ehefrau Elisabeth (um 1450):**

Name der Kinder	Erreichtes Alter
Aendlin	9 Jahre
Johannes	36 Jahre
Dorothea I	6 Jahre
Konrad	9 Jahre
Dorothea II	?
Anna	2 Monate
Jakob	2 Tage
Barbara	12 Jahre

(Peter Ketsch, Frauen im Mittelalter, Bd. 2, Düsseldorf 1984, S. 217)

[3] **Aus einer Vorschrift in der Stadt:**

„1. Niemand soll Mist oder Kot vor sein Haus legen, wenn er ihn nicht gleich wegfahren will.
2. Jeder, der sein Nachtgeschirr auf die Straße leeren will, muss nach dem Öffnen des Fensters zunächst rufen: Achtung, Wasser! ...“

(Otto Borst: Alltagsleben im Mittelalter, Frankfurt 1983, S. 213)

Tipps für die Erarbeitung

Erklären, wie im Mittelalter Seuchen entstanden. Beschreiben, wie Kranke behandelt wurden. Mit heute vergleichen.

Tipps für die Präsentation

Den Umgang mit Kranken im Mittelalter nachstellen, einen Vergleich zeigen zwischen der Lebensdauer von Menschen im Mittelalter und heute.

Wahlseite Die Zünfte

1. Informiere dich auf dieser Seite über die Aufgaben von Zünften.
2. Präsentiere deine Ergebnisse in geeigneter Form vor der Klasse.

[1] Zunftzeichen auf den Fenstern einer Kirche, *Fotos*. Die Zünfte bezahlten jeweils „ihr" Fenster.

Handwerker in der Stadt

Handwerker und ihre Familien waren die größte Bevölkerungsgruppe in der mittelalterlichen Stadt. Es gab z. B. Schreiner, Schneider, Gerber, Bäcker, Metzger und noch viele andere Handwerker.
Ab dem 12. Jahrhundert schlossen sich Handwerker eines Berufszweiges in Zünften zusammen. Dadurch waren sie mächtiger und konnten ihre Interessen besser durchsetzen. Zünfte kontrollierten die Qualität der Waren und legten Preise fest. Nur wer in einer Zunft war, durfte sein Handwerk ausüben.
Die Handwerksgruppen wohnten häufig in einer Straße oder Gasse zusammen. Manche Straßen haben ihren alten Namen bis heute erhalten. Daneben feierte jede Zunft auch gemeinsame Feste und sorgte für ihre Mitglieder.

Zwei Handwerker unterhalten sich über das Zunftleben:

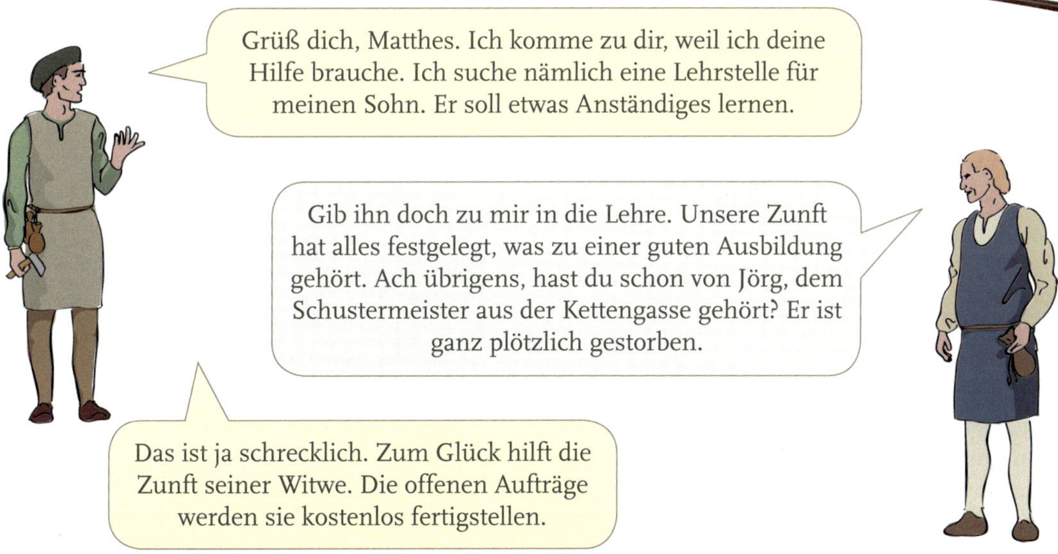

Tipps für die Erarbeitung
Handwerksberufe aufzählen, die es in einer mittelalterlichen Stadt gab. Die Vorteile von Zünften notieren.

Tipps für die Präsentation
Ein Werbeplakat gestalten, mit dem du andere zum Eintritt in eine Zunft bewegen willst.

Kulturen begegnen sich

Welche Folgen hatte der Kontakt von Christen und Muslimen im Mittelalter?

[1] Die Ausbreitung des Islam bis 750 nach Christus, *Karte.*

1. Vergleiche Karte [1] mit einer heutigen Weltkarte. Liste die Länder auf, die damals muslimisch wurden.

Eine neue Religion

Um das Jahr 600 war in Arabien eine neue Religion entstanden: der Islam. Der neue Glaube fand schnell Anhänger und breitete sich über weite Gebiete aus. Über Nordafrika kam er im 8. Jahrhundert bis nach Spanien. Auch das „Heilige Land" mit der Stadt Jerusalem gehörte zum islamischen Herrschaftsgebiet.

Die Kreuzzüge

Jerusalem war im Mittelalter ein wichtiger Wallfahrtsort. Viele fromme Christen aus Europa reisten als Pilger dorthin. Jahrhundertelang war das möglich, doch seit dem 11. Jahrhundert verwehrten Muslime ihnen den Zutritt. Papst Urban II. rief deshalb 1095 dazu auf, Jerusalem zu erobern. In ganz Europa versammelten sich Ritter zu einem Kreuzzug. Auch einfache Menschen und sogar Kinder schlossen sich an. Viele starben unterwegs an Krankheiten oder Erschöpfung oder gerieten in Gefangenschaft.
Nach jahrelangen Märschen mit hohen Verlusten erreichte ein Ritterheer Jerusalem. Es gelang ihm, die Stadt zu erobern. Viele Bewohner wurden umgebracht, die Stadt geplündert. Die Kreuzritter errichteten nun eigene Staaten. Sie brachten Erfindungen aus dem Orient nach Europa.

[2] Kämpfe in Jerusalem, *Illustration.*

2. Berichte über den Beginn der Kreuzzüge.
3. Beschreibe Bild [2].

Arabische Erfindungen und Techniken

Europäische Pilger, Kaufleute und Kreuzritter staunten über den hohen Stand der Wissenschaft und Technik im arabischen Raum. Die Araber rechneten zum Beispiel schon mit den Ziffern 0 bis 9. In Europa lösten diese erst später die römischen Ziffern ab (z. B. I, V, X).

Die Araber kannten auch schon Instrumente, um sich auf See zu orientieren, und Vergrößerungsgläser. Von Reisen nach China brachten sie Papier, Kompass und Schießpulver mit. Und in großen Bibliotheken lagerten sie Millionen Bücher griechischer und römischer Schriftsteller. Sie wären ohne die arabischen Bibliotheken für immer verloren gewesen.

Arabische Astronomen errechneten, dass die Erdkugel sich um die eigene Achse dreht und zusammen mit den Planeten die Sonne umkreist. Entsprechend genau waren auch ihre Erd- und Himmelskarten.

Durch den Kontakt kamen diese Bücher und Erfindungen auch nach Europa. Sie förderten die Entstehung neuer Ideen, aber auch die Seefahrt – und dadurch die Entdeckung neuer Kontinente.

Neue Waren kommen nach Europa

Die Europäer lernten schöne Stoffe, kostbare Teppiche, Süßigkeiten, Gewürze und Parfüms kennen. Auch die Lautenmusik und luxuriöse Bäder waren ihnen fremd. Sie sahen bei den Handwerkern neue Techniken der Lederbearbeitung und Schmiedekunst. Und bei den Bauern lernten sie unbekannte Gemüse- und Obstsorten wie Orangen oder Aprikosen kennen. Sie brachten von hier auch die Idee der Windmühlen nach Europa, wo man bisher nur die wassergetriebenen Mühlen kannte.

[3] **Ein arabischer Kaufmann hätte im Mittelalter Folgendes berichten können:**

„Ich bin weit gereist und habe gesehen, wie die Menschen im schmutzigen Europa unter Seuchen leiden und zu Tausenden sterben. Bei uns gibt es saubere Krankenhäuser und Apotheken. Unsere Ärzte kennen den menschlichen Körperbau und den Blutkreislauf. Sie legen Gipsverbände an und operieren. Dabei setzen sie sogar Betäubungsmittel ein. In Hochschulen wird dieses Wissen gelehrt und weiterentwickelt."

(Verfassertext)

[4] Zungenoperation, *arabische Malerei, 15. Jahrhundert.* Die Ausbildung der Ärzte dauerte mehrere Jahre.

[5] Schachspiel, *Buchmalerei, 1283.* Die Personen sind ein christlicher Ritter und ein Moslem. Kreuzfahrer brachten das Schachspiel nach Europa.

4. Beschreibe Bild [4]. Finde einen Zusammenhang mit dem Text des arabischen Kaufmanns.

5. Beschreibe Bild [5].

Wähle einen der Arbeitsaufträge aus:

- Fertige eine Liste an mit Dingen, die aus der arabischen Welt nach Europa kamen.
- Schreibe einen Text aus Sicht des Jungen mit dem gelben Hemd in Bild [2]. Du kannst so beginnen: „Es war zuerst ein normaler Tag. Ich war mit meinem Vater auf dem Markt in Jerusalem ..."

GPG aktiv

Im Unterricht fehlt oft die Zeit, um sich mit einem spannenden Thema weiter zu beschäftigen. Wenn dich etwas im Kapitel besonders interessiert hat, findest du hier noch weitere Anregungen. Frage deinen Lehrer, ob du mit anderen Fächern zusammenarbeiten kannst – wie zum Beispiel mit Kunst, Werken/Technik, Deutsch, Hauswirtschaft oder Sport.
Denke auch daran, dein Portfolio zu führen:

- Sammle schöne Ergebnisse, Bilder und eigene Texte,
- notiere Lernerfahrungen zum Thema „Mittelalter“.

Projektwoche Mittelalter

Falls ihr genug Zeit habt, könnt ihr eine Projektwoche durchführen. Teilt euch dazu in Kleingruppen auf und erarbeitet zusammen ein Großprojekt „Mittelalter“. Ein guter Abschluss wäre ein **Mittelalterfest** mit Ausstellungen, Vorführungen, Mittelaltermarkt und Bewirtung. Hierfür könnt ihr vorbereiten:

- **Spielszenen** oder **Reportagen** schreiben: Turnier auf Burg Hohenfels – Markttag in der Stadt – Zeitreise: Als ich 1340 in Augsburg aufwachte – eine Bauernfamilie unterhält sich über die drückenden Belastungen – Karl der Große wird Kaiser und ich war dabei …
- **Kostüme** nähen: z. B. aus alten Kleidungsstücken, Stoffresten, Vorhängen, Bettlaken …
- Grobes **Geschirr** wie Krüge oder Teller töpfern
- **Modelle** bauen: Burg – Fachwerkhaus – Bauernhof – Kirchenfenster aus Transparentpapier …
- **recherchieren** und **dokumentieren**: Tiere und Pflanzen, die man im Mittelalter züchtete – mittelalterliche Speisen – Kinderspiele – Kindererziehung – Tagesablauf von Knechten/Mägden oder Rittern/Damen – alte Handwerksberufe, Zünfte …
- **Dekorationen** und **Kulissen** herstellen: alte Buchmalereien, Gebäudeteile, Inschriften oder Wappen auf Poster/Tapeten übertragen
- **Fotowand** bauen: 1. großes Brett oder feste Pappe besorgen und mit Stützen aufstellen; 2. mittelalterliche Gestalten (z. B. Ritter und Burgfräulein) darauf malen, evtl. mithilfe einer Projektion; 3. Gesichter aussägen – Besucher eurer Ausstellung können dann ihre Köpfe durchstecken und sich fotografieren lassen!
- … und was dir sonst noch dazu einfällt!

Es macht sicher auch Spaß, nur einzelne Projektteile zu erarbeiten, wenn die Zeit für ein Großprojekt nicht reicht.

Gebäude erzählen Geschichte

Suche an deinem Wohn- oder Schulort (Altstadt, Dorfkern) nach mittelalterlichen Gebäuden oder Gebäudeteilen: z. B. alte Tore und Türme, Inschriften, Kirchen, Stadtmauern … und mache Fotos davon.

- Erkundige dich nach dem jeweiligen Alter und der Baugeschichte. Nutze das Internet oder Bücher.
- Stelle die Ergebnisse z. B. als Wandzeitung zusammen und hänge sie in der Klasse auf.

Teste dich!

[1] **Wichtige Begriffe**

Patrizier	abhängige Bauern
Ritter	reiche Kaufleute in der Stadt
Lehen	adlige Burgbewohner und Kämpfer
Grundherr	Zusammenschlüsse von Handwerkern
Zünfte	Belohnung für treue Dienste
Hörige	Gebieter über Land und Leute

[2]

[3] **Wer findet die Fehler?**

Die Ratsherren der Städte hatten viele Aufgaben. Doch in dieser Liste haben sich zwei falsche eingeschlichen. Notiere die richtigen in dein Heft:

a) Die Einhaltung des Stadtrechts überwachen
b) Neue Kirchenbänke zimmern
c) Gerichtsverhandlungen durchführen und Strafen verhängen
d) Den Markt beaufsichtigen
e) Lebensmittel an Gesellen verkaufen
f) Steuern, Zölle und Gebühren festlegen

Erkenntnisse gewinnen

1. Ordne die Begriffe in [1] der richtigen Erklärung zu.
2. Erkläre den Aufbau der mittelalterlichen Gesellschaft („Stände").
3. Beschreibe, wie Karl der Große an die Macht kam und regierte.
4. Berichte über die Zünfte.
5. Nenne die Zünfte, für die die Zunftzeichen [2] stehen.
6. Erläutere die Bedeutung der Klöster.
7. Nenne Orte, an denen Städte entstanden.
8. Suche die Fehler in [3].

Beurteilen und bewerten

9. Bewerte die Kreuzzüge aus der Sicht folgender Personen:
   – Ein christlicher Pilger
   – Ein muslimischer Einwohner Jerusalems
   – Ein abenteuerlustiger Ritter.
10. Zähle Argumente gegen eine Einteilung der Gesellschaft in Stände auf. Begründe, welches Argument für dich dabei am Wichtigsten ist.

Anwenden und handeln

11. Erläutere die Punkte, auf die man beim Vergleich „früher und heute" achten muss.
12. Nenne die Arbeitsschritte zur Vorbereitung und Durchführung einer Spurensuche.
13. Entwirf ein „Zunftzeichen" für einen modernen Beruf (z. B. Automechaniker, Bürokauffrau ...).
14. Stell dir vor, du könntest in der Zeit zurückreisen und mit einem hörigen Bauern sprechen. Notiere Stichworte für ein Interview.

Leben in Stadt und Land

München

Ein Luftbild der Innenstadt von München: In der bayerischen Landeshauptstadt leben rund 1,5 Millionen Menschen. Tausende kommen täglich aus den umliegenden Orten hierher. Touristen aus aller Welt besuchen die Stadt. Warum zieht es Menschen in die Städte? Warum leben andere in Dörfern?

1. Beschreibe das Luftbild.

2. Erzähle, ob du in einer Stadt oder einem Dorf lebst und was dir an deinem Wohnort besonders gefällt.

Schauplatz München

[1] Menschen am Hauptbahnhof in München. *Illustration, 2018.*

1. Nenne Gründe, warum die Menschen in Bild [1] nach München gekommen sind.

Anziehungspunkt München

München ist die Landeshauptstadt Bayerns. Hier befindet sich der Landtag, in dem die Gesetze für Bayern verabschiedet werden. In München hat auch die bayerische Regierung (Ministerpräsident und Minister) ihren Sitz.

Täglich strömen Tausende von Menschen in die Stadt. Es gibt viele zentrale Einrichtungen: Hauptbahnhof, Universitäten, Schulen, Büchereien, Krankenhäuser, Gerichte, Sportstadien, Theater und Museen. Außerdem bietet die Stadt zahlreiche Einkaufsmöglichkeiten, Arbeitsplätze und Freizeitangebote. All dies steht nicht nur den Stadtbewohnern zur Verfügung, sondern auch den Menschen aus dem Umland und anderen Besuchern.

2. Erkläre den Begriff „zentrale Einrichtungen".
3. Finde heraus, welche zentralen Einrichtungen es in deinem Schulort gibt.
4. Erläutere, warum München eine zentrale Bedeutung für Bayern hat.

[2] Der Landtag von Bayern, *Foto, 2016.*

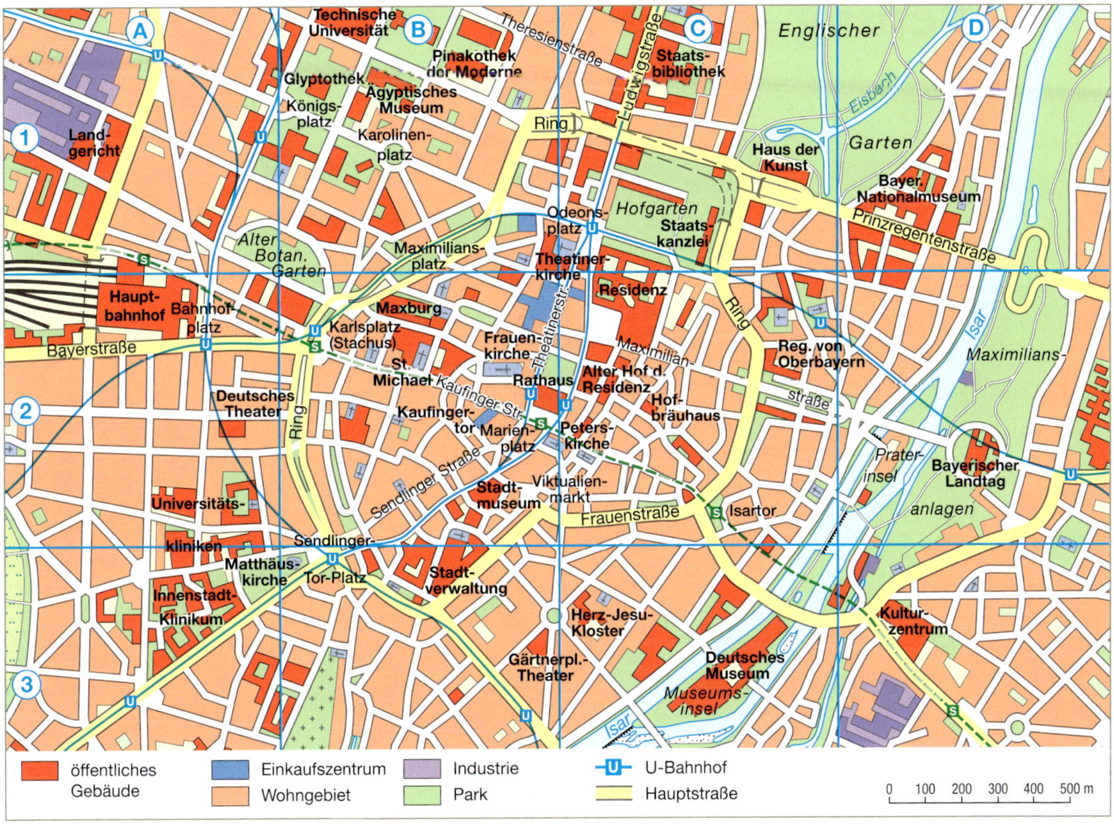

[3] Die Innenstadt von München, *Karte, 2017.*

5. Finde die Gebäude aus Bild [4] in Karte [3].

6. Miss in Karte [3] die Entfernung zwischen dem Bayerischen Landtag und dem Hauptbahnhof (Luftlinie).

Wähle einen der Arbeitsaufträge aus:

⚀ Fertige mithilfe von Karte [3] eine Liste zentraler Einrichtungen in München an, die du gerne besuchen würdest.

⚂ Erstelle mithilfe von Karte [3] eine Tabelle zentraler Einrichtungen Münchens aus folgenden Bereichen: Theater, Museen, Freizeit.

[4] Marienplatz, Rathaus und Frauenkirche, *Foto, 2016.*

[5] Englischer Garten, *Foto, 2017.*

Orientierung – Stadt und Land

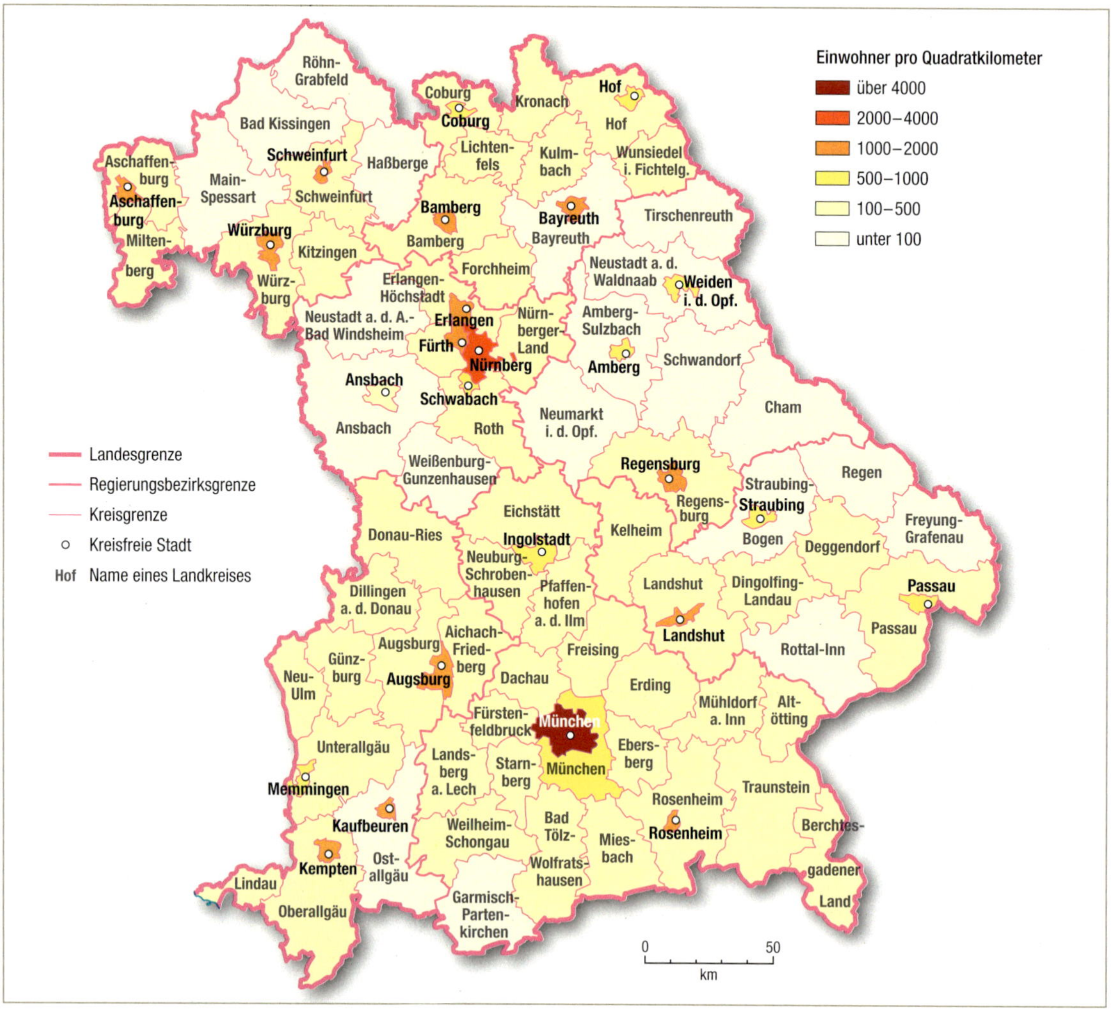

[1] Besiedlungsdichte in Bayern, *Karte*.

1. Kläre, welche Informationen man der Karte [1] entnehmen kann.
2. Finde heraus, in welchem Kreis sich dein Wohnort befindet und wie die nächstgelegene Stadt heißt.
3. Nenne Gebiete in Bayern, in denen besonders viele oder besonders wenige Menschen leben.

Besiedlung in Bayern

In Bayern leben ungefähr 12,5 Millionen Menschen. Von zehn Einwohnern wohnen sechs in einer Stadt und vier auf dem Land. Die Besiedlungs- oder Bevölkerungsdichte ist sehr unterschiedlich: Im Dorf Balderschwang im Allgäu leben nur sieben Einwohner auf einer Fläche von einem Quadratkilometer*. In München wohnen auf derselben Fläche dagegen 4436 Menschen. Man spricht von einem Ballungsgebiet*.

4. Stelle die Stadt-Land-Verteilung Bayerns in einem einfachen Schaubild dar.

(der) Quadratkilometer:
Fläche eines Quadrats von einem Kilometer Seitenlänge (ungefähr 20 mal die Fläche des Marienplatzes in München).

(das) Ballungsgebiet:
Größeres, dicht besiedeltes Gebiet mit einer oder mehreren Großstädten.

Größenklasse	Einwohnerzahl
Kleines Dorf	100–500
Mittleres Dorf	500–2000
Dorf/Landstadt	2000–5000
Kleinstadt	5000–20000
Mittelstadt	20000–100000
Großstadt	100000–1000000
Millionenstadt	über eine Million

[2] Größenklassen von Siedlungen in Deutschland.

5. Finde und benenne die Ballungsgebiete Bayerns in der Karte [1].

6. Kläre mithilfe von Tabelle [2]: Zu welcher Größenklasse gehört dein Wohnort?

Stadt und Land

In Deutschland muss ein Ort mindestens 2000 Einwohner haben, um sich Stadt nennen zu dürfen. Weitere Merkmale einer Stadt sind:

- dichte Bebauung mit Wohngebieten, Geschäften und Büros,
- ausgebautes Verkehrsnetz (Bahnhof, Straßen, Bahnlinien, Busse, Straßenbahnen usw.),
- Industrie- und Gewerbegebiete,
- zentrale Einrichtungen für Kultur, Versorgung und Freizeit.

Orte, die wie ein Gürtel um eine Stadt herumliegen, nennt man Umland. Ein Wohnort auf dem Land wird meist als Dorf bezeichnet. Dörfer sind kleinere Siedlungen. Früher lebten hier die meisten Menschen von der Landwirtschaft.

Landflucht und Urbanisierung

Viele Menschen vermissen auf dem Land Jobs, Schulen und Universitäten, Einkaufs- oder Freizeitmöglichkeiten. Deshalb ziehen sie in die Stadt. Die Einwohnerzahl abgelegener Dörfer sinkt. Man spricht hier von Landflucht.
Gleichzeitig wachsen die Städte immer mehr in das Umland hinein. Am Stadtrand entstehen neue Siedlungsgebiete und neue Stadtteile. Das nennt man Urbanisierung (Verstädterung).

7. Stelle in Stichworten Kennzeichen von Städten und Dörfern gegenüber.

Leben in Stadt und Land

Leben in der Stadt

Was macht das Stadtleben so anziehend?

[1] Autoproduktion in Ingolstadt, *Foto, 2016.*

[2] Kaufhaus in Passau, *Foto, 2016.*

[3] Freizeitgestaltung in Würzburg, *Foto, 2016.*

[4] Rockfestival in Nürnberg, *Foto, 2015.*

1. Beschreibe die Bilder [1]–[4]: Was ist dargestellt? Welche Funktion (z. B. Arbeit) wird jeweils deutlich?

Städte in Bayern

Über die Hälfte aller Menschen Bayerns lebt in Städten. In den letzten Jahren ist die Einwohnerzahl der meisten Städte sogar deutlich gestiegen.

[5] **So könnte ein Werbetext für das Leben in der Stadt aussehen:**

Städte bieten ihren Bewohnern eine ganze Menge! Zum Beispiel ...

- zahlreiche Arbeits- und Ausbildungsplätze in der Industrie, im Handwerk oder im Handel,
- Verwaltungsbehörden und Gerichte,
- weiterführende Schulen und Universitäten,
- ein ausgebautes Verkehrsnetz für Autos, Straßenbahnen, Busse, S- oder U-Bahnen,
- zahlreiche Geschäfte in den Fußgängerzonen oder am Rand der Stadt,
- viele Ärzte, Krankenhäuser und Seniorenheime.

Aber was wäre das Leben in der Stadt ohne die Angebote für Freizeit und Kultur?
In der Stadt gibt es Theater, Museen und Konzerthallen, Parks, Schwimmbäder und Sportanlagen. Abends trifft man sich gern in Restaurants, Biergärten oder Clubs.

(Verfassertext)

2. Überlege: Welche der im Text genannten Einrichtungen gibt es in deinem Wohnort oder der nächstgelegenen Stadt?
Fertige dazu eine Übersicht an:
- Name der Stadt (z. B. Würzburg),
- Region (z. B. Unterfranken),
- ungefähre Einwohnerzahl (z. B. 125 000),
- Einrichtungen im Bereich Arbeit und Ausbildung, Verkehr, Einkaufen, Kultur und Freizeit.

[6] Straße in München, *Foto, 2015.*

[7] Im Bahnhof einer Stadt, *Foto, 2016.*

[8] Wohnsiedlung in München, *Foto, 2014.*

[9] Wohnungsbesichtigung in der Stadt, *Foto, 2015.*

3. Beschreibe die Bilder [6]–[9]. Erläutere, welches Problem jeweils deutlich wird.

Menschenmassen

Ob beim Stadtfest, im Fußballstadion, beim Einkaufen oder in der U-Bahn – je größer die Stadt, desto größer sind die Menschenmassen. Viele Menschen fühlen sich bei Massenveranstaltungen nicht sicher. Jedenfalls braucht man viel Zeit und gute Nerven, um den Alltag in der Stadt gut zu überstehen.

Wohnungsnot

Weil die Zahl der Stadtbewohner steigt, wächst auch die Nachfrage nach Wohnraum. In der Innenstadt gibt es oft kaum noch Platz. Deshalb entstehen im Umland der Großstädte neue Wohnsiedlungen. Durch die wachsende Nachfrage nach Wohnraum steigen auch die Mietpreise. Die Suche nach bezahlbarem Wohnraum wird sehr schwierig, besonders für Menschen mit geringem Verdienst.

Umweltbelastungen

In den vergangenen Jahren hat der Verkehr in den Städten durch Autos, Zulieferer oder Pendler aus der Region zugenommen. Das führt zu mehr Staus und Unfällen. Die Luftverunreinigungen durch Autoabgase und der Lärm können schwere Erkrankungen verursachen.

4. Beschreibe mit eigenen Worten Probleme des Lebens in der Stadt.

Wähle einen der Arbeitsaufträge aus:

- ⚀ Stelle in Stichworten gegenüber: Vorteile und Nachteile des Lebens in der Stadt.
- ⚁ Gestalte ein Plakat mit Bildern zum Leben in der Stadt. Zeige Vorteile und Nachteile.
- ⚂ Entwerft in Partnerarbeit ein Gespräch: Zwei Freunde überlegen, ob sie in die Stadt ziehen sollen.

Leben auf dem Land

Welche Vor- und Nachteile hat das Leben auf dem Land?

[1] Bolsterlang im Allgäu, *Foto, 2017.*

1. Beschreibe das Foto [1].

[2] Äußerungen von Kindern, die im Dorf aufwachsen:

2. Lies die Aussagen der Kinder aus [2] und schreibe die Argumente für das Leben auf dem Land in Stichworten auf.

3. Beschreibe das Aussehen und die Vorzüge eines Dorfes in der Nähe deines Wohnortes (oder deines eigenen Dorfes).

[3] Dorfzentrum von Waldthurn (Oberpfalz). Seit 1995 ist die Einwohnerzahl von 2100 auf 1900 gesunken.

4. Beschreibe das Bild [3] und die Stimmung, die es verbreitet.

5. Äußere Vermutungen über die Gründe, warum dieses Dorfzentrum so verlassen ist.

Dörfer ohne Bauern

Früher lebten die meisten Menschen auf dem Land. Noch vor 200 Jahren waren drei von vier Familien als Bauern in der Landwirtschaft tätig. Sie produzierten Lebensmittel, mit denen sie auch die Städte versorgten. Die Menschen arbeiteten auf den Feldern rund um ihr Dorf. Zusätzlich entstanden in den Dörfern zahlreiche Handwerksbetriebe, die Arbeit und Verdienst boten: Müller, Schmiede, Bäcker und Metzger.
Dann wurden neue Maschinen erfunden. Sie machten viele Arbeitskräfte überflüssig. Heute arbeiten nur noch drei von hundert Familien in der Landwirtschaft. In abgelegenen Dörfern gibt es immer weniger Arbeitsplätze. Viele Menschen ziehen in die Stadt oder in stadtnahe Dörfer. Die Abwanderung vom Land in die Stadt wird als „Landflucht“ bezeichnet.

6. Begründe den Zusammenhang zwischen dem Sinken der Einwohnerzahl und der sinkenden Zahl der Bauern in den Dörfern.

Sinkende Einwohnerzahlen

Während in bayerischen Städten die Einwohnerzahlen stark zunehmen, sinken sie in abgelegenen Dörfern. Die Folgen der Landflucht sind vielfältig: Das Dorfzentrum ist nicht mehr belebt, Lebensmittelgeschäfte, Bäckereien und Metzgereien schließen.
Ziehen junge Familien weg, stehen Schulen und Kindergärten leer. Gibt es immer weniger Einwohner, dann fahren aus diesen Dörfern die Busse nicht mehr regelmäßig in die nächste Stadt. Sinkt die Zahl der Patienten, schließt bald auch die Praxis des örtlichen Hausarztes. Viele Häuser und Geschäfte stehen in diesen Orten leer, obwohl die Mietpreise sinken.

7. Beschreibe die Folgen der „Landflucht“ in Stichworten.

Wähle einen der Arbeitsaufträge aus:

- Sammelt Argumente für und gegen das Leben auf dem Land. Führt ein Streitgespräch in der Klasse vor.
- Entwirf ein Protestplakat gegen die „Landflucht“.

Mobilität

Wie bewegen sich Menschen zwischen Stadt und Land?

Mobilität bedeutet „räumliche Beweglichkeit". Darunter versteht man die Bewegung, die Menschen täglich mit verschiedenen Verkehrsmitteln oder zu Fuß zurücklegen. Mobilität hat viele Gründe: die Fahrt zur Arbeit, zum Einkaufen oder zum Sport. Auch den Wechsel des Wohnortes bezeichnet man als Mobilität – also wenn man z.B. von der Stadt aufs Land zieht oder umgekehrt.

„Wir wohnen schon immer auf dem Land. Ich war hier in der Grundschule und gehe jetzt in die Mittelschule im Nachbarort. Ich kenne alle Jugendlichen im Dorf. Im Garten steht mein Trampolin und der Hund kann frei herumlaufen. Nach der Schule fahre ich mit dem Rad zum Turnen."
(Mia, Kürnach, Landkreis Würzburg)

„Nach meinem Verkehrsunfall sind wir möglichst nahe nach Würzburg gezogen. Ich muss nämlich täglich in die Innenstadt fahren: Schule, Krankengymnastik und Sport. Da meine Eltern beide arbeiten müssen, organisiere ich das alles selbst. Weil Busse und Straßenbahnen regelmäßig fahren und behindertengerecht ausgebaut sind, ist das eigentlich kein Problem."
(Paul, Lengfeld, Stadtteil von Würzburg)

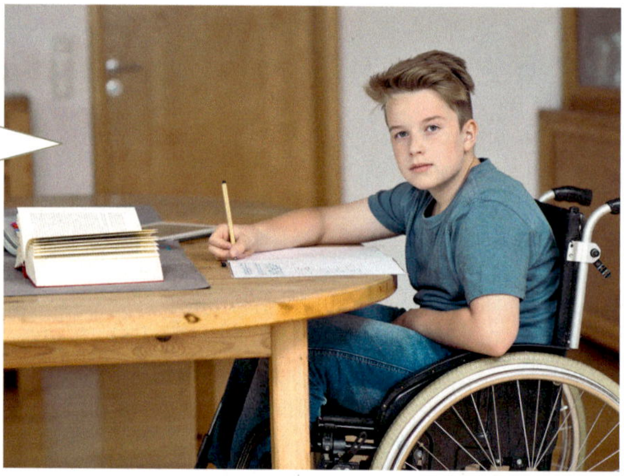

„Nach der Scheidung meiner Eltern sind wir aufs Land gezogen. Die Mieten für eine neue Wohnung in der Stadt waren für meine Mutter einfach zu teuer. Ich gehe immer noch in der Stadt zur Schule, muss nun aber Bus fahren. Kontakt zu meinem Vater und meinen Freunden habe ich täglich über das Internet."
(Ines, Zell, Landkreis Würzburg)

„Meine Großeltern waren früher Landwirte. Heute sind die Maschinen verkauft und die Felder verpachtet. Der Hof ist aber immer noch da und mit der Scheune, dem Stall und dem Garten riesengroß. Oma und Opa leben im Erdgeschoss, wir im ersten Stock und mein Onkel ganz oben unter dem Dach. Meine Mutter ist den ganzen Tag zu Hause. Wenn ich in die Stadt will, fährt sie mich."
(Jonas, Randersacker, Landkreis Würzburg)

„Ich lebe jetzt seit zwei Jahren in Deutschland. Im Sommer 2015 kam ich über die Grenze und dann nach Würzburg. Meine Eltern sind noch in Syrien, mein Bruder kam dort im Bürgerkrieg ums Leben. Ich wohne in einem Heim für minderjährige Flüchtlinge. Jeden Morgen gehe ich zu Fuß in die Schule, mittags fahre ich mit der Straßenbahn zum Fußballtraining."
(Ahmet, Zellerau, Stadtteil von Würzburg)

1. Schreibe zu jedem Jugendlichen einen „Stichwortzettel" in dein Heft:
- Name: ...
- Wohnort: ...
- Familie: ...
- Besonderheiten: ...

Überlege dann: Welche Situation ähnelt deiner am ehesten?

2. Beschreibe die unterschiedlichen Wohnsituationen in der Stadt und auf dem Land.

3. Nenne Gründe, warum die abgebildeten Personen an ihrem Wohnort wohnen.

Wähle einen der Arbeitsaufträge aus:

⚀ Jonas' Eltern wollen auf dem Bauernhof Ferienwohnungen anbieten. Gestalte eine Werbeanzeige, mit der sie Gäste anlocken.

⚀ Mias Vater bekommt von seiner Firma einen besseren Job in der Großstadt angeboten. Er ist begeistert und will seine Familie überzeugen, mit ihm dorthin umzuziehen. – Sammle Argumente, die für und gegen einen Umzug der Familie sprechen. Trage mit deinen Mitschülern das Streitgespräch in der Klasse vor.

Methode Eine Umfrage durchführen

Befragungen

Wenn wir fernsehen oder im Internet surfen, begegnen uns täglich Umfragen. Sie geben Stimmungen und Meinungen wieder oder berichten über Erfahrungen verschiedener Menschen. Ihre Ergebnisse sind von vielen Zufällen abhängig. Es macht z. B. einen Unterschied, ob man zu Hause in Ruhe einen Fragebogen ausfüllt oder auf der Straße angesprochen wird. Auch hängt viel davon ab, ob man nur zwischen vorgegebenen Fragen wählen darf oder seine Meinung frei äußern kann. Die folgenden Schritte helfen dir, die Methode „Eine Umfrage durchführen“ anzuwenden.

1. Schritt: Vorbereitung

- Thema auswählen
- Fragen sammeln und ordnen
- Anzahl der Fragen festlegen
- äußere Form bestimmen: z. B. schriftlicher Fragebogen, mündliche Befragung; Auswahlantworten vorgeben oder frei antworten lassen
- Fragen formulieren
- Reihenfolge festlegen

2. Schritt: Durchführung

- sich vorstellen und den Sinn der Befragung erklären
- höflich und freundlich bleiben, bedanken
- nicht drängen, nicht beeinflussen (z. B. durch Gesichtsausdruck, Bemerkungen, Tipps)

3. Schritt: Auswertung

- Antworten sichten und sortieren
- Strichliste für jeweils dieselben Antworten machen
- Präsentationsform festlegen (Vortrag, Schülerzeitung; Tabelle, Diagramme)

4. Schritt: Präsentation

- Diagramme oder Tabellen erstellen
- Gesamtergebnis am OHP oder Beamer zeigen
- Ergebnisse vorstellen und erläutern
- Rückfragen aus der Klasse klären

1. Finde ein Thema im Bereich Stadt und Land, zu dem du eine Umfrage durchführen willst.
2. Führe die Umfrage mithilfe der Arbeitsschritte durch.
3. Werte die Umfrage aus und gestalte eine Präsentation.

Ein Umfrageergebnis: Wohnortwahl

Stadt- und Ortsentwicklung
In die Stadt ziehen Menschen vor allem wegen der vielen Ausbildungs- und Arbeitsplätze.
Gründe für das Leben auf dem Land sind die Nähe zur Natur und günstige Mieten. Nur wenn die Verantwortlichen bei der Stadt oder Gemeinde diese Gründe kennen, können sie wichtige Vorhaben planen oder ändern: z. B. Einkaufszentren bauen, den Busverkehr stärken oder Kindergärten vergrößern.

Umfrage zur Wahl des Wohnortes
Umfragen geben uns Auskunft darüber, wie fremde Menschen ihren Wohnort wählen. Aber hast du dir selbst schon einmal Gedanken über die Wahl deines Wohnortes gemacht?
Hier findest du ein Beispiel, wie ein Fragebogen für eine solche Umfrage aussehen könnte [1].
Unten siehst du ein Beispiel, wie die Auswertung und Darstellung der Ergebnisse aussehen kann.

1. Bilde aus der dargestellten „Auswertung" eine Reihenfolge: Welche Motive spielten die größte Rolle, welche waren eher nebensächlich?

Umfrage: Warum wohnen Sie in der Stadt?

(Zutreffendes bitte ankreuzen! Mehrere Kreuze sind möglich.)

1. Der Arbeitsplatz liegt in der Nähe.
2. Miet- und Kaufpreise von Wohnungen und Häusern sind günstig.
3. Die Freizeitangebote sind vielfältig.
4. Busse und Züge sind schnell erreichbar.
5. Einkaufsmöglichkeiten, Schulen und Arztpraxen sind vorhanden.
6. Freunde oder Verwandte wohnen in der Nähe.
7. Ich bin wegen meiner Kinder hergezogen.

[1] Beispiel für einen Fragebogen.

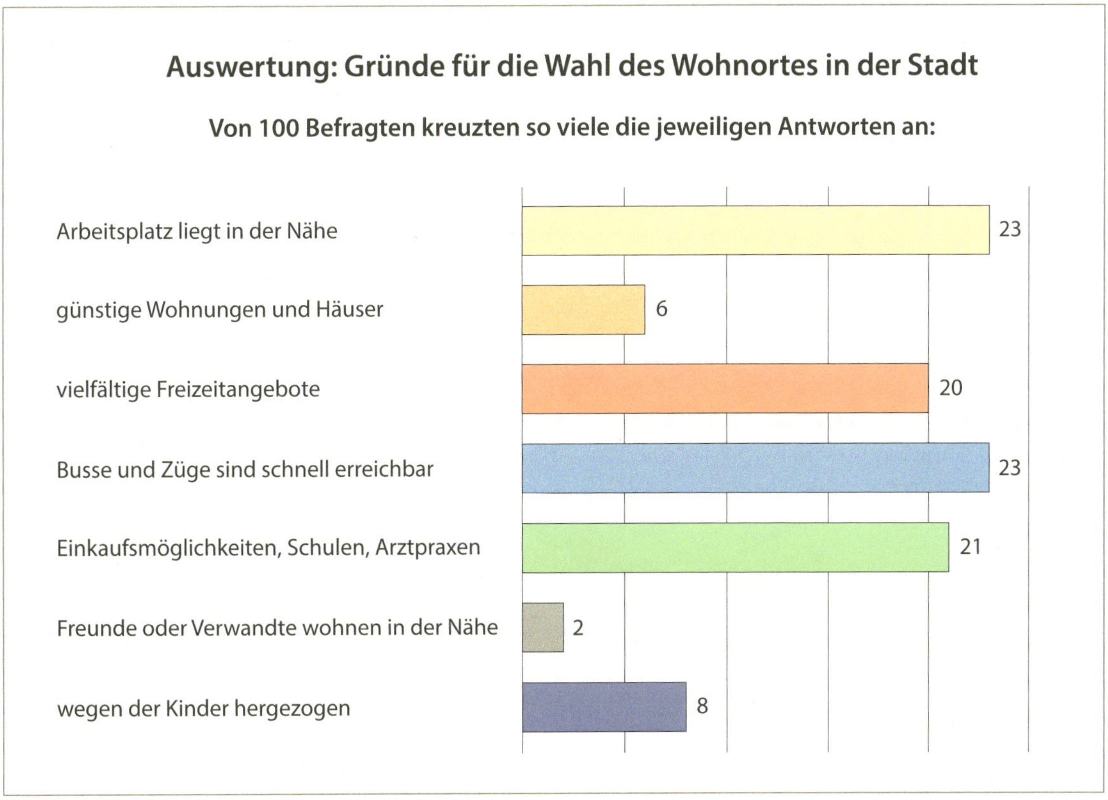

Methode Einen Stadtplan lesen

Der Stadtplan

Ein Stadtplan (oder Ortsplan) hilft dir dabei, dich schnell zu orientieren. Mit seiner Hilfe kannst du Wege gut beschreiben. Es gibt Planquadrate, die mit Zahlen und Buchstaben beschriftet sind („A1, A2 ..."). Sie erlauben es, eine Straße oder ein Gebäude schnell zu finden. Wichtige Gebäude und Parkplätze sind deutlich hervorgehoben.

[1] Stadtplan von Ingolstadt (Oberbayern).

1. Schritt: Ausschnitt erkennen

- Beschreibe den auf der Karte gezeigten Ausschnitt.

2. Schritt: Legende und Maßstab lesen

- Informiere dich in der Legende über die Farben, Symbole und den Maßstab des Planes.
- Fasse die Zahlenangaben des Maßstabes in Worte („Ein Zentimeter auf der Karte entspricht x Zentimetern in der Wirklichkeit").

3. Schritt: Himmelsrichtungen zuordnen

- Überprüfe, ob ein Pfeil für die Nordrichtung eingetragen ist. (Wenn nicht, kannst du davon ausgehen, dass oben auf dem Plan Norden ist, man sagt: „Die Karte ist eingenordet.")

4. Schritt: Ziele mit den Planquadraten auffinden

- Die Karte ist durch ein Gitternetz aufgeteilt. Die einzelnen Gitterfelder nennt man Planquadrate. Sie sind mit Buchstaben und Ziffern benannt: A1, A2 ...
- Suche wichtige Gebäude, große Straßen und Plätze und benenne deren Lage durch die Buchstaben und Ziffern der Planquadrate und Straßennamen (Beispiel: „Das Neue Schloss liegt im Planquadrat ...").

5. Schritt: Wege beschreiben

- Nutze den Stadtplan auch für die Wegbeschreibung zwischen zwei Zielen.

1. Suche auf der Karte von Ingolstadt [1] die Gebäude aus den Bildern [2] bis [4]. Nenne die Planquadrate, in denen sie liegen.
2. Miss die Strecke (Luftlinie) zwischen der Eisstadion (C5) und dem Landgericht (B2). Rechne um in Meter.
3. Beschreibe den einfachsten Weg von der Jugendherberge (A3) zum Rathausplatz (C4).

[2] Neues Schloss in Ingolstadt, *Luftbild, 2017.*

[3] Liebfrauenmünster in Ingolstadt, *Luftbild, 2016.*

[4] Reduit Tilly (alte Festung) in Ingolstadt, *Luftbild, 2017.*

Wahlseite

Stadt und Umland

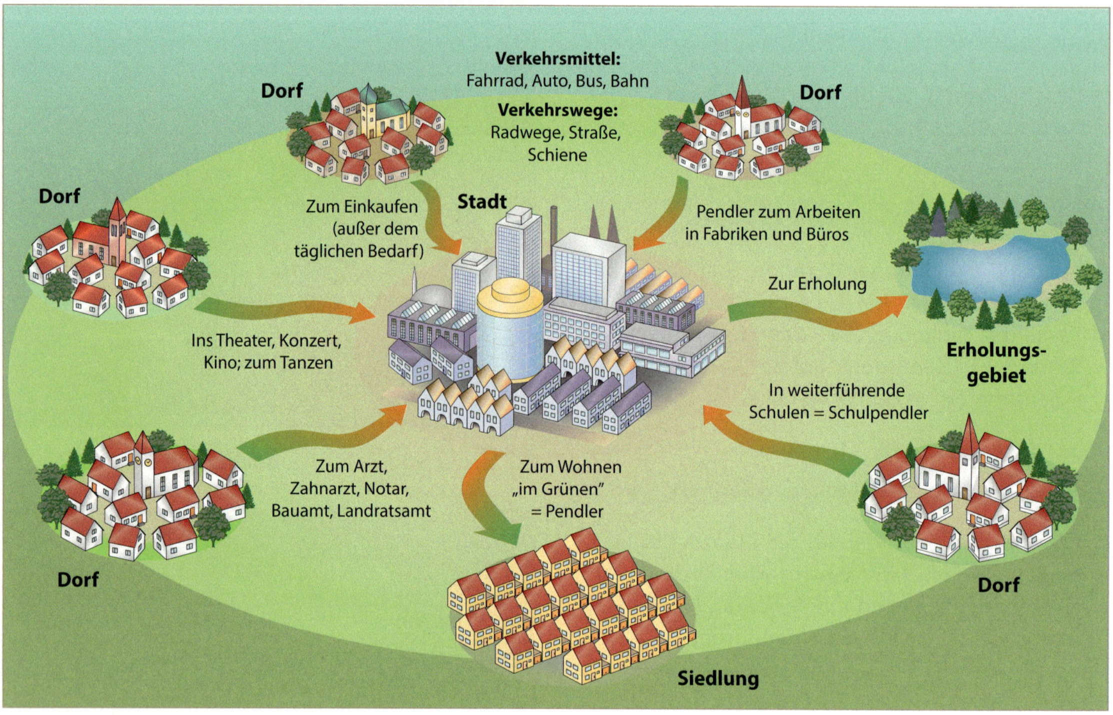

[1] Stadt und Umland sind miteinander verflochten. *Schaubild.*

1. Informiere dich auf dieser Seite über die Beziehungen zwischen Stadt und Umland.
2. Präsentiere deine Ergebnisse in geeigneter Form in der Klasse.

Angebote in der Stadt

Städte und die Dörfer, die sie umgeben, sind eng miteinander verflochten. Aus allen Richtungen fahren die Menschen jeden Tag zu ihrem Arbeitsplatz in die Stadt. In der Gegenrichtung sind vor allem die Erholungsgebiete im Umland bei den Stadtbewohnern beliebte Ziele.
Zusätzlich gibt es in der Stadt Angebote, die man auf dem Land nicht findet: Einkaufszentren, Geschäfte, Theater, Kinos, Fachärzte, weiterführende Schulen, Bahnhöfe oder sogar ein Flughafen. Diese Einrichtungen werden sowohl von der Stadtbevölkerung als auch von den Menschen des Umlandes genutzt.

Ein Beispiel: Würzburg und Kürnach

Von Kürnach nach Würzburg ist es nicht weit. Mit dem Linienbus, der stündlich fährt, braucht man 20 Minuten bis zum Hauptbahnhof. Mit dem Auto braucht man lediglich zehn Minuten bis zur Stadtgrenze. Der Radweg ist beschildert und gut ausgebaut.
Alle Angebote und Einrichtungen der Stadt sind für die Kürnacher gut erreichbar. Außerdem liegt der Ort unmittelbar an einer Autobahn, was das Dorf für Pendler interessant macht. Man wohnt ländlich fern dem Stadtlärm, kann aber morgens bequem zur Arbeit fahren.
Aus diesen Gründen ist die Einwohnerzahl von Kürnach in den letzten 20 Jahren von 3539 auf 4796 gestiegen. Es sind neue Geschäfte und Betriebe ins Dorf gekommen. Die Grundschule wurde erweitert.

Tipps für die Erarbeitung
Das Schaubild [1] mithilfe des Textes erläutern.

Tipps für die Präsentation
Schaubild vergrößern, auf ein Plakat kleben und am Beispiel von Kürnach erläutern.

Wahlseite

Dorferneuerung

[1] Die Dorfmitte von Kürnach 2017, *Foto*.

1. Informiere dich über die Veränderungen in den Dörfern.
2. Präsentiere deine Ergebnisse in geeigneter Form in der Klasse.

Dörfer im Wandel

Dörfer, wie du sie vielleicht aus Kinderbüchern kennst, gehören der Vergangenheit an. Die Kirche steht zwar immer noch in der Dorfmitte, doch in den seltensten Fällen befinden sich die Schule oder der Metzger noch in unmittelbarer Nähe davon. Manchmal gibt es noch die Werkstatt des Dorfschmiedes – aber sie ist seit Jahrzehnten nicht mehr in Betrieb. Mit der Technisierung sank auch die Zahl der Landwirte. Viele Bauernhöfe sind nun ungenutzt und stehen leer. Die Dörfer verändern sich, und die Verantwortlichen müssen darauf reagieren.

Zuschüsse für die Dorferneuerung

Einerseits soll die Tradition des ländlichen Dorflebens bewahrt werden. Andererseits sollen auch ländliche Dörfer über die gleichen technologischen Entwicklungen und Angebote verfügen wie die Städte. Daher gibt es staatliche Zuschüsse, um z. B. eine schnellere Internetverbindung zu schaffen oder ein leerstehendes Bauernhaus in eine Arztpraxis zu verwandeln.

[2] Die Dorfmitte von Kürnach 1913, *Foto*.

Tipps für die Erarbeitung

Den Begriff „Dorferneuerung“ verdeutlichen und ihre Notwendigkeit begründen.

Tipps für die Präsentation

Die Bilder [1] und [2] zeigen und auf Veränderungen eingehen.

Wahlseite Pendler

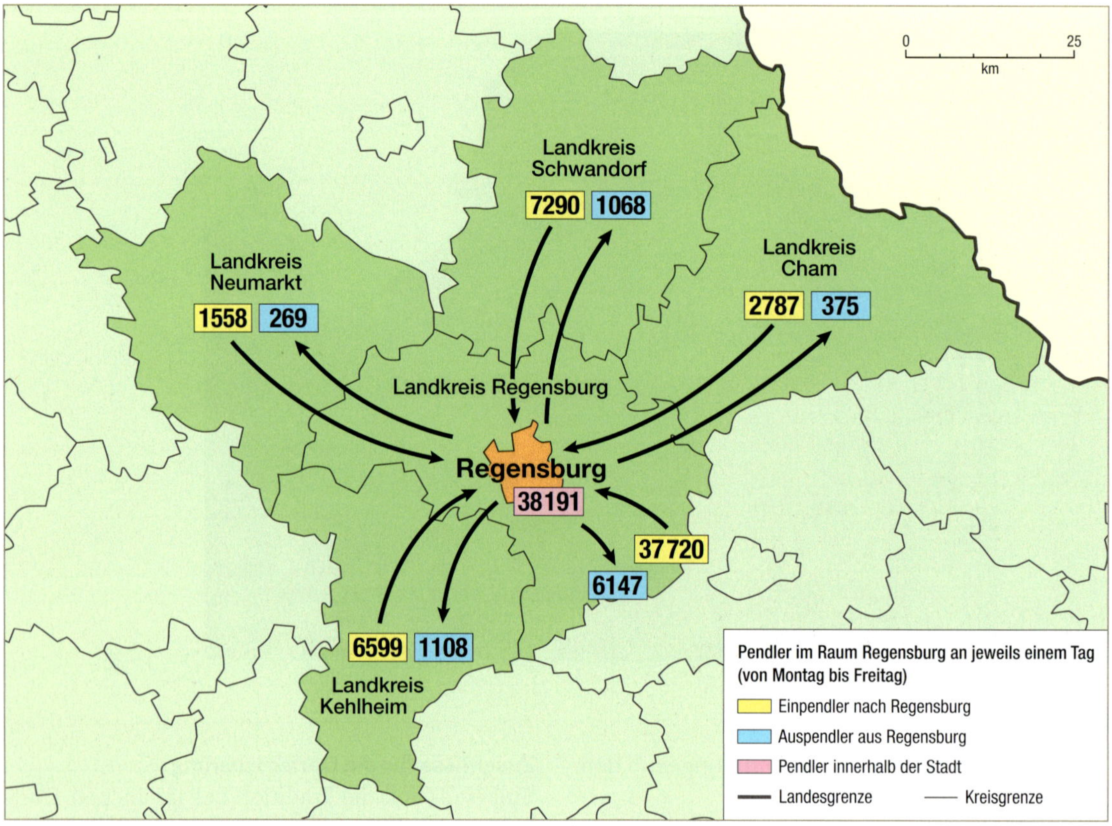

[1] Pendler im Raum Regensburg, *Karte.*

1. Informiere dich auf dieser Seite über die Pendler.
2. Präsentiere deine Ergebnisse in geeigneter Form in der Klasse.

Die Pendler – Reisende zwischen Wohnort und Arbeitsplatz

Jeden Morgen verlassen Kinder und Jugendliche ihr Zuhause, um mit dem Bus, dem Fahrrad oder zu Fuß in die Schule zu gelangen. Im Laufe des Nachmittags kommen sie auf gleichem Weg auch wieder zurück. Erwachsene machen es im Prinzip genauso, wenn sie von Montag bis Freitag zwischen ihrem Wohnort und ihrem Arbeitsplatz hin- und herfahren. Dies nennt man „pendeln“.

[2] Drei Pendler berichten:

„Jeden Morgen parke ich an der S-Bahn-Haltestelle, um mit der Bahn in die Stadt zur Arbeit zu fahren. Die ist oft so überfüllt, dass ich stehen muss.“

„Ich wohne in der Stadt, arbeite aber außerhalb im Landkreis. Ich fahre mit einem Kollegen in einer Fahrgemeinschaft. Das spart Sprit.“

„Meine Arbeit ist am anderen Ende der Stadt. Im Sommer fahre ich mit dem Rad. Im Winter nutze ich die Busse oder die Straßenbahn. Günstig sind die Fahrpreise wirklich nicht.“

Tipps für die Erarbeitung

Zahl der Ein- und Auspendler in Karte [1] vergleichen – Vor- und Nachteile der Verkehrsmittel sammeln.

Tipps für die Präsentation

Aus der Sicht von Beteiligten Verbesserungsvorschläge machen. „Pendler“ in den Unterricht einladen und befragen.

Wahlseite

Dörfer ohne Jugendliche

1. Informiere dich auf dieser Seite über die Überalterung in den Dörfern.
2. Präsentiere deine Ergebnisse in geeigneter Form in der Klasse.

Junge Leute ziehen weg

Junge Erwachsene zwischen 18 und 24 Jahren verlassen in großer Zahl die **ländlichen Regionen.** Sie suchen anderswo bessere Bildungs- oder Ausbildungsmöglichkeiten. Man nennt sie deshalb auch **„Bildungswanderer“**. Sie sind nicht mehr so stark mit ihrem Heimatdorf verbunden und wechseln öfter den Wohnort.

Überalterung der Dörfer

Ziehen die Jungen vom Land weg, bleiben die Alten zurück. Die Dörfer **„überaltern“**: In manchen Ortschaften sind die meisten Menschen bereits über 50 Jahre alt. Spielplätze, Straßen und Häuser werden nicht mehr repariert und verfallen. Auch Vereine können z. B. ihre Sportplätze nicht mehr pflegen. Weil immer weniger junge Leute im Verein sind und monatlich etwas bezahlen, fehlt ihnen das Geld.

[1] Ein mobiler Supermarkt bedient Dörfer, in denen es keine Einkaufsmöglichkeiten mehr gibt. *Foto, 2017.*

[2] In einem abgelegenen Dorf, *Foto, 2016.*

Tipps für die Erarbeitung
Nutze den Textknacker. Informiere dich über die Folgen der Überalterung in den Dörfern.

Tipps für die Präsentation
Die Bilder [1] und [2] zeigen und sie von der Klasse beschreiben lassen.

GPG aktiv

Willst du mehr über das Thema „Stadt und Land“ erfahren? Willst du selbst kreative Lösungen gestalten, in Zeitungen oder im Internet recherchieren? Dann wünschen wir dir viel Spaß mit den Aufgaben. Du kannst sie in der Schule oder außerhalb erarbeiten, alleine, zu zweit oder in der Gruppe. Vergiss nicht, deine Ergebnisse in der Klasse vorzustellen!

1. Dörfer mit Zukunft

In Bild [1] hat ein Künstlerin dargestellt, wie sie sich Dörfer in der Zukunft vorstellt.
Du kannst ...

- eigene Ideen und Vorschläge für ein „Dorf mit Zukunft“ entwickeln
- ein Bild auf einem Plakat darüber zeichnen, wie du dir ein lebendiges Dorf in der Zukunft vorstellst
- eigene Fotos schießen und damit einen Flyer über ein „Dorf mit Zukunft“ gestalten
- eine Umfrage zum Thema „Dorf mit Zukunft“ durchführen und auf einem Plakat das Ergebnis darstellen.

[1] Dörfer mit Zukunft, *Zeichnung.*

2. Wettbewerb „Unser Dorf soll schöner werden“

Seit einigen Jahren gibt es in Bayern den Wettbewerb „Unser Dorf hat Zukunft – Unser Dorf soll schöner werden“. Dabei werden Dörfer im ländlichen Raum dafür belohnt, dass sich ihre Bürger ehrenamtlich in die Gestaltung und Entwicklung des Dorfes eingebracht haben. Informiere dich über den Wettbewerb und überlege, wie du mit Ideen kreativ und tatkräftig mitwirken könntest.

[2] Werbeprospekt für den Wettbewerb „Unser Dorf hat Zukunft“, *2016.*

Teste dich!

[1] **Wichtige Begriffe**

Pendler	Wegzug vom Land in die Stadt
Landflucht	Verstädterung
Urbanisierung	Anzahl der Einwohner auf einem Quadratkilometer
Bevölkerungsdichte	Personen, die regelmäßig zwischen Wohnort und Arbeit hin- und herfahren

[2] Luftbild von München, *Foto, 2016.*

[3] **Falsche und richtige Aussagen zum Thema „Stadt und Land"**

„In Bayern leben die meisten Menschen auf dem Land."
„Die Bevölkerung in den Dörfern nimmt zu."
„Junge Familien ziehen in die Städte."
„Die Mieten in den Städten steigen."

Erkenntnisse gewinnen

1. Ordne den Begriffen in [1] die richtige Erklärung zu.
2. Beschreibe das Luftbild von München [2].
3. Nenne zentrale Einrichtungen in einer Großstadt.
4. Nenne Vor- und Nachteile des Stadtlebens.
5. Nenne Vor- und Nachteile des Landlebens.

Beurteilen und bewerten

6. Begründe, warum immer mehr junge Familien in Bayern in die Stadt (oder einen Vorort der Stadt) ziehen.
7. Entscheide und begründe, ob du später einmal gerne in der Stadt oder auf dem Land leben möchtest.
8. Einige Dörfer geben jungen Familien Geld, damit sie ins Dorf ziehen. Bewerte aus deiner Sicht, ob das fair ist. Berücksichtige dabei auch die Menschen, die schon dort wohnen, z. B. Senioren.

Anwenden und handeln

9. Lies die Aussagen von [3] und entscheide, welche zutreffend und richtig sind.
10. Stelle die falschen Aussagen in [3] richtig.
11. Finde weitere richtige Aussagen zum Thema „Stadt und Land".

WEBCODE: MZ648962-109

Entscheiden und mitwirken in der Gemeinde

In der Gemeinde

Der Bürgermeister lädt ins Rathaus ein: Das Rathaus ist das Zentrum der Gemeinde. Hier wird beraten und entschieden. Auch wir dürfen an den Entscheidungen in unserer Gemeinde mitwirken.

1. Beschreibe das Bild.

2. Vermute, was im Rathaus gearbeitet wird.

Bitte
Haupteingang
links um die Ec
benutzen
GEMEIND

Schauplatz In der Gemeinde

[2] Der Bürgermeister spricht vor der Feuerwehr, *Foto, 2017.*

[1] Volksfest auf dem Marktplatz in Kürnach, *Foto, 2017.*

[3] Weihnachtsliedersingen in Kürnach, *Foto, 2016.*

1. Beschreibe die Bilder. Was erfährst du über die Gemeinde Kürnach?

Das Beispiel Kürnach

Kürnach ist eine Gemeinde in der Nähe von Würzburg. Sie hat etwa 4800 Einwohner. In den letzten Jahren ist sie schnell gewachsen: Rund um den Ortskern entstanden zahlreiche Neubaugebiete. Dadurch stieg die Einwohnerzahl stark an. Die Menschen in Kürnach leben überwiegend in Ein- und Zweifamilienhäusern.

Im Ortskern von Kürnach gibt es zahlreiche Handwerks- und Dienstleistungsbetriebe (z. B. Gaststätten, Krankengymnastik) sowie Arztpraxen. Am Ortsrand haben sich Unternehmen in Gewerbegebieten angesiedelt. Sie bieten den Bürgern Arbeitsplätze. Der Großteil der Menschen arbeitet in den benachbarten Städten, schätzt jedoch den ländlichen und ruhigen Charakter des Ortes.

In Kürnach gibt es zwei Kindergärten und eine Grundschule. Die jüngsten Kinder werden in der Krabbelgruppe betreut. Die Gemeinde gab in den letzten Jahren sehr viel Geld aus für den Ausbau und die Modernisierung dieser Einrichtungen.

Supermärkte und Drogerien gibt es in den Gewerbegebieten am Ortsrand. Ein großer Sportverein mit 1000 Mitgliedern bietet z. B. Fußball und Basketball an. Über das Jahr verteilt gibt es zahlreiche Feste und Feiern. Sie bieten den Menschen in der Gemeinde die Möglichkeit, sich besser kennen zu lernen.

2. Beschreibe die Lebens- und Arbeitsbedingungen in Kürnach.
3. Vermute, welche Veränderungen aufgrund der steigenden Einwohnerzahl in der Gemeinde notwendig werden könnten.

Darüber macht man sich in Kürnach Gedanken ...

„Hoffentlich wird bald das Minifußballfeld gebaut. Dann haben wir einen neuen Treffpunkt.“
(Nico, 15 Jahre)

„Bald zieht der Supermarkt vom Dorfzentrum an den Ortsrand. Wie komme ich da zum Einkaufen hin?“
(Frau Bruckner, 77 Jahre)

„Als Mitglied im Gemeinderat bin ich daran interessiert, weitere Geschäfte und Firmen nach Kürnach zu holen, um die Gemeinde noch attraktiver zu gestalten.“
(Herr Peters, 43 Jahre)

„Wenn neue Häuser und Straßen gebaut werden, verliere ich Blumenwiesen für meine Bienen.“
(Herr Wieland, 64 Jahre)

„Bald bietet die Gemeinde zusätzliche Kita-Plätze an. Dann kann ich wieder halbtags arbeiten gehen.“
(Frau Demircan, 32 Jahre)

4. Formuliere spannende Schlagzeilen, die man in der Zeitung über die Entwicklungen in Kürnach [2] lesen könnte.

Wähle einen der Arbeitsaufträge aus:

- Gestalte einen Flyer über die Gemeinde Kürnach.
- Verfasse Schlagzeilen über deine Heimatgemeinde, mit denen du sie beschreibst.

Orientierung – Die Gemeinde

Gemeinden in Bayern
Im Jahr 2016 gab es in Bayern 2056 Gemeinden. Sowohl die Millionenstadt München im Süden Bayerns als auch das ländliche Dorf Kürnach im Norden sind Gemeinden. Sie unterscheiden sich in Fläche und Einwohnerzahl.
Einige Gemeinden in Bayern führen zusätzlich die Bezeichnung „Markt". Das hat einen geschichtlichen Hintergrund. Diese Orte waren im Mittelalter ähnlich groß wie eine Stadt, hatten aber z. B. keine Stadtmauer zum Schutz ihrer Bürger. Trotzdem trafen sich dort regelmäßig Menschen auf einem Markt, um Handel zu treiben.

Der Bürgermeister
Der Bürgermeister wird von den Bürgern der Gemeinde gewählt. Die Bürger wählen aus mehreren Kandidaten aus, dürfen aber nur eine Stimme vergeben.

Um als Bürgermeister gewählt zu werden, muss man mindestens 21 Jahre alt und deutscher Staatsbürger sein. Außerdem muss man seit mindestens sechs Monaten in der Gemeinde wohnen. Der Bürgermeister wird in Bayern alle sechs Jahre neu gewählt und kann in seinem Amt bestätigt werden.

Der Gemeinderat
Die Bürger wählen auch ihren Gemeinderat. Je nach Größe der Gemeinde besteht dieser aus acht bis 80 Mitgliedern. Der Gemeinderat kann Ausschüsse einberufen. Das sind Gruppen von Fachleuten, die ihn beraten.

1. Erkläre den Unterschied zwischen folgenden Begriffen: Stadt, Markt, Dorf.
2. Nenne die Voraussetzungen, unter denen man in Bayern zum Bürgermeister gewählt werden kann.
3. Erkläre das Schaubild [1].

[1] Die Verfassung der Gemeinde, *Schaubild.*

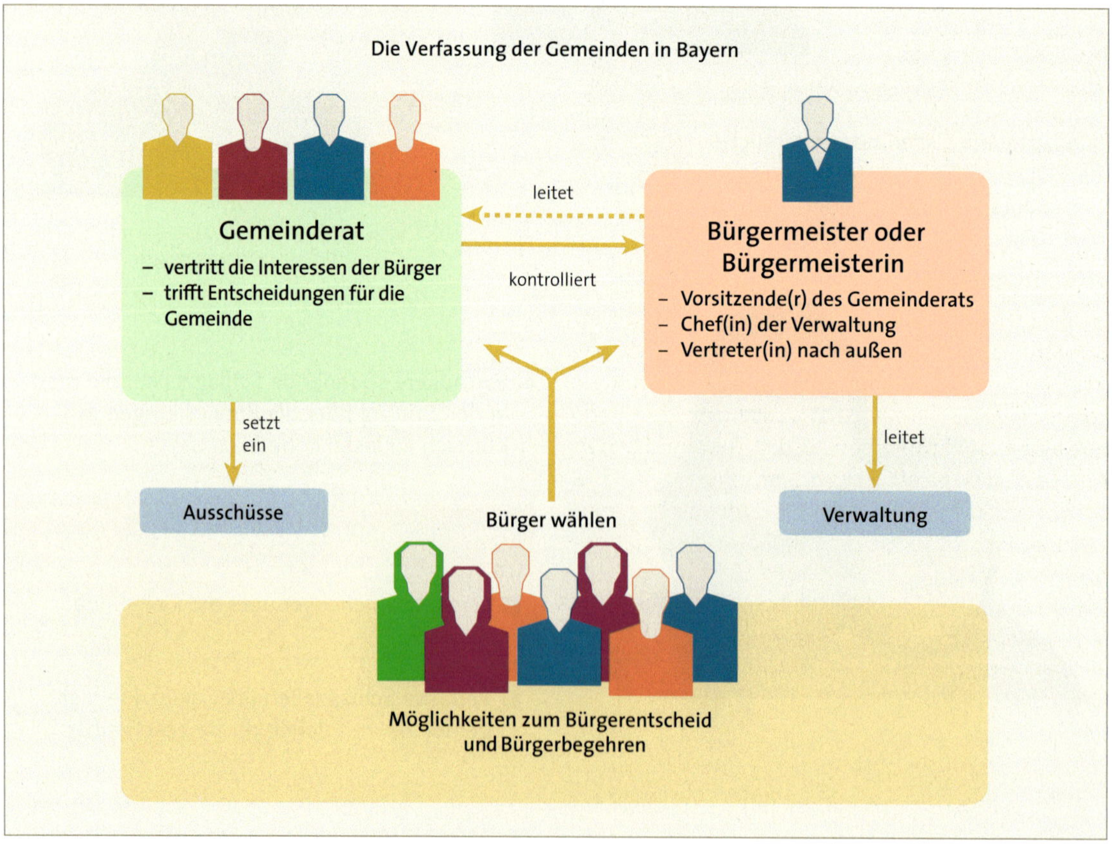

Bürgerversammlung

Einmal im Jahr muss der Bürgermeister die Mitbürger seiner Gemeinde zu einer Bürgerversammlung einladen. Dabei diskutiert er mit ihnen über wichtige Vorhaben in der Gemeinde, zum Beispiel den Bau neuer Straßen oder Schulen. Jeder Bürger kann sich melden und einen Antrag stellen.

[2] Bürgerversammlung in Bogenhausen (Bayern), *2013*.

Bürgerbegehren und Bürgerentscheid

In Bayern gibt es das Bürgerbegehren und den Bürgerentscheid. Wenn Bürger ein gemeinsames Anliegen haben, können sie ein Bürgerbegehren bei der Gemeinde einreichen. Es beschäftigt sich mit aktuellen Problemen in der Gemeinde. Das Begehren muss als Frage formuliert sein, die man mit „Ja“ oder „Nein“ beantworten kann. Zum Beispiel: „Soll das neue Gewerbegebiet gebaut werden?“.

Im Bürgerentscheid dürfen dann alle Bürger in einer Wahl über diese Frage entscheiden. Ein Bürgerentscheid kann auch vom Gemeinderat beantragt werden.

4. Erkläre, warum die Bürgerversammlung und der Bürgerentscheid wichtig für die Gemeinde sind.

Entscheiden und mitwirken in der Gemeinde

Entscheidungen in der Gemeinde

Wer hat in der Gemeinde das Sagen?

[1] Beim Bürgermeister im Rathaus, *Foto.*

[2] **Der Bürgermeister erzählt über seine Arbeit:**
„Als Bürgermeister bin ich der oberste Diener meiner Gemeinde. Ich bin der Vorgesetzte aller Beschäftigten der Gemeindeverwaltung. Ich vertrete die Gemeinde bei offiziellen Anlässen. Trifft sich der Gemeinderat, dann leite ich seine Sitzungen*. Wenn der Gemeinderat etwas beschließt, muss ich dafür sorgen, dass es auch umgesetzt wird."

Der Bürgermeister erklärt, wie er sein Amt bekommen hat:
„Ich war schon in der Schule Klassensprecher und konnte gut reden. Ich möchte mithelfen, dass sich die Menschen in meiner Gemeinde wohlfühlen. Deshalb habe ich mich um das Amt des Bürgermeisters beworben und mich als Kandidat* zur Wahl gestellt. Alle volljährigen* Bürger unserer Gemeinde durften zwischen mehreren Kandidaten auswählen. Ich hatte die meisten Stimmen und bin bis zur nächsten Wahl euer Bürgermeister."

(Verfassertext)

1. Nenne die Aufgaben des Bürgermeisters.
2. Nenne Eigenschaften, die ein Bürgermeister haben sollte, und begründe. Vergleiche mit dem Klassensprecher.

(die) Sitzung:
Termin, an dem sich ein Gemeinderat trifft und Themen bespricht.

(der) Kandidat:
Bewerber um ein Amt.

(die) Volljährigkeit:
Vollendung des 18. Lebensjahres.

[3] Von der Idee zum Beschluss

1. Jugendliche möchten, dass die Gemeinde einen Skatepark baut. Sie stellen dem **Bürgermeister** ihre Idee in seiner Sprechstunde vor.

2. Der Bürgermeister darf nicht allein entscheiden.
Er präsentiert die Idee dem **Gemeinderat**. Doch es ist unklar, wie viel der Skatepark kosten würde.

3. Ein **Ausschuss** klärt die Kosten und berät den Gemeinderat.
Dort sitzen Gemeinderatsmitglieder und Experten.

4. Der **Gemeinderat stimmt ab** über den Bau des Skateparks.
Eine Mehrheit ist dafür.
Der Bürgermeister und die Verwaltung müssen den Beschluss ausführen, also sich um den Bau des Skateparks kümmern.

3. Erläutere mithilfe dieser Seite die Schritte vom Antrag eines Vorhabens bis zu seiner Ausführung [3].

Was du sonst noch tun kannst:
- Informiere dich im Internet über den Bürgermeister und den Rat deiner Gemeinde oder Stadt.

Wähle einen der Arbeitsaufträge aus:

Ein Basketballfeld für Jugendliche soll direkt neben dem Altenheim gebaut werden.

- Notiere, was aus deiner Sicht für den Bau spricht.
- Schreibe einen Leserbrief an die Lokalzeitung dafür oder dagegen.
- Entwerft ein Streitgespräch zwischen zwei Mitgliedern des Gemeinderates.

Die Aufgaben der Gemeinde

Welche Leistungen erbringt die Gemeinde für ihre Bürger?

[1] Pflichtaufgaben der Gemeinde. *Fotos, 2017.*

1. Nenne mithilfe der Fotos [1] die Pflichtaufgaben der Gemeinde.
2. Stelle Vermutungen über weitere Pflichtaufgaben an.

Das muss die Gemeinde erfüllen
Grundlage für die Pflichtaufgaben ist die Gemeindeordnung:

> „Die Gemeinden sind ... verpflichtet, die aus Gründen des öffentlichen Wohls erforderlichen Einrichtungen zur Versorgung mit Trinkwasser und zur Beseitigung des Abwassers ... und des Mülls herzustellen und zu unterhalten."

Gemeinden müssen sich an diese Gemeindeordnung halten. Andernfalls können die Bürger Beschwerde einlegen.

Gemeinden müssen zuerst die Grundbedürfnisse ihrer Bürger nach Sicherheit und Ordnung erfüllen. Sie müssen ...
- eine eigene Feuerwehr unterhalten,
- verkehrssichere Gehwege anlegen,
- Straßen ausreichend beleuchten,
- den Müll entsorgen,
- Wohnungen und Häuser mit sauberem Wasser versorgen.

Zusätzlich muss die Gemeinde für die Betreuung und Ausbildung der Kinder sorgen. Sie muss Kindergärten und Schulen bauen oder renovieren und mit dem nötigen Spiel- und Lernmaterial ausstatten.

3. Nenne die Pflichtaufgaben der Gemeinde.
4. Begründe, warum die Gemeinden diese Aufgaben erfüllen müssen.

Auch das muss die Gemeinde machen

Wer am 16. Geburtstag seinen ersten Personalausweis beantragen möchte, muss ins Rathaus. Dort bekommt er den Ausweis ausgestellt.
Diese und weitere Aufgaben werden im Rathaus von Beamten und Verwaltungsangestellten erledigt. Dabei soll den Bürgern umfassend und schnell geholfen werden.
Allerdings sollte man sich auch als Bürger vor dem Gang ins Rathaus informieren. Für den ersten Personalausweis muss man z. B. ein Passfoto mitbringen. Aus diesem Grund aktualisieren und erweitern die Gemeinden ständig ihre Internetauftritte. Dort kann man Termine im Rathaus buchen und nachsehen, welche Dokumente man braucht.

[2] Trauung im Standesamt der Gemeinde, *Foto, 2015.*

5. Nenne Aufgaben, die die Gemeinde zusätzlich erfüllen muss. Nutze den Text und Foto [2].

Freiwillige Aufgaben der Gemeinde

Sobald eine Gemeinde ihre Pflichtaufgaben erfüllt hat, kann sie andere Maßnahmen und Projekte durchführen und finanzieren. Sie versucht sich dabei immer an den Wünschen und Bedürfnissen ihrer Gemeinde zu orientieren. Voraussetzung ist natürlich, dass noch Geld verfügbar ist. Zu den freiwilligen Aufgaben zählt z. B. das Anlegen von Parks und die Planung von Neubaugebieten.

[3] Wünsche aus der Bevölkerung, *Illustration.*

6. Nenne ausgehend von der Abbildung [3] mögliche Wünsche von Bürgern, die die Gemeinden freiwillig erfüllen können.

Wähle einen der Arbeitsaufträge aus:

- Erstelle zwei Listen:
  - Pflichtaufgaben der Gemeinde
  - Freiwillige Aufgaben der Gemeinde.
- Führe in deiner Klasse eine Umfrage durch: Welche Wünsche haben deine Mitschüler an ihre Heimatgemeinde?

Was du noch tun kannst ...

- Informiere dich auf der Homepage deiner Gemeinde über die Aufgaben, die im Rathaus bearbeitet werden. Erstelle eine Liste.

Die Bürger entscheiden mit

Wann wird direkt über ein Vorhaben abgestimmt?

[1] Skigebiet und Wahllokal in Obermaiselstein (Allgäu), *Fotos, 2016.*

Bürgerentscheid in Bayern

Allgäuer stimmen für Skischaukel

1. Beschreibe die Bilder und lies die Schlagzeile.
2. Stelle Vermutungen über die Gründe der Abstimmung an. Welche Rolle könnten die Bürger spielen?

Ein neuer Skilift soll gebaut werden

Die Gemeinden Balderschwang und Obermaiselstein im Allgäu bieten mit ihren Skigebieten alpines Wintersportvergnügen. Nun ist der Bau einer neuen Seilbahn geplant. Sie soll beide Gebiete miteinander verbinden, sodass eine „Skischaukel" entsteht. Die Folge wäre ein größeres Skigebiet, das beide Orte ihren Gästen anbieten könnten.

Ein Problem entsteht

Die Bürgermeister beider Gemeinden stehen hinter dem Bauvorhaben. Die Gemeinderäte von Balderschwang und Obermaiselstein haben einstimmig für die Skischaukel gestimmt. Das Problem ist aber, dass der geplante neue Lift in einem geschützten Naturgebiet liegt, in dem nichts gebaut werden darf.

Grundlage hierfür ist der sogenannte Alpenplan. Er schützt die Natur und den Lebensraum der Bayerischen Alpen – und verbietet übermäßige Bebauung. Ändern kann diesen Plan nur die Landesregierung in München. Am Riedberger Horn im Allgäu heißt es nun: Skischaukel oder Naturschutz.

3. Erläutere mit eigenen Worten das Bauvorhaben der beiden Gemeinden im Allgäu.
4. Begründe, warum die Skischaukel zu diesem Zeitpunkt nicht gebaut werden kann.

Meinungen treffen aufeinander
In Bürgerversammlungen diskutierte man über das Problem der Skischaukel. Beteiligte tauschten dort ihre Argumente aus:

5. Ordne die Argumente nach nach pro und kontra.

Lösungen werden vorgeschlagen
Die Landesregierung in München musste nun entscheiden: Sollte sie den Alpenplan ändern und die Skischaukel bauen – oder den Bauantrag der Gemeinden ablehnen? Sie wollte diese Entscheidung nicht alleine treffen. Deshalb schlug sie einen Bürgerentscheid vor. Im September 2016 stimmten die 1125 wahlberechtigten Bürger aus Balderschwang und Obermaiselstein über den Bau der Skischaukel ab. Eine große Mehrheit stimmte dafür.

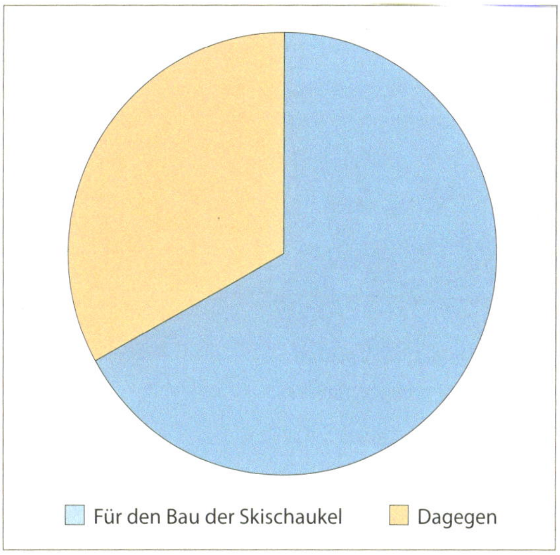

[2] Ergebnis des Bürgerentscheids vom September 2016, *Schaubild.*

Wird die Skischaukel jetzt gebaut?
Nachdem die Mehrheit der Bürger mit „Ja“ gestimmt hat, wird nun alles unternommen, um die Skischaukel zügig zu bauen.
Befürworter des Bürgerentscheids freuen sich, dass die Bürger aus Balderschwang und Obermaiselstein in die Entscheidung eingebunden wurden. Kritiker behaupten, dass wenige Menschen den Naturraum der Alpen für immer verändern, obwohl er eigentlich für alle da sei.

6. Erläutere, warum die Skischaukel am Riedberger Horn jetzt gebaut wird.

Wähle einen der Arbeitsaufträge aus:

- Finde weitere Gründe, die für oder gegen den Bau der Skischaukel sprechen. Gestalte Plakate mit aussagekräftigen Sprüchen, mit denen du vor dem Bürgerentscheid um Anhänger wirbst.
- Entwirf mit einem Mitschüler ein Streitgespräch zwischen einem Befürworter und einem Kritiker des Bürgerentscheids. Beziehe dabei das Ergebnis des Bürgerentscheids ein. Tragt das Streitgespräch vor der Klasse vor.

Methode Fallanalyse

Mit der Fallanalyse können wir wichtige politische Entscheidungen nachvollziehen. Sie hilft uns, unsere eigene Meinung zu äußern und zu begründen. Am Ende können wir so eine Entscheidung treffen. Wichtig ist, dass man die eigene Entscheidung am Ende immer mit der tatsächlichen vergleicht.

1. Schritt: Informationen gewinnen

- Eine aktuelle Fragestellung oder ein Problem tritt in den Mittelpunkt unseres Interesses.
  Beispiel: War es sinnvoll, ein neues Fußballstadion in Regensburg zu bauen?
- Wir informieren uns über die Situation, die zu dieser Fragestellung geführt hat.
- Wir informieren uns anhand des Schulbuchs, von Zeitungen oder dem Internet.

2. Schritt: Lösungsmöglichkeiten sammeln

- Wir erfassen die unterschiedlichen Lösungsmöglichkeiten zur Fragestellung.
- Wir stellen sie einander gegenüber.
  Beispiel: Lösung 1 – Der Bau des Fußballstadions war sinnvoll, weil ...
  Lösung 2 – Der Bau des Fußballstadions war nicht sinnvoll, weil ...

3. Schritt: Gemeinsam entscheiden

- Wir stimmen in der Klasse über die Lösungsmöglichkeiten ab.
- Wir begründen unsere Entscheidung.
- Wir benennen mögliche Vor- und Nachteile unserer Entscheidung.
- Wir äußern Vermutungen über die Folgen unserer Entscheidung.

4. Schritt: Mit der Wirklichkeit vergleichen

- Wir informieren uns über den tatsächlichen Ausgang der Entscheidung.

Braucht die Stadt ein neues Fußballstadion?

Der Fall: Das neue Fußballstadion in Regensburg

Die Stadt Regensburg besaß bis 2015 ein Fußballstadion, das über 90 Jahre alt war. Oft musste dort etwas repariert werden. Besucher beklagten, dass es keine überdachten Sitzplätze gab. Deshalb beschloss die Stadt den Bau eines neuen Stadions. Sie hoffte, dadurch mehr Besucher anzulocken und die Wirtschaft zu stärken. Wenn nämlich mehr Menschen zu den Spielen kommen, nutzen sie auch die Einkaufsmöglichkeiten oder Restaurants in der Umgebung. Das hilft auch der Stadt.

Das neue Stadion wurde im Sommer 2015 eingeweiht. Es kostete etwa 50 Millionen Euro. Der örtliche Fußballverein spielte in der 4. Liga, stieg dann aber zweimal in Folge auf. Im Schnitt kamen im ersten Jahr rund 7000 Zuschauer ins Stadion, das 15000 Plätze bietet.

Die Stadt Regensburg ist Eigentümer des Stadions. Sie muss die Kosten für Strom, Reinigung und Reparaturen übernehmen. Deshalb vermietet sie es an den örtlichen Fußballverein und an Konzertveranstalter. In den ersten Jahren rechnen die Verantwortlichen der Stadt mit einem jährlichen Verlust von zwei Millionen Euro. Die Einnahmen durch die Mieten sind nämlich nicht so hoch wie die Kosten. Denn die Stadt muss jeden Monat Geld an die Bank zurückzahlen, das sie sich für den Bau geliehen hat.

Manche Bürger fragen: Hat die Stadt wirklich ein neues Fußballstadion gebraucht? Hätte sie nicht besser die Schulen oder das Freibad renovieren sollen?

[1] Das alte Stadion in Regensburg, *Foto, 2014.*

[2] Das neue Stadion in Regensburg, *Foto, 2015.*

1. Beschreibe die Situation rund um das neue Fußballstadion in Regensburg (Text, Fotos).
2. Wende die Methode der Fallanalyse auf das Beispiel des neuen Fußballstadions an (Arbeitsschritte S. 122).

Jugendliche beteiligen sich

Wie können Jugendliche politisch mitgestalten?

[1] Kinder und Jugendliche bei einer Sitzung des Jugendforums in München, *Foto, 2015.*

1. Beschreibe das Foto [1].
2. Vermute, an welchen Entscheidungen in der Gemeinde Jugendliche beteiligt sein könnten.

Das Jugendforum

Wählen darf man in Bayern erst, wenn man volljährig ist. Erst dann darf man auch für den Gemeinderat kandidieren*. Bürgermeister darf man erst mit 21 werden. Trotzdem gibt es Möglichkeiten, wie Jugendliche mitwirken können.
Das Jugendforum bietet Kindern und Jugendlichen die Möglichkeit, ihre Wünsche und Gedanken verantwortlichen Erwachsenen mitzuteilen. Es findet in großen Städten wie München regelmäßig statt. Alle Kinder und Jugendlichen zwischen 7 und 16 Jahren dürfen daran teilnehmen. Auch Politiker sind anwesend. Sie dürfen aber nur beraten und nicht mitentscheiden. Außerdem gibt es feste Regeln für die Redezeit und die Abstimmung. Die Politiker versprechen, sich innerhalb von drei Monaten um die Anliegen der Kinder zu kümmern.

Besuche im Rathaus

In der Stadt Dietfurt in der Oberpfalz wurden im April 2015 Kinder und Jugendliche in das Rathaus eingeladen. Die Bürgermeisterin und Mitglieder des Stadtrats diskutierten mit ihnen. In Arbeitsgruppen konnten Jugendliche ihre Vorschläge an den Stadtrat formulieren. Die Bürgermeisterin zeigte sich begeistert, da sie so mehr über die Sorgen, Wünsche und Anregungen der Jugendlichen erfahren konnte.
Gemeinsam mit den Jugendlichen erarbeitete die Stadt Dietfurt einen Kinder- und Jugendplan. Dort sind die wichtigsten Projekte festgehalten, die erledigt werden sollen.

3. Erkläre, wie sich Jugendliche an Entscheidungen in ihrer Gemeinde beteiligen können.

kandidieren:
Sich für ein Amt zur Wahl aufstellen lassen.

Der Jugendausschuss

Jeder Gemeinde- oder Stadtrat hat einen Ausschuss, der sich mit den Angelegenheiten der Jugend beschäftigt. Im Frühjahr 2016 hat zum Beispiel der Jugendausschuss des Gemeinderates in Kürnach empfohlen, dass ein Minifußballfeld als zusätzliches Freizeitangebot gebaut werden soll. Dabei befragten die Erwachsenen gezielt die Jugendlichen, um dann sinnvoll zu entscheiden: Wird das Spielfeld tatsächlich genutzt? Wo soll es gebaut werden?

4. Benenne die Aufgabe des Jugendausschusses.

5. Notiere weitere Fragen, die man den Jugendlichen vor dem Bau des Spielfeldes stellen sollte.

Die Meinungsäußerung

Jeder Bürgermeister bietet eine Bürgersprechstunde an, die auch Jugendliche besuchen können. Mitglieder im Gemeinde- und Stadtrat stellen sich persönlich oder per Mail den Fragen der Jugend. Auch andere Formen der Meinungsäußerung sind möglich: Kinder und Jugendliche können zum Beispiel Leserbriefe an Zeitungen schreiben oder demonstrieren gehen.

[2] Bundeskanzlerin Angela Merkel diskutiert mit Jugendlichen, *Foto, 2013.*

[3] Jugendliche demonstrieren für den Schutz der Regenwälder, *Foto, 2014.*

Die Jugendorganisationen der Parteien

Alle größeren Parteien haben eigene Jugendorganisationen. Dort geht es aber weniger um die Auseinandersetzung mit politischen Themen. Vielmehr engagieren sich die interessierten Jugendlichen für die Menschen in ihrer Gemeinde:

- Sie organisieren Ferienfreizeiten.
- Sie sammeln Altpapier und Sperrmüll oder Abfall im Wald.
- Sie helfen bei Festen der Gemeinde.

6. Erläutere, wie sich Jugendliche in Parteien in ihrer Gemeinde einbringen können.

Wähle einen der Arbeitsaufträge aus:

⚀ Notiere in Stichpunkten, wie Bürgermeister oder Gemeinderäte von den Anliegen der Jugendlichen erfahren.

⚁ Erstelle ein Plakat, auf dem du die Angebote von Vereinen und Organisationen darstellst, in denen sich Jugendliche in ihrer Gemeinde engagieren können.

⚂ Sammle Wünsche für neue Freizeitangebote in deiner Gemeinde. Schreibe darüber eine Mail an ein Mitglied des Jugendausschusses.

Wahlseite

Die Kommunalwahl

[1] Bei der Stimmabgabe im Wahllokal* in München, *Foto, 2014.*

1. Informiere dich auf dieser Seite über die Kommunalwahl.
2. Präsentiere deine Ergebnisse in geeigneter Form vor der Klasse.

Kommunalwahlen in Bayern
Alle sechs Jahre finden in Bayern Kommunalwahlen statt. Dabei sind die Wähler dazu aufgerufen, ihre Gemeinde- oder Stadträte und den Bürgermeister zu wählen.

Wer darf wählen?
Um an der Wahl teilnehmen zu dürfen, muss man volljährig und deutscher Staatsbürger sein. Außerdem muss man seit mindestens drei Monaten in der Gemeinde wohnen.

Wer wird Mitglied im Gemeinde- oder Stadtrat?
Parteien, die in einem Ort oder einer Stadt vertreten sind, stellen in den Monaten vor der Wahl geeignete Kandidaten auf. Je nach Größe der Gemeinde darf der Bürger bei der Wahl unterschiedlich viele Stimmen vergeben. Die Kandidaten mit den meisten Stimmen werden dann Mitglieder im Stadt- oder Gemeinderat.
Der Bürgermeister wird am selben Tag von den Bürgern in einer eigenen, geheimen Wahl gewählt. Bei beiden Abstimmungen ist auch die Wahl per Brief möglich.

*

(das) Wahllokal:
Öffentlicher Ort, an dem eine Wahl durchgeführt wird.

Tipps für die Erarbeitung
Notiere dir wichtige Informationen als Schlagworte.

Tipps für die Präsentation
Erläutere deine Notizen mithilfe des Fotos [1] zur Stimmabgabe.

Wahlseite Geld für die Gemeinde

Ein neues Zuhause für Trendsportarten

Die Kosten trägt die Stadt.

Regensburg: Die Stadt mietet eine Halle für neue Trendsportarten. Die Halle bietet drei Vereinen eine neue Trainingsstätte. Die jährlichen Mietkosten von etwa 60 000 Euro übernimmt die Stadt. Gibt es dadurch Steuererhöhungen?

[1] Pressemitteilung einer Zeitung, 2016, vereinfacht.

1. Informiere dich auf dieser Seite über die Finanzierung der Gemeindeaufgaben.
2. Präsentiere deine Ergebnisse in geeigneter Form vor der Klasse.

Steuern und Gebühren

Jede Gemeinde braucht eigene Einnahmen, um ihre Aufgaben zu finanzieren. Sie darf **Steuern** von den Bürgern und Betrieben einfordern:

- Die Gewerbesteuer muss jede Firma in der Gemeinde bezahlen.
- Die Grundsteuer fordert die Gemeinde von jedem, der ein Haus oder Grundstück besitzt.
- Die Hunde- und Jagdsteuer betrifft die Hundebesitzer und Jäger in der Gemeinde.

Daneben werden für den Bürger **Gebühren** fällig. So erhebt die Gemeinde Gebührenbescheide für die **Müllentsorgung** sowie für **Trink-** und **Abwasser**. Je nach Wasserverbrauch müssen private Haushalte und ortsansässige Betriebe unterschiedlich hohe Gebühren an die Gemeinde bezahlen.

Zuschüsse und Zuweisungen

Eine weitere Möglichkeit, um Geld in die Gemeindekasse zu bekommen, sind **staatliche Zuschüsse** und **Zuweisungen***. Für größere Bauvorhaben wie z. B. eine neue Schule können die Gemeinden **Zuschüsse** beim Freistaat Bayern, bei der Bundesrepublik Deutschland oder der Europäischen Union beantragen. Für jedes schulpflichtige Kind gibt es regelmäßig Geld, damit die Gemeinden die Schulen z. B. mit Schulbüchern ausstatten können.

Reicht das Geld immer noch nicht, um alle Aufgaben zu finanzieren, machen die Gemeinden Schulden. Sie nehmen einen Kredit* bei einer Bank auf.

(die) Zuweisung:
Geld, das die Gemeinde vom Land Bayern oder vom Bund bekommt.

(der) Kredit:
Geld, das man sich für eine bestimmte Zeit leiht. Man muss es mit Zinsen zurückzahlen.

Tipps für die Erarbeitung
Textknacker benutzen: Was hast du über die Aufgaben der Gemeinde erfahren?

Tipps für die Präsentation
Der Klasse den Zeitungsartikel vorlesen. Die Klasse Vermutungen darüber anstellen lassen, woher die Stadt Regensburg das Geld für die Miete nimmt.

Wahlseite

Die Gemeinden helfen

[1] Bürger in München spenden Kleidung für Flüchtlinge, *Foto, 2014.*

1. Informiere dich auf dieser Seite über die Situation der Flüchtlinge in Deutschland im Jahr 2015.
2. Präsentiere deine Ergebnisse in geeigneter Form vor der Klasse.

Warum kommen Millionen Flüchtlinge nach Deutschland?

Im Jahr 2015 kam etwa eine Million Flüchtlinge* nach Deutschland. Die meisten von ihnen stammen aus Syrien und Afghanistan. Sie wollen Bürgerkriegen, Verfolgung und Not in ihren Heimatländern entkommen.

In der Regel flohen die Menschen über das Mittelmeer nach Griechenland oder Italien, um dann von Österreich aus die Grenze nach Deutschland zu überqueren. In den bayerischen Grenzorten sammelten sich im Sommer 2015 hunderttausende Flüchtlinge in Zeltstädten oder Turnhallen.

Flüchtlinge – eine Herausforderung für die Gemeinden

Für die Unterbringung und Versorgung der Flüchtlinge waren die Städte und Gemeinden verantwortlich. Tausende ehrenamtliche Helfer empfingen die notleidenden Menschen an den Bahnhöfen und versorgten sie mit Kleidung und Lebensmitteln. Die medizinische Versorgung leisteten die Ärzte der örtlichen Gesundheitsämter. Später mussten die Gemeinden Notunterkünfte schaffen und die Flüchtlinge bald darauf in Wohnungen unterbringen. Für die Kinder mussten sie geeignete Schulen finden.

* **(der) Flüchtling:**
Person, die ihr Heimatland länger unfreiwillig verlassen muss.

Tipps für die Erarbeitung

Nenne die Ursachen der Flucht. Benenne die Leistung der Gemeinden.

Tipps für die Präsentation

Zeige mit einer Karte den Weg der Flüchtlinge über das Mittelmeer nach Griechenland bis nach Deutschland.

Wahlseite

Die Jugendfeuerwehr

[1] Die Jugendfeuerwehr hilft in Unterfranken bei der Hochwasserbekämpfung, *Foto.*

1. Informiere dich über die Jugendfeuerwehr in Bayern.
2. Präsentiere deine Ergebnisse in der Klasse.

Hilfe für Menschen in Not

Helfen, wenn es brennt – das zählt zu den wichtigsten Aufgaben der Feuerwehr. Daneben leistet sie auch Ersthilfe bei Verkehrs- und Arbeitsunfällen und bekämpft Naturkatastrophen wie z. B. Überflutungen. In großen Städten gibt es hauptberufliche Feuerwehrleute, die sofort ausrücken, wenn Menschen in Not sind. Doch wer hilft in kleinen Städten und Dörfern?

Die Freiwillige Feuerwehr

Fast jeder Ort hat eine Freiwillige Feuerwehr. Alle Bürger können sich dort ehrenamtlich* engagieren, um Mitmenschen in Notsituationen zu helfen. Selbstverständlich machen sie das in ihrer Freizeit und bekommen kein Geld dafür.

Die Jugendfeuerwehr

Mit zwölf Jahren können Mädchen und Jungen der Jugendfeuerwehr beitreten. Die gibt es bei fast allen der 7700 Freiwilligen Feuerwehren in Bayern. Hier lernen Jugendliche die Grundlagen für den späteren Feuerwehrdienst – zum Beispiel Erste Hilfe, den Umgang mit den Löschfahrzeugen oder das Sichern von Unfallstellen. Außerdem lernen sie eine wichtige Grundlage für das Zusammenleben in der Gemeinde: Verantwortung für sich und andere zu übernehmen. Vielen Jugendlichen gefallen auch die gemeinsamen Freizeitaktivitäten in den Ferien.

ehrenamtlich:
Freiwillig und unbezahlt.

Tipps für die Erarbeitung

Notiere: Was lernt man bei der Jugendfeuerwehr?

Tipps für die Präsentation

Lasse die Klasse Foto [1] beschreiben und vermuten, warum die Jugendfeuerwehr für eine Gemeinde wichtig ist.

Teste dich!

Bitte nicht ins Buch schreiben!

1	B	U	E	N	D	A	A	U	F	B	U	E	R	G	E	R	M	E	I	S	T	E	R
2	P	F	L	I	C	H	T	A	U	F	G	A	B	E	N	E	S	T	R	A	M	N	E
3	F	E	G	E	M	E	I	N	D	E	R	A	T	M	A	R	K	T	O	B	U	R	E
4	P	F	L	E	U	B	U	E	R	G	E	R	B	E	G	E	H	R	E	N	A	S	T
5	A	U	G	A	N	A	U	S	S	C	H	U	S	S	O	N	A	M	B	E	W	X	U
6	S	T	I	M	E	N	S	E	G	E	M	E	I	N	D	E	R	A	T	T	A	A	N
7	G	E	M	E	I	S	E	B	J	U	G	E	N	D	F	O	R	U	M	A	E	G	G
8	O	R	W	A	H	L	L	O	K	A	L	A	H	L	D	E	N	E	A	P	P	C	O

[1] Kreuzworträtsel

1. Finde im Kreuzworträtsel [1] Begriffe aus dem Kapitel und schreibe sie untereinander in dein Heft.

[2] **Richtig oder falsch?**

1	Bürgerbegehren und Bürgerentscheide gibt es nur in größeren Städten.
2	Jede Gemeinde kann Gebühren und Steuern von ihren Bürgern verlangen.
3	Über einen Bürgerentscheid wird in der Bürgerversammlung abgestimmt.
4	Es ist die Pflichtaufgabe jeder Gemeinde, ein Schwimmbad zu bauen.
5	Der Bürgermeister ist der Chef der Verwaltung und vertritt die Gemeinde nach außen.
6	In einem Bürgerentscheid muss eine aktuelle Frage aus dem Gemeindeleben mit „Ja" oder „Nein" beantwortet werden.
7	Im Jugendausschuss kümmern sich Jugendliche um die Älteren in der Gemeinde.

2. Entscheide dich für Ja oder Nein. Begründe deine Antwort.

a) Kann ein Bürgermeister die Bürgerversammlung abschaffen?

b) Eine Stadt will ein Schwimmbad bauen, statt Gehwege zu reparieren. Darf sie das?

c) Kann man bei der Gemeinderatswahl den Bürgermeister wählen?

d) Kann ein Österreicher in Bayern Bürgermeister werden?

e) Jugendliche wollen sich in den Gemeinderat wählen lassen. Dürfen sie das?

f) Kinder wollen auf einem Jugendforum ihre Ideen an Politiker weitergeben. Können sie das?

g) Kann der Bürgermeister den Gemeinderat überstimmen?

Erkenntnisse gewinnen

3. Finde für die Begriffe im Kreuzworträtsel in [1] aussagekräftige Erklärungen (Beispiel: 1 = Er wird vom Gemeinderat gewählt und steht an der Spitze der Gemeinde).

4. Finde einen Titel für die Bilder A, B, C, D.
Unterscheide Pflichtaufgaben und freiwillige Aufgaben der Gemeinde.

Beurteilen und bewerten

5. „Jugendliche unter 18 Jahren haben noch nicht die Reife, um an der Wahl des Gemeinderats teilzunehmen!" – Beurteile die Aussage aus deiner Sicht.

6. Ein Bürgermeister wird immer nur für eine bestimmte Zeit gewählt. Beurteile aus deiner Sicht, ob das sinnvoll ist.

Anwenden und handeln

7. Erstelle für deinen Banknachbarn ein ähnliches Kreuzworträtsel wie [1] mit anderen Begriffen über die Gemeinde.

8. Formuliere Aussagen wie in [2]. Tausche deine Ergebnisse mit deinem Banknachbarn aus. Prüft anhand des Kapitels, ob die Aussagen richtig oder falsch sind.

9. Gestalte ein Plakat zum Thema „Aufgaben der Gemeinde".

WEBCODE: MZ648962-131

Naturgefahren und Naturkatastrophen

Ein Vulkan bricht aus

Menschen in einem Auto fliehen vor einer heißen Wolke aus Staub, Gasen und Gestein. Die Wolke ist 300 °C heiß und sie bewegt sich mit etwa 100 Stundenkilometern ins Tal …

1. Beschreibe das Bild und schildere deine Empfindungen.
2. Sammelt Beiträge und notiert, was ihr über Vulkane und Naturkatastrophen wisst.

Schauplatz Ein Vulkan bricht aus

Wie kommt es zu einem Vulkanausbruch und was passiert dabei?

[1] Der Merapi ist wieder aktiv. *Foto, 2010.*

Neuer Merapi-Ausbruch

Vulkanasche tötet mehr als 50 Menschen

Der glühende Niederschlag versengte Häuser, Felder, Anwohner: Bei der neuen Eruption des indonesischen Vulkans Merapi sind mindestens 54 Menschen ums Leben gekommen, Dutzende wurden durch heiße Asche verletzt. Experten rechnen damit, dass die Zahl der Opfer noch weiter ansteigt.

[4] Meldung am 5.11.2010.

[2] Die Menschen sind auf der Flucht. *Foto, 2010.*

[3] Am Merapi nach dem Ausbruch. *Foto, 2010.*

1. Erläutere die Bilder [1]–[3].

Ein Vulkan erwacht

Der Merapi auf der Insel Java in Indonesien ist einer der aktivsten Vulkane der Erde. Anfang November 2010 stieg wieder einmal Rauch aus dem Vulkan auf. In den nächsten Tagen wurden mehrere kleinere Erdbeben gemessen.

Die Menschen, die in der Nähe wohnten, mussten in Sicherheit gebracht werden. Dann kam der Ausbruch: Geröll und Asche wurden etwa vier Kilometer hoch in die Luft geschleudert. Die bis zu 700 Grad heißen Wolken breiteten sich lawinenartig aus.

Doch nicht alle Bewohner wollten ihre Dörfer verlassen. So berichtete ein 42-jähriger Mann, dass beim Ausbruch noch viele Leute in ihren Häusern waren. Sie hatten keine Chance, der heißen Wolke aus Gas und Asche zu entkommen. Es gab viele Tote und Verletzte.

Als die Menschen zurückkehrten, fanden sie nur noch totes Vieh, zerstörte Häuser und verwüstete Felder vor.

2. Suche Indonesien und die Insel Java auf einer Atlaskarte.

3. Schildere den Vulkanausbruch und die Folgen für die Menschen, die dort wohnen.

Eruption:
Vulkanausbruch, bei dem Gas, Dampf, Asche, Gesteinsbrocken oder flüssiges Gestein (Lava) austreten.

[4] Reisfeld. Die Böden rings um Vulkane sind besonders fruchtbar und bringen reiche Ernteerträge. *Foto, 2010.*

4. Beschreibe Bild [4] und erkläre, warum die Felder in der Nähe des Vulkans liegen.

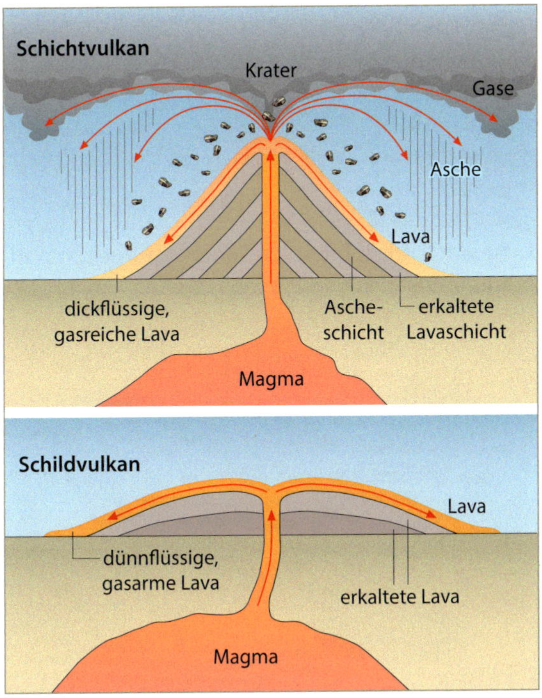

[5] Vulkantypen.

5. Beschreibe die in [5] dargestellten Vorgänge.

Vulkantypen

Beim Schichtvulkan werden flüssiges Gestein (Lava) und Gesteinsbrocken aus dem Krater ausgeworfen. Bei wiederholten Ausbrüchen lagern sie sich in Schichten ab. So bildet sich ein kegelförmiger Hügel mit einem Krater in der Mitte. Dort, wo die Erdkruste durch Spannungen aufgerissen ist, können Schildvulkane entstehen. Dabei dringt dünnflüssiges geschmolzenes Gestein (Magma) aus großen Tiefen an die Oberfläche und fließt ab.

6. Erläutere, woran man einen Schicht- und Schildvulkan erkennt.

Wähle einen der Arbeitsaufträge aus:

- Zeichne die Grafik [5] in dein Heft.
- Lass den Bauern aus [4] in einem Interview erklären, warum er seine Felder möglichst in der Nähe zum Vulkan anlegt.
- Schreibe eine Zeitungsreportage über den Ausbruch des Merapi.

Orientierung – Georisiken

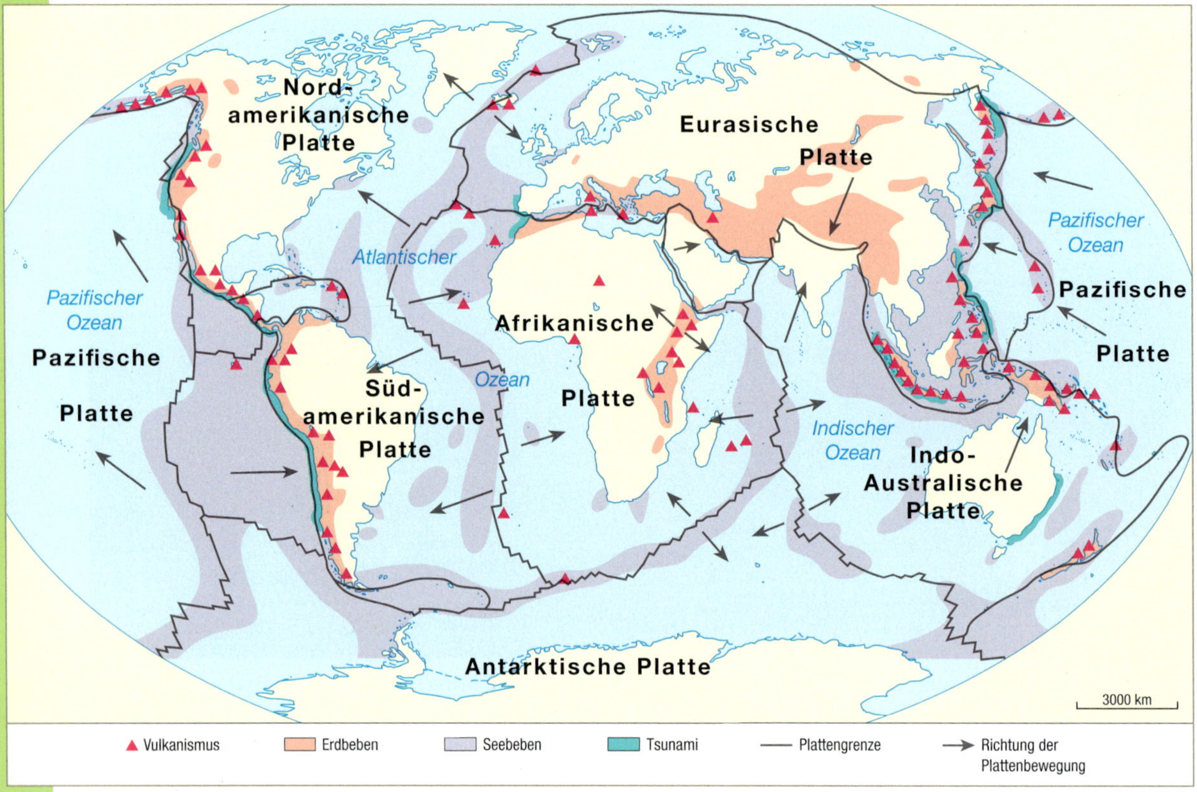

[1] Erdplatten und Gebiete mit Erdbeben und Vulkantätigkeit, *Karte.*

1. Werte die Karte [1] aus.
2. Finde heraus, welche Gegenden besonders stark von Naturkatastrophen betroffen sind.

Natürliche Gefahren

Verschiedene Arten von Naturgefahren, die den Lebensraum der Menschen bedrohen, nennt man Georisiken. Gemeint sind z. B. Vulkanausbrüche, Erdbeben, Stürme oder Hochwasser. Manche Gebiete sind stärker betroffen als andere. Das kann an der Geologie oder am Klima liegen. So entstehen z. B. Erdbeben an Stellen, wo angrenzende Erdplatten sich verhaken und übereinander schieben. Gegen die Folgen von Naturkatastrophen kann man sich kaum schützen. Oft gibt es viele Todesopfer und hohe Sachschäden.

Gefahren durch menschliche Eingriffe

Aber die Menschen verursachen und verstärken durch ihre Eingriffe in die Natur auch selbst die Naturkatastrophen. So ist dichte Bebauung oft dafür verantwortlich, dass bei Starkregen Flüsse und Bäche mit rasanter Geschwindigkeit über die Ufer treten. Oder Lawinen reißen Wohnsiedlungen mit, die zu nah an gefährdeten Hängen erbaut wurden. Wüsten dehnen sich zum Beispiel weiter aus, weil Menschen das Land nicht angepasst nutzen.

3. Nenne Unterschiede zwischen natürlichen und von Menschen verursachten Georisiken.

[2] Nach einem Hochwasser in Niederbayern. *Foto, 2016.*

1900

Beispiele von Naturkatastrophen in der Vergangenheit

18.4.1906
Schweres Erdbeben in San Francisco; die Stadt wird durch Brände weitgehend zerstört. 3000 Tote.

Juli/August 1931
Schwere Überschwemmungen am Jangtsekiang in China. Etwa 1,4 Millionen Tote.

7.9.1955
Überschwemmungen in Indien. Etwa 45 Millionen Menschen obdachlos; zahlreiche Tote.

27./28.9.1976
Starkes Erdbeben bei Peking, China. Mindestens 242 000 Tote.

13.11.1985
Schlammlawine nach Vulkanausbruch in Kolumbien. Etwa 22 000 Tote, einige Dörfer werden vollständig zerstört.

17.8.1999
Starkes Erdbeben in der Türkei, etwa 1000 Tote.

2000

26.12.2004
Tsunami als Folge eines Seebebens vor Sumatra/Indonesien; ca. 230 000 Tote.

28.8.2005
Hurrikan Katrina verursacht in den USA Zerstörungen und Überflutungen; ca. 1800 Tote.

11.2.2011
Starkes Beben vor der Küste Japans mit Folge eines Tsunamis und atomarer Katastrophe in Fukushima; 19 300 Tote.

25.4.2015
Starkes Erdbeben in Nepal; ca. 7600 Tote.

Naturgefahren und Naturkatastrophen

Die Erde bebt

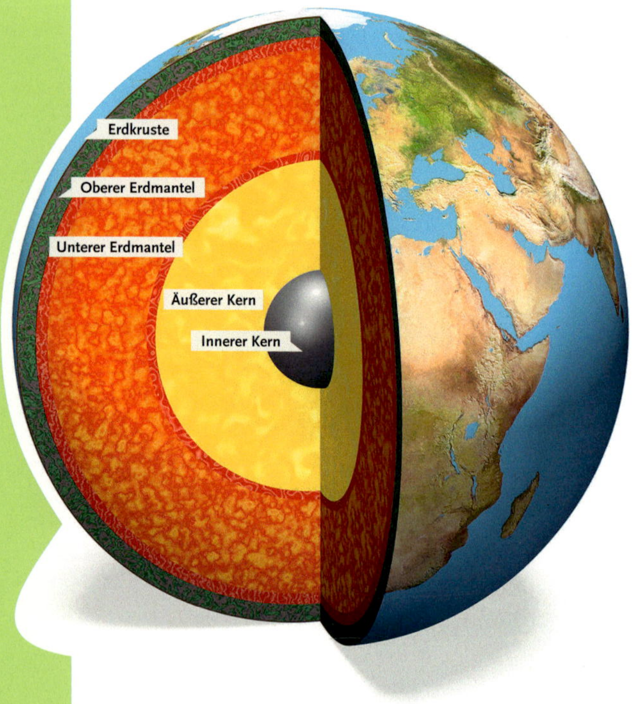

[1] Der Aufbau der Erde. *Grafik, 2017.*

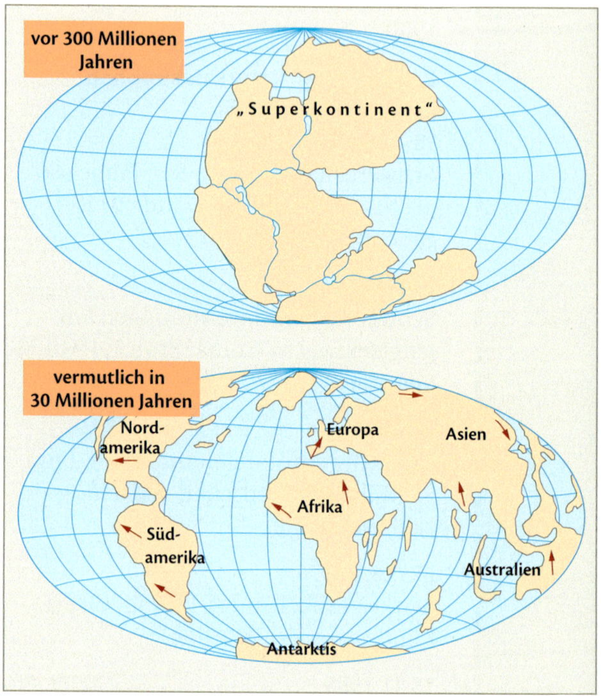

[2] Die Kontinente verändern und verschieben sich. *Grafik, 2017.*

Von der Erdkruste bis zum Kern

Die Erdkugel besteht – ähnlich einer Zwiebel – aus mehreren Schichten bzw. Schalen. Mit einer Dicke von etwa 35 Kilometern bildet die Erdkruste die äußerste Schale. Weiter in Richtung Erdmittelpunkt folgt der Erdmantel. Im Zentrum der Erde befindet sich der innere Kern. Der Mittelpunkt der Erde liegt in 6370 Kilometern Tiefe. Eine Bohrung in Windischeschenbach in Bayern erreichte eine Tiefe von 9100 Metern.

1. Beschreibe die Grafik [1].

2 Vergleiche die Tiefe der Bohrung in Windischeschenbach mit der „Tiefe" des Erdmittelpunkts.

Die Erdplatten

Die Erdkruste besteht aus einzelnen Erdplatten, die auf dem durch die Hitze im Erdinneren flüssigen Erdmantel „schwimmen". Überall dort, wo Erdplatten aufeinandertreffen, kann es zu Erdbeben und Vulkanausbrüchen kommen.

3. Erläutere, warum sich die Erdplatten bewegen und was dadurch entstehen kann [2].

Vorhersage und Schutz

Ein Erdbeben kündigt sich meist durch kleinere Vorbeben an. Dauer und Stärke werden aufgezeichnet. Wissenschaftler überwachen die Aufzeichnungsgeräte (Seismographen). Sie warnen die Bevölkerung durch die Medien. Doch die Vorhersagen sind sehr unsicher. Sie kommen für die Räumung großer Gebiete oft zu spät.
Mittlerweile werden in besonders gefährdeten Gegenden Gebäude in „erdbebensicherer" Bauweise errichtet.

[3] Die Richterskala beschreibt die Stärke eines Erdbebens.

Stärke	Auswirkungen
1–2	Durch Instrumente nachweisbar
3	Schwach im Bebenzentrum zu spüren
4–5	Im Umkreis um das Bebenzentrum spürbar; leichte Schäden
6	Todesopfer und schwere Schäden in dicht besiedelten Gebieten
7	Starkes Beben, katastrophal in dicht besiedelten Gebieten
8	Großbeben (8,8 ist der bisher höchste gemessene Wert)

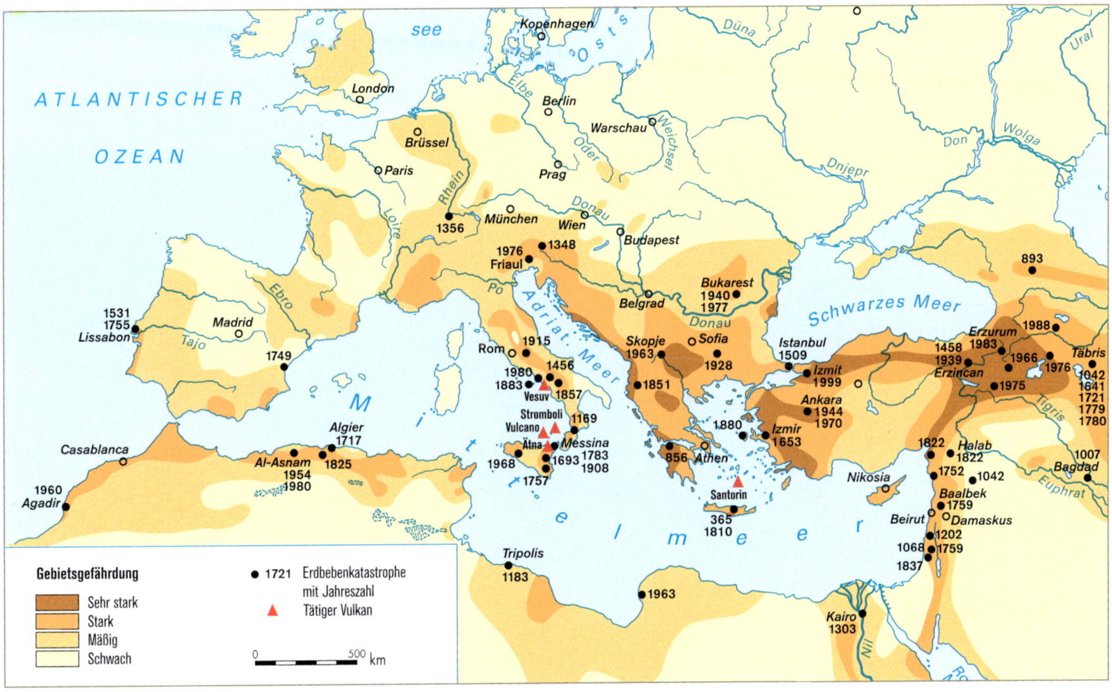

[4] Erdbebengebiete in Europa, Nordafrika und Vorderasien. *Karte.*

[5] Die Folgen eines Erdbebens in Kalifornien. *Foto, 2010.*

[6] Nach einem Seebeben: Ein Tsunami überschwemmt die Küste Japans. *Foto, 2011.*

4. Beschreibe die Bilder [5] und [6].
5. Erläutere den Begriff Tsunami" mithilfe von [6].
6. Stelle mithilfe der Karte [4] fest, wo in Europa und Vorderasien besonders viele aktive Vulkane vorkommen.
7. Zähle Staaten auf, in denen häufig die Erde bebt.

Wähle einen der Arbeitsaufträge aus:

- Schreibe aus der Karte [4] je fünf Erdbebenorte (mit Jahreszahl) in Europa, Afrika und Vorderasien in eine Tabelle.
- Übertrage die Zeichnung [1] in dein Heft und erläutere sie.
- Schreibe mithilfe der Materialien dieser Doppelseite einen Zeitungsbericht zu einem Erdbeben oder einem Tsunami.

Stürme verwüsten das Land

Wie gefährlich sind Tornados, Hurrikane und Taifune?

[1] „Sturmjäger" beobachten einen Tornado in Alabama (USA). *Foto, 2017.*

1. Beschreibe Bild [1].

Verheerende Stürme

Orkane sind besonders starke Stürme. Orkane hinterlassen bei uns auf ihrem Weg schwere Verwüstungen.
Besonders bekannt und gefürchtet sind die verheerenden tropischen Wirbelstürme. Sie werden als Hurrikane, Taifune oder Zyklone bezeichnet.

Tornados

Sie werden bei uns auch „Windhosen" genannt. Die meisten Tornados können in den weiten Gebieten in der Mitte der USA beobachtet werden. Sie entstehen über Land beim Zusammenprall von kühler Luft mit feuchtwarmen Luftmassen. Der „Rüssel" eines Tornados reißt am Erdboden alles mit, was im Weg steht. Dort weht der Wind mit bis zu 400 Kilometern pro Stunde. Häuser, Bäume oder Fahrzeuge werden wie Spielzeug durch die Luft gewirbelt. Der Durchmesser des Rüssels kann wenige Meter, aber auch bis zu 500 Meter betragen.
Tornados hinterlassen einen Streifen der Verwüstung. Direkt daneben bleibt alles unbeschädigt. Meistens ist schon nach weniger als zehn Minuten der Spuk vorbei.

Wie kann man sich schützen?

[2] **Jean aus Oklahoma (USA) berichtet:**
„Wenn wir im Frühjahr und Sommer unterwegs sind, haben wir immer das Radio an, um rechtzeitig vor einem Tornado gewarnt zu werden. Wird im Radio gewarnt, dann ist es am besten, sofort in die Tiefgarage z. B. eines Einkaufszentrums zu fahren. Auf keinen Fall darf man draußen im Auto bleiben. Im Freien legt man sich möglichst flach in einen Straßengraben. Zu Hause geht man in den Keller. Viele Leute haben sogar im Garten einen Schutzraum unter der Erde."

(Autorentext nach Zeitungsberichten)

2. Erkläre, wie man sich bei einem Tornado verhalten sollte.

3. Vergleiche mit dem Verhalten der „Sturmjäger" in Abb. [1].

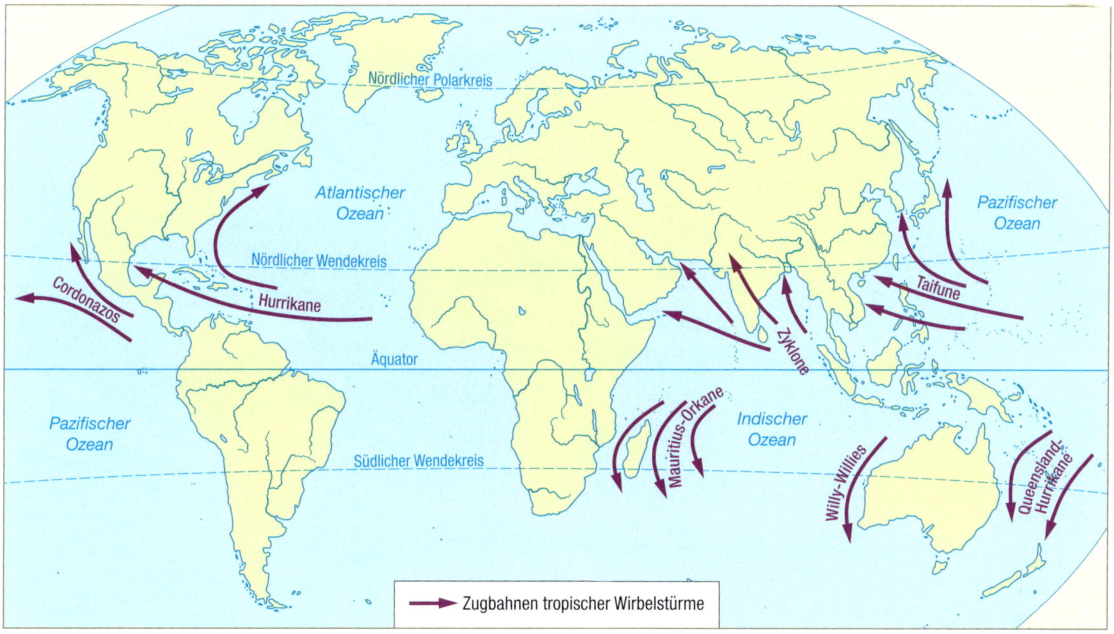

[3] Regionen mit tropischen Wirbelstürmen. *Karte.*

Tropische Wirbelstürme

Es sind die gleichen Wettererscheinungen. Doch je nachdem, wo sie auftreten, haben sie unterschiedliche Namen:

- Im Atlantik und Pazifik heißen sie Hurrikane,
- Taifun nennt man sie in Ost- und Südostasien,
- im Indischen Ozean und im Pazifik werden sie Zyklone genannt.

Entstehung und Auswirkungen

Die tropischen Wirbelstürme entstehen über warmen Meeren, wo das Wasser mindestens 27 Grad warm ist. Große Wassermengen verdunsten, steigen auf und bilden Wolkentürme. Dabei bildet sich ein Wirbel von Hunderten Kilometern Durchmesser mit Windgeschwindigkeiten bis 200 Kilometern pro Stunde. Die hohen Wellen sind eine große Gefahr für die Schifffahrt. Wo der Wirbelsturm auf Land trifft, richtet er enorme Schäden durch den Wind und die starken Regenfälle an. Auf dem Land lässt aber seine Kraft nach, weil der Nachschub an feuchtwarmer Luft fehlt.

Besonders schwere Zerstörungen und zahlreiche Todesopfer fordern tropische Wirbelstürme.

Schutzmaßnahmen

Die Vorhersagen sind besser geworden, aber nicht immer zutreffend. Ein tropischer Wirbelsturm lässt sich nicht aufhalten. Da hilft oft nur die Flucht. Hilfreich sind eine stabile Bauweise und die Sicherung von Fenstern, Türen und aller unbefestigten Gegenstände. In tief gelegenem Gelände werden die Deiche verstärkt. Forscher warnen vor der Bebauung gefährdeter Küsten.

4. Nenne Länder, die von tropischen Wirbelstürmen bedroht sind (Karte [3], Atlas).

Wähle einen der Arbeitsaufträge aus:

Entwirf eine Sturmwarnung:

- Fertige Warnschilder mit Bildern an.
- Schreibe Verhaltensregeln auf.
- Entwirf eine Radiomeldung, in der vor dem Sturm gewarnt wird.

Überschwemmungen

Welche Auswirkungen haben große Wassermassen?

[1] Küstenort in Indonesien nach der Überflutung durch eine 35 m hohe Riesenwelle (Tsunami). *Foto, 2011.*

Seebeben löst Tsunami aus

Weihnachten 2004 gab es im Indischen Ozean ein Beben im Meeresboden (Seebeben). Es löste eine riesige Welle aus, die vor allem die Küsten Indonesiens und Indiens traf.
Damals kamen 230 000 Menschen ums Leben. Mehr als 110 000 wurden verletzt. Etwa 2,7 Millionen Küstenbewohner waren obdachlos.

[2] **Ein deutscher Auswanderer berichtet:**
„Meine Eltern waren an jenem Weihnachtsfest bei mir in Indonesien zu Besuch. Die Welle riss uns alle fort. Ich tauchte hunderte von Metern weiter wieder auf. Meine Eltern haben nicht überlebt."
Ein Mann aus dem Inselstaat Sri Lanka erzählt:
„Ich habe gesehen, wie sehr viele Menschen davongespült oder unter einstürzenden Gebäuden begraben wurden. Ich bin mit dem Leben davongekommen, weil ich mich an einer Straßenlaterne festgeklammert habe."

(Nach Zeitungsberichten)

1. Beschreibe Bild [1] mithilfe des Textes.

Wenn das Wasser steigt ...

Überschwemmungen können verschiedene natürliche Ursachen haben:
- Starke und anhaltende Regenfälle und/oder die Schneeschmelze lassen Flüsse und Bäche über die Ufer treten.
- Sturmfluten drücken Wassermassen in die Flussmündungen oder gegen die Deiche.
- Tropische Wirbelstürme „schieben" hohe Flutwellen an die Küstengebiete vor sich her. Starke Regenfälle begleiten die Wirbelstürme und führen zu Überschwemmungen.
- Seebeben lösen Tsunamis aus. Wo diese extrem hohen Flutwellen auf Land treffen, richten sie katastrophale Schäden an.

Beim Seebeben von 2011 in Japan wurde ein Atomkraftwerk schwer beschädigt. Viele Menschen im Nordosten Japans mussten daraufhin ihre Häuser und Wohnungen verlassen. Es ist noch nicht absehbar, wann die betroffenen Bewohner wieder zurück in ihre Heimat dürfen.

2. Zähle mit eigenen Worten mögliche Ursachen für Überschwemmungen auf.

Monsunregen in Indien

Der jahreszeitlich immer wiederkehrende Monsunwind treibt die Regenwolken vom Meer auf das Land. Der Regen ist nach der langen Trockenzeit sehr willkommen. Manchmal sind die Monsun-Regenfälle jedoch stärker als üblich und verursachen schwere Überflutungen. Indien und Bangladesch sind davon besonders häufig betroffen.

[4] Ein Taifun hat auf den Philippinen Überschwemmungen und Erdrutsche ausgelöst. Einige Gebiete standen mehr als zwei Meter unter Wasser. *Foto, 2016.*

[5] Überflutung durch einen tropischen Wirbelsturm in Bangladesch. Weil das Land größtenteils eben ist und nur wenige Meter über dem Meeresspiegel liegt, kommt es sehr häufig zu verheerenden Überschwemmungen mit tausenden Todesopfern. *Foto, 2016.*

[6] Wassermassen überfluteten 2005 die Großstadt New Orleans (USA). Durch den Hurrikan Katrina haben dort viele Leute alles verloren. *Foto.*

3. Beschreibe die Bilder dieser Seite.
4. Suche alle im Text genannten Länder im Atlas.
5. Berichte von einer Überschwemmung, von der du gehört oder die du selbst erlebt hast.

Schutz vor Überschwemmungen

In gefährdeten Gebieten werden an Flüssen und an den Küsten Deiche gebaut bzw. erhöht und verstärkt. Auch legt man Überflutungsgebiete (Rückhaltebecken) an, in die das Wasser bei Gefahr abfließen kann. Fluchtpläne werden aufgestellt und Hilfsdienste vorbereitet. Auch gibt es Regeln für die Bebauung, z. B. keine Bauwerke in möglichen Gefahrenbereichen zu errichten.
Für die Bewohner ist es wichtig, sich im Notfall in den Medien zu informieren, um sich und ihr Hab und Gut rechtzeitig in Sicherheit zu bringen.

Wähle einen der Arbeitsaufträge aus:

- Schreibe eine Liste mit Ursachen für Überschwemmungen in dein Heft/deine Mappe.
- Bereite einen Kurzvortrag über besonders durch Überschwemmungen gefährdete Küstengebiete vor. Nimm eine Weltkarte zu Hilfe.

Methode Fotos auswerten

[1] Der Vulkan Merapi auf Java. *Foto, 2010.*

Fotos als Informationsquelle
Fotos sind ständig im Internet, in der Zeitung oder im Fernsehen verfügbar. Täglich werden mehrere Milliarden von Fotos per Kamera oder Smartphone aufgenommen, betrachtet und weitergeleitet. Aber Bilder zeigen immer nur einen Ausschnitt der Wirklichkeit. Sie werden zu einem ganz bestimmten Zeitpunkt, von einem besonderen Standpunkt und mit einer erkennbaren Perspektive aufgenommen. Fotos dienen zur Information, Werbung, Unterhaltung usw. Die folgenden Schritte können dir helfen, aus Fotos Informationen zu entnehmen und Sachverhalte besser zu verstehen.

1. Schritt: Orientierung

- Wie lautet die Bildunterschrift? Was ist dargestellt?
- Wo wurde das Foto aufgenommen?
- Wann wurde das Foto aufgenommen? (Datum, Jahreszeit, Tageszeit)
- Welcher Fotograf hat das Bild aufgenommen?

2. Schritt: Beschreibung

- Welche Art von Foto ist zu sehen (z. B. Porträt, Landschaftsbild, Werbefoto)?
- Welche Perspektive ist erkennbar (z. B. Nahaufnahme, Normalaufnahme, Luftbild)?
- Was ist im Vorder-, Mittel- und Hintergrund zu sehen? Beispiele: Städte, Industrieanlagen, Gebäude, landwirtschaftliche Flächen, Gewässer, Gebirge, Pflanzen, Freizeitanlagen usw.
- Welche Besonderheiten, Eigenarten, Überraschungsmomente sind erkennbar?
- Falls Personen dargestellt sind: Welche Personen sind dargestellt? Wie sehen sie aus? Was tun sie?

3. Schritt: Deutung

- Was ist an dem Foto besonders auffallend und bemerkenswert?
- Welche Besonderheit bzw. welches Problem ist dargestellt?
- Werden eher natürliche Gegebenheiten gezeigt oder geht es um den Eingriff von Menschen in die Natur?

[2] Der Ausbruch des Merapi auf Java 2010. *Foto.*

[3] Hochwasser der Müglitz in Schlottwitz (Sachsen). *Foto, 13. August 2002.*

Beispiel: Der Vulkan Merapi 2010

So könnte eine Auswertung des Fotos „Der Vulkan Merapi auf Java“ (Abb. [1]) aussehen:

1. Schritt: Orientierung

Das Foto wurde auf der Insel Java (Indonesien) aufgenommen. Es zeigt den Vulkan Merapi und die Landschaft um den Vulkan. Das Bild wurde im Jahr 2010 aufgenommen. Ein genaues Datum, die Jahreszeit oder Tageszeit sind nicht erkennbar. Auch ist nicht bekannt, wer das Foto aufgenommen hat.

2. Schritt: Beschreibung

Es handelt sich um eine Landschaftsaufnahme mit einer normalen Perspektive. Vorder-, Mittel- und Hintergrund heben sich deutlich voneinander ab. Eine Aufteilung des Fotos in linke und rechte Hälfte bietet sich hier nicht an. Im Vordergrund sind landwirtschaftliche Nutzflächen zu erkennen. Es wird Reis angebaut. Die Felder sind durch kleine Erddämme in Streifen eingeteilt. Außerdem sind kleine Pfosten erkennbar, die wahrscheinlich zur genaueren Markierung dienen. Im Mittelgrund sind Büsche, Bäume, Palmen und einige Häuser zu sehen. Hinter dem Wald wird der Vulkan Merapi sichtbar. Er geht vom Mittel- in den Hintergrund über und ist ein wenig verschwommen zu sehen. Aus dem Krater des Vulkans steigt Rauch auf. Im Hintergrund sehen wir den fast wolkenlosen Himmel. Personen sind auf dem Foto nicht erkennbar.

3. Schritt: Deutung

Das Foto wird beherrscht vom Gegensatz zwischen der blühenden, fruchtbaren Landschaft im Vorder- und Mittelgrund und dem bedrohlichen Vulkan im Hintergrund. Es wird deutlich, dass Vulkane nicht nur eine Gefahr bedeuten, sondern dass der Boden um den Vulkan äußerst fruchtbar ist. So sieht man hier, dass Reis angebaut werden kann. Die auf dem Bild erkennbaren Häuser zeigen eine dichte Besiedlung an, denn die Landwirtschaft bringt den Menschen Arbeit und Verdienst.

1. Wende die Methode „Fotos auswerten“ auf eines der Fotos auf dieser Seite an. Nimm dabei auch den Auswertungstext auf dieser Seite zu Hilfe.

[4] Blitzeinschlag in den Berliner Fernsehturm. *Foto, 2017.*

Wahlseite

Überschwemmung in Passau

[1] Passau im Juni 2013. *Foto.*

[2] Innenstadt von Passau. *Foto, 2016.*

1. Informiere dich auf dieser Seite über die Überschwemmung in Passau im Sommer 2013.
2. Präsentiere deine Ergebnisse in geeigneter Form in der Klasse.

Passau im Juni 2013

Nach tagelangen starken Regenfällen kam es Ende Mai und Anfang Juni 2013 zu schweren Überschwemmungen in Mitteleuropa. Der Dauerregen ließ auch die Flüsse in ganz Bayern stark anschwellen.

Die Stadt Passau traf es besonders schlimm. Hier, wo die Flüsse Donau, Inn und Ilz zusammenfließen, wurde das Stadtzentrum großflächig überflutet. Die braunen Wassermassen verwandelten die Straßen und Gassen der Altstadt in Kanäle. Zum Teil reichte das Hochwasser bis zum 1. Stockwerk der Häuser.

Am Abend des 3. Juni erreichte der Pegelstand der Donau die Höchstmarke von 12,89 Meter (normal wären etwa 4,50 Meter). Die Strom- und Wasserversorgung brach zum Teil zusammen. Viele Straßen und Brücken waren nicht mehr befahrbar. Die Schifffahrt wurde eingestellt. In einer Straße waren die Wassermassen von einem Ölteppich überzogen. Hier hatte das Hochwasser Heizöltanks nach oben gedrückt, die umkippten, sodass Öl auslaufen konnte. Die von den Wassermassen eingeschlossenen Menschen wurden, wenn sie es wollten, aus ihren Häusern herausgeholt und mit Booten und Hubschraubern in nahegelegene Turnhallen gebracht.

In den folgenden Tagen waren zahlreiche Einsatzkräfte der Bundeswehr und der Feuerwehr und viele einzelne freiwillige Helfer damit beschäftigt, Keller auszupumpen, Schlamm wegzuschieben oder zerstörten Hausrat aufzuräumen. Die Passauer waren dankbar für so viel Hilfe. An vielen Häusern hingen Schilder: „Danke für eure Hilfe – Ihr seid die Besten."

Nach dem Hochwasser

Der Schaden des Hochwassers in Passau wurde auf 1186 überflutete Gebäude, 7155 betroffene Bewohner und 190 Millionen Euro Schäden beziffert. Es kam aber niemand ums Leben.

2016 war Passau erneut von einem Hochwasser betroffen. Große Teile der Altstadt waren wiederum überflutet.

Tipps für die Erarbeitung

Untersuchen, warum es gerade in Passau zur Überschwemmung kam, welche Ausmaße die Überflutung hatte und was die Folgen waren.

Tipps für die Präsentation

Einen Zeitungsbericht schreiben, eine Wandzeitung anfertigen, einen Erlebnisbericht vorlesen, zusätzlich Filme aus dem Internet zeigen.

Wahlseite

Lawinen in den Alpen

[1] Lawine. *Foto, 2017.*

[2] Lawinenschutz. *Foto, 2015.*

1. Informiere dich auf dieser Seite über das Thema Lawinen in den Alpen.
2. Präsentiere deine Ergebnisse in geeigneter Form in der Klasse.

Lawinen

Von Lawinen spricht man, wenn Schneemassen mit großer Geschwindigkeit einen Berg hinunterstürzen. Dabei kommen oft Menschen und Tiere zu Tode. Manchmal werden Häuser und Dörfer unter den Schneemassen begraben.

Lawinen werden oft durch Neuschnee ausgelöst. Dieser legt sich lose auf die alte Schneeschicht. Durch äußere Einflüsse kann er sich plötzlich lösen und stürzt dann in Form eines „Schneebretts" ins Tal.

Wenn die Temperaturen steigen, können die oberen Schneemassen ihre Festigkeit verlieren und allmählich schmelzen. Dann besteht eine erhöhte Lawinengefahr. Vor allem bei steilen Hängen ist die Gefährdung groß. Hier können die Schneemassen mit großer Geschwindigkeit herabstürzen. Neun von zehn Lawinen werden aber durch Tiere oder Menschen ausgelöst. Bereits geringe Belastungen – manchmal ist es nur ein Wanderer – können einen Lawinenabgang bewirken.

[3] **Ein 26-jähriger Skibergsteiger löst am Hohen Brett eine Lawine aus und stürzt mit ihr 200 Meter in die Tiefe.**

Schönau am Königssee – In letzter Minute konnte der Skibergsteiger von seinem Freund nach einem Lawinenabgang am Hohen Brett am Dienstag gerettet werden. Der Mann hatte die Lawine bei der Abfahrt in Richtung Göll Sanden losgetreten, war mit ihr rund 200 Meter über felsiges Gelände abgestürzt und von den Schneemassen begraben worden. Sein Begleiter konnte seinen Freund nach fünf Minuten ausgraben und ihm damit vermutlich das Leben retten.

(Zeitungsmeldung von 2017)

Lawinenschutz

Persönliche Schutzmaßnahmen:
Sich über Lawinengefahren informieren, gefährliche Bereiche (z. B. unterhalb von Abhängen) meiden, Rettungsgeräte mitführen.

Allgemeine Schutzmaßnahmen:
Lawinenwarndienst, Bau von Ablenkungs- und Auffangdämmen, Anlegen von Gebirgswald.

Tipps für die Erarbeitung
Lawinenursachen erklären, Zeitungsbericht auswerten, Bilder beschreiben und erläutern.

Tipps für die Präsentation
Computerpräsentation erstellen; Rundfunk-Reportage oder Zeitungskommentar zum Unfall.

Wahlseite Stürme über Deutschland

[1] Nach dem Sturm „Kyrill“ 2007. *Foto.*

[2] Nach einem Sturm bei Augsburg, *Foto, 2015.*

1. Informiere dich auf dieser Seite über das Thema „Stürme über Deutschland“.
2. Präsentiere deine Ergebnisse in geeigneter Form in der Klasse.

Der Orkan „Kyrill“

Am 18./19. Januar 2007 fegte ein gewaltiger Sturm über weite Teile von Deutschland und Europa: „Kyrill“. Der Orkan erreichte Windgeschwindigkeiten von bis zu 225 km/h. Der Sturm forderte 47 Todesopfer und zerstörte Wälder, Häuser und Autos. Viele Kindergärten, Schulen, Universitäten, Behörden und Betriebe mussten geschlossen werden. Über eine Million Menschen blieben tagelang ohne Stromversorgung. Viele Flüge wurden gestrichen, die Fähren stellten ihren Dienst ein, Straßen wurden gesperrt.

[3] **Dieter P. aus Dülmen in Westfalen erinnert sich noch gut:**

Nachmittags wurden wir im Büro per Mail vor dem Sturm gewarnt und aufgefordert, unseren Arbeitsplatz zu verlassen. Auf der Fahrt über die Autobahn begann der Sturm. Hinter mir sperrte die Polizei die Straße. Immer häufiger flogen abgebrochene Äste auf die Strecke. Mit größter Vorsicht erreichte ich unser Haus. Beim Näherkommen sah ich, dass das Dach unseres Badezimmers im Vorgarten lag. Gott sei Dank war niemand zu Schaden gekommen. In der oberen Etage strömte der Regen ungehindert ins Badezimmer. Ich lief in den Keller und fand ein altes Hauszelt, das ich zerschnitt und mit Klammern und Nägeln über der Badezimmeröffnung befestigte. Zum Glück waren wir versichert ...

(Verfassertext)

Stürme fegen über Deutschland

Auch in den folgenden Jahren wurde Deutschland immer wieder von Orkanen heimgesucht. So fegte 2014 der Sturm „Ela“ über Nordrhein-Westfalen, Hessen und Niedersachsen. Sechs Menschen starben an den Folgen des Unwetters. An privaten Gebäuden und Kraftfahrzeugen wurden 350 000 Schäden in Höhe von 650 Millionen Euro gemeldet.
Im Februar 2017 jagte das Sturmtief „Thomas“ mit Tempo 125 über Deutschland. Vor allem in Franken und in der Oberpfalz registrierte die Polizei fast 300 Einsätze.

Tipps für die Erarbeitung
Text und Fotos auswerten, Folgen von Stürmen beschreiben, weitere Stürme recherchieren.

Tipps für die Präsentation
Weitere Fotos suchen, Wandzeitung oder Computerpräsentation erstellen.

Wahlseite

Hagel

[1] Hagelkörner prasseln auf Menschen, Straßen und Autos. *Foto, 2016.*

[2] Folgen eines Hagelsturms, *Foto, 2016.*

1. Informiere dich auf dieser Seite über das Thema „Hagel".

2. Präsentiere deine Ergebnisse in geeigneter Form in der Klasse.

Hagel

Als Hagel bezeichnet man eine Form von Niederschlag, der aus Eisklumpen besteht, die größer sind als 0,5 cm. Kleinere Eisklümpchen werden als Graupel beschrieben. Hagel gibt es vorwiegend in warmen Jahreszeiten und in der gemäßigten Klimazone, also auch in Deutschland. Hagelkörner entstehen in den niedrigeren Schichten von Gewitterwolken. Dort kühlt Wasser ab und gefriert zu Eis. Die Zahl der Hagelgewitter hat in den letzten Jahren zugenommen. Hagelkörner können einen Durchmesser von 0,5–10 cm erreichen. Das Gewicht kann zwischen 0,1 und 0,5 kg liegen. Erst ab 2 cm Durchmesser richten Hagelkörner größere Schäden an Autos, Zelten oder Glasscheiben an. Je schwerer die Eisklumpen sind, umso höher ist auch die Fallgeschwindigkeit. Schwere Hagelkörner können mit einer Geschwindigkeit von 150 km/h herabfallen und schwere Schäden anrichten.

Am 23. Juni 2016 wurde in den Medien gemeldet:

[3] **Neue Unwetter: Hagel zerstört Dach einer Schule in Bayern**

Im Süden Deutschlands haben in der Nacht auf Freitag schwere Unwetter gewütet. Starkregen und Hagelkörner groß wie Walnüsse sorgten in Bayern für massive Schäden. Innerhalb weniger Minuten liefen die Gullys voll. Besonders schwer wurde eine Schule im Landkreis Regen getroffen. Im niederbayerischen Ruhmannsfelden zerstörte der Hagel die gläsernen Dachluken. Das Wasser lief durch alle Stockwerke. Die Feuerwehr wusste sich nur noch mit Plastikplanen zu helfen, um das Wasser aufzufangen.

Bei anderen Hagelschauern in Deutschland wurden Weinberge entlaubt, Maisfelder zerstört oder Autos unbrauchbar gemacht. Mitunter bereiten Hagelkörner auch Flugzeugen Probleme.

(Quelle: Nachrichtenseite)

[4] Hagelkörner. *Foto, 2016.*

Tipps für die Erarbeitung

Textknacker anwenden. Klären: Was ist Hagel? Wie entsteht Hagel? Welche Schäden richtet er an?

Tipps für die Präsentation

Kurzreferat zum Thema „Hagel" halten, Wandzeitung mit Bildern über Hagelunwetter anfertigen.

GPG aktiv

Diese Seite richtet sich an alle, die das Thema „Naturgefahren und Naturkatastrophen" besonders interessiert, die gern etwas lesen, erforschen, konstruieren, modellieren, zeichnen ...
Ihr könnt die Aufgaben vielleicht in oder außerhalb der Schule, allein, zu zweit oder in der Gruppe anpacken und mit den Ergebnissen eine kleine Präsentation organisieren.
Denkt auch daran, euer Portfolio zu führen:

- gelungene Ergebnisse in Text und Bild sammeln,
- Lernerfahrungen zum Thema „Naturgefahren und Naturkatastrophen" aufschreiben.

Modellbau

Einzel-Modelle (z. B. eines Schicht- oder Schildvulkans, eines Hochwasserdamms, einer Lawinenverbauung) aus Tonpapier, Holz, Gips, Pappmaché, Grünstreu, Farbe oder anderen Werkstoffen fertigen.
Vorlagen findest du hier im Buch, in Jugendbüchern oder im Internet.

Präsentiert eure Modelle in einer kleinen Ausstellung.

Präsentationen erstellen

Fertige zu einem Teilthema dieses Kapitels Präsentationen (z. B. Wandzeitung, Flyer, Computerpräsentation) an und stelle diese in der Klasse vor.

- Beispiel 1: Erdbeben (Ursachen, Verbreitung, Vorhersagen, Beben, Folgen von Erdbeben usw.)
- Beispiel 2: Stürme verwüsten das Land (Tropische Wirbelstürme, Entstehung und Auswirkung, Schutzmaßnahmen, Stürme bei uns)
- Beispiel 3: Überschwemmungen (Tsunami, Monsun, Überschwemmungen bei uns, Schutzmaßnahmen)

Dokumentarfilme auswerten

Im Internet nach Dokumentarfilmen zum Thema „Naturgefahren und Naturkatastrophen" suchen, anschauen, wichtige Einzelheiten notieren, eine Inhaltsangabe zum Film schreiben, in der Klasse Inhaltsangabe und Film (vielleicht nur in Teilen) präsentieren.

Teste dich!

Tornado	Überschwemmung nach Seebeben
Schichtvulkan	Vulkan auf Java
Tsunami	kegelförmiger Vulkan
Eruption	Niederschlag aus Eisklumpen
Magma	Schneesturz in den Bergen
Hagel	Wirbelsturm
Lawine	geschmolzenes Gestein
Merapi	Vulkanausbruch

[1] Begriffe und ihre Bedeutung.

[2] Einsatz eines Rettungshubschraubers beim Hochwasser in Sachsen. *Foto, 2013.*

Erkenntnisse gewinnen

1. Ordne den Begriffen aus [1] die jeweils passende Erklärung zu.
2. Beschreibe die Gefahr von tropischen Wirbelstürmen mit eigenen Worten.
3. Beschreibe die Entstehung von Erdbeben.
4. Stelle den Unterschied zwischen Schicht- und Schildvulkanen zeichnerisch (Skizzen) dar.
5. Zähle Maßnahmen zum Hochwasserschutz auf.
6. Schreibe den Lückentext ab und füge die untenstehenden Begriffe an der richtigen Stelle ein.

Lückentext

Verschiedene Formen und Arten von ■ , die den Lebensraum von Menschen und Tieren bedrohen, nennt man ■ . Damit meint man z. B. Vulkanausbrüche, ■ , Stürme oder Überschwemmungen. Als Ursachen kommen ■ Erscheinungen, z. B. das Aneinanderreiben von Erdplatten, in Frage. Als zweite Ursache kann das ■ gelten. Neben diesen natürlichen Ursachen spielen aber auch menschliche ■ in die Umwelt eine bedeutende Rolle. Gegen Naturkatastrophen kann man sich kaum schützen. Oft kommt es zu vielen ■ und hohen Sachschäden.

Erdbeben Klima Todesopfern Naturgefahren Eingriffe geologische Georisiken

Beurteilen und bewerten

7. Bewerte die Vor- und Nachteile, Menschen in Gebieten mit großen Naturgefahren (z. B. Vulkane) anzusiedeln.
8. Nenne Verhaltensweisen bei Tornados und bewerte die einzelnen Maßnahmen.

Anwenden und handeln

9. Beschreibe und deute das Foto [2] mithilfe der Methode „Fotos auswerten" (S. 144).

WEBCODE: MZ648962-151

Neue Welten und neue Horizonte

Abenteuer Seefahrt

Um 1500 suchten Seefahrer aus Europa neue Seewege und entdeckten bisher unbekannte Länder. Welche Folgen hatten die Entdeckungen für die Menschen in Europa? Und wie veränderte sich das Leben der Ureinwohner der neuen Länder?

1. Beschreibe das Bild.
2. Versetze dich in die Lage eines zwölfjährigen Schiffsjungen. Was könnte er gehofft oder gefürchtet haben?
3. Berichte, was du über Entdeckungen unbekannter Länder weißt.

Schauplatz Abenteuer Seefahrt

1. Beschreibe die Abbildung (Schiff, Menschen, Ladung).
2. Zähle auf, was vor einer langen Schifffahrt alles an Bord untergebracht werden musste.

der Kapitän

Ich werde reich! Wenn wir neues Land entdecken, werde ich als Vizekönig den König vertreten und herrschen.

ein Geistlicher

Gott segelt mit uns. Wir bringen den Unwissenden den wahren Glauben. Wir werden die Menschen taufen und ihre Seelen retten.

ein Soldat

Hoffentlich finden wir Gold. In meiner Heimat ist für mich nichts zu holen. Ich habe alles verkauft, damit ich mir eine gute Rüstung leisten konnte.

der Schiffsjunge

Was da wohl auf uns zukommt? Es ist meine erste Seereise. Hoffentlich werde ich nicht seekrank! Und hoffentlich geht das Schiff nicht unter! Ob wir auf andere Menschen treffen?

der Bootsmann

Ich muss wirklich an alles denken: Wasserfässer, Weinfässer, Hülsenfrüchte ... Außerdem brauchen wir einen Vorrat an Waffen und Munition. Niemand kann mir sagen, wie lange die Reise dauert und wann wir wieder Proviant aufnehmen können.

Wichtige Geräte

Am Ende des Mittelalters wurden wichtige Erfindungen gemacht. Sie erlaubten es, längere Seefahrten zu unternehmen und den Kurs genauer zu berechnen. Einige Geräte kamen erst durch den Kontakt mit den Arabern nach Europa.

Mit dem **Kompass** konnte der Kapitän oder der Steuermann prüfen, ob das Schiff in die gewünschte Richtung fuhr.

Der **Jakobsstab** half dem Kapitän, wenn er feststellen wollte, auf welchem Breitengrad das Schiff sich befand.

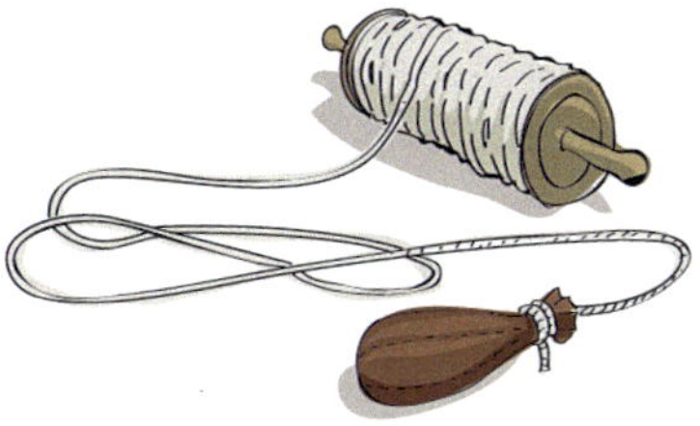

Vor allem in unbekannten Gewässern wurde mit dem **Lot** ständig geprüft, wie groß der Abstand zwischen Schiffsboden und Meeresgrund war.

Wenn das Schiff nicht fuhr, bestand die Gefahr, dass es vom Wind abgetrieben wurde. Darum wurde es am Meeresgrund mit einem **Anker** befestigt.

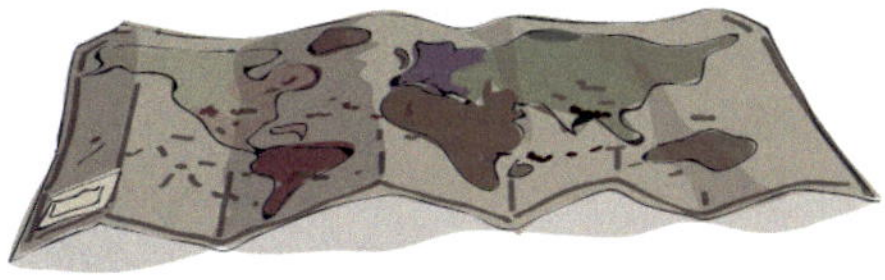

Jede Schiffsreise musste zunächst einmal mit einer **Seekarte** geplant werden.

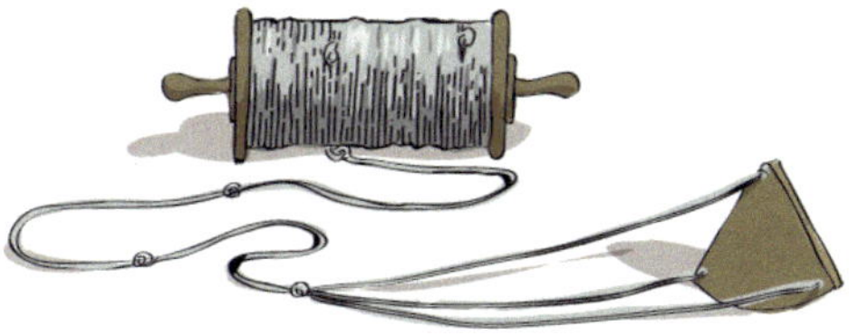

Mit dem **Log mit Knoten** konnte der Kapitän messen, wie schnell das Schiff fuhr. Noch heute misst man die Geschwindigkeit von Schiffen in „Knoten“.

3. Nenne die jeweiligen Geräte, die in den folgenden Situationen benötigt wurden. (Es sind auch zwei Nennungen möglich.)
- a) Nach einem Sturm muss der Kurs (die Fahrtrichtung) neu bestimmt werden.
- b) Das Schiff ist nahe an einer fremden Küste. Es darf nicht auf Grund laufen.
- c) Damit genug Proviant an Bord ist, muss die Reisedauer berechnet werden.
- d) Das Schiff hat sein Ziel erreicht. Es darf nicht vom Wind weggetrieben werden.
- e) Soll das Schiff das Ziel erreichen, muss es diesem Breitengrad folgen.
- f) Mit dieser Geschwindigkeit erreicht das Schiff sein Ziel in etwa fünf Tagen.

Wähle einen der Arbeitsaufträge aus:

- Fertige eine Liste für den Bootsmann an. Was muss er vor der Reise bedenken?
- Wähle eine der Personen der linken Seite. Schreibe einen Brief an die Ehefrau (Kapitän, Soldat, Bootsmann) bzw. an den Bischof (Geistlicher): Was erwartet die Person von der Fahrt? Was erhofft sie sich? Wovor hat sie vielleicht Angst?
- Schreibe eine Rede, die der Kapitän kurz vor dem Auslaufen hält.

Orientierung – Neue Welten

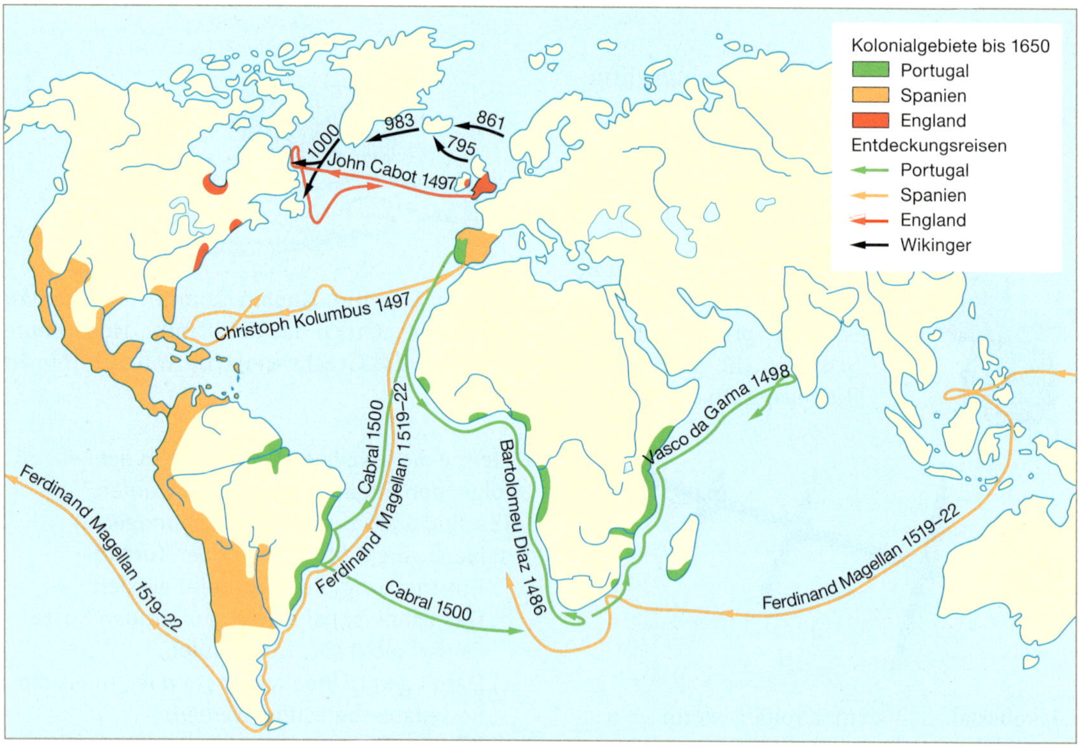

[1] Entdeckungsfahrten der Europäer 1000–1522. *Karte.*

1. Finde heraus, was auf der Karte [1] zu sehen ist.
2. Nimm einen Atlas zu Hilfe und fertige eine Tabelle an:

„Entdeckerland"/ Entdecker	Diese Weltmeere, Kontinente und Länder (heutige Ländernamen) wurden bereist
Spanien/ Kolumbus	Atlantischer Ozean, Amerika, Haiti, Kuba, ...
Magellan	...

[2] Globus des deutschen Geographen Martin Behaim aus dem Jahre 1492. *Foto.*

3. Nenne die Kontinente, die auf dem Globus von 1492 erkennbar sind.
4. Vergleiche die Darstellung Afrikas auf dem Globus von 1492 mit der Darstellung Afrikas auf der Karte [1].

Die Erde aus Sicht der Europäer

Als das Zeitalter der Entdeckungen begann, kannten die Europäer drei Kontinente: Europa, Afrika und Asien. Der Norden Afrikas war in Europa seit der Zeit des Römischen Reichs bekannt. Den östlichen Teil Asiens, der „Indien" genannt wurde, hatten nur sehr wenige Europäer je bereist.

Auch die Kugelgestalt der Erde war vielen Menschen seit der Antike bekannt. Sogar der Umfang der Erdkugel konnte berechnet werden.

Dennoch war ein Aufbruch ins Unbekannte ein großes Risiko. Auf den Reisen drohten den Seeleuten viele Gefahren: Krankheiten, Hunger und Durst oder der Untergang des Schiffes. Niemand konnte sicher sein, in seine Heimat zurückzukehren. Oft war es ungewiss, wie lange solch eine Reise dauerte. Würde man anderen Menschen begegnen? Würden sie den Europäern freundlich oder feindlich entgegentreten?

Mittelalter

▶ **ca. 500 nach Christus**

▶ **um 1000**
Der Wikinger Leif Erikson betritt als erster Europäer amerikanischen Boden

▶ **1452–1519**
Leonardo da Vinci
Erfinder und Künstler

▶ **1468**
Johann Gutenberg erfindet den Buchdruck mit beweglichen Lettern

▶ **1492**
Martin Behaim fertigt den ersten Globus an

Christoph Kolumbus landet auf einer Insel vor Amerika

▶ **1498**
Der Portugiese Vasco da Gama umsegelt die Südspitze Afrikas und findet den Seeweg nach Indien

▶ **ca. 1500 nach Christus**

Beginn der Neuzeit

▶ **1517**
Beginn der Reformation (Luther)

▶ **1519–1521**
Hernan Cortés erobert das Aztekenreich

Eine Flotte unter dem Kommando Magellans umrundet 1519–1522 die Erde

Galileo Galilei **(1564–1642)** beobachtet, dass die Erde die Sonne umkreist

▶ Von **1618** bis **1648** wird Europa im Dreißigjährigen Krieg verwüstet.

Neue Welten und neue Horizonte

Eine neue Zeit beginnt

Wie veränderte sich das Weltbild?

[1] Galileo Galilei führt sein Fernrohr den Stadtherren in Venedig vor. *Wandmalerei von Luigi Sabatelli, um 1820.*

1. Beschreibe Bild [1]. Was könnte damals so interessant an dem Fernrohr gewesen sein?

Die Religion

Im Mittelalter bestimmte in Europa die Religion weitgehend das Denken der Menschen. Was in der Bibel stand, nahmen sie zum Teil wörtlich. Doch im 15. Jahrhundert begannen Wissenschaftler und Künstler, die Natur zu beobachten und Experimente zu machen.

Leonardo da Vinci (1452–1519)

Der Künstler, Wissenschaftler und Erfinder Leonardo da Vinci betrachtete die Welt anders als die meisten Menschen im Mittelalter. Er beobachtete die Natur, Tiere, Menschen und Pflanzen sehr genau. So versuchte er neue Erkenntnisse zu gewinnen. Er untersuchte auch Leichen, um mehr über den Körper des Menschen herauszufinden – obwohl das zu seinen Lebzeiten verboten war. Leonardo da Vinci war fasziniert von der Idee, dass der Mensch eines Tages fliegen könnte. Immer wieder entwarf er Apparate, um diesem Ziel näher zu kommen.

2. Erkläre: Wie unterschied sich das Denken Leonardo da Vincis vom Denken des Mittelalters?

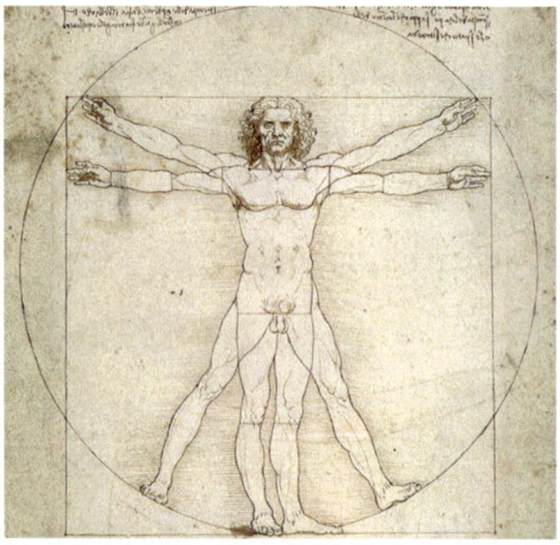

[2] Skizze eines Menschen. *Leonardo da Vinci, um 1490.*

[3] Entwurf einer Flugmaschine von Leonardo da Vinci.

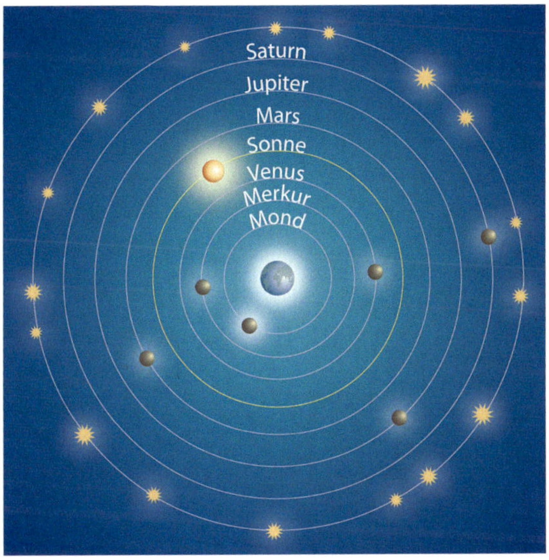

[4] Das alte Weltbild: So stellten sich die Menschen den Lauf der Planeten im Mittelalter vor.

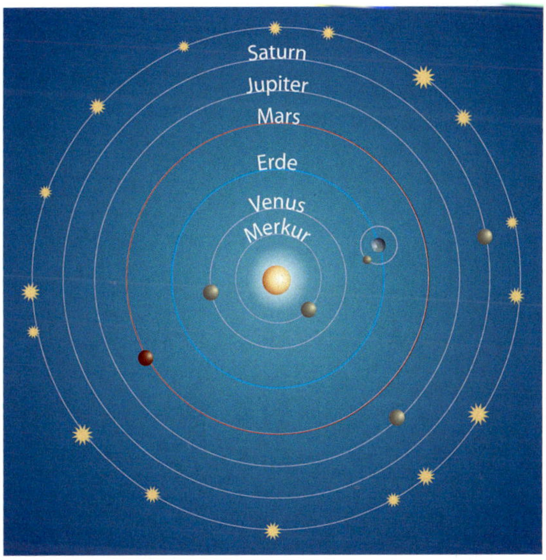

[5] Das neue Weltbild: So bewegen sich die Planeten nach Berechnungen von Kopernikus und Galilei.

Eine erstaunliche Entdeckung
Im Mittelalter glaubte man, dass die Erde der Mittelpunkt des Planetensystems ist und die anderen Planeten – und auch die Sonne – um die Erde kreisen. Denn so stand es in der Bibel.
Der Priester Nikolaus Kopernikus (1473–1543) beobachtete viele Jahre lang die Planeten und ihre Umlaufbahnen. Die Ergebnisse seiner Beobachtungen zeigten etwas Überraschendes: Die Sonne stand im Zentrum und die Erde bewegte sich wie die anderen Planeten um die Sonne.

Galileo Galilei
Viele Jahre später machte Galileo Galilei, ein italienischer Mathematiker und Forscher (1564–1642), ähnliche Beobachtungen. Er war im Besitz eines für seine Zeit sehr guten Fernrohres, mit dem er sogar Gebirge auf dem Mond erkennen konnte.
Für Galilei stand fest: Die Beobachtungen des Kopernikus waren richtig. Das Weltbild der Kirche konnte nicht stimmen.
Als diese Erkenntnisse öffentlich bekannt wurden, kam es zum Streit mit der Kirche. Galilei musste sich in Rom vor einem Kirchengericht verantworten. Als ihm Folter und Hinrichtung drohten, nahm er seine Behauptungen zurück und sagte unter Eid (Schwur), dass er sich geirrt habe.

3. Vergleiche die beiden Abbildungen [4] und [5].

Das neue Weltbild setzt sich durch
Es gelang der Kirche aber nicht, das Wissen über das neue Weltbild zu unterdrücken. Die Beobachtungen des Kopernikus und Galileis verbreiteten sich unaufhaltsam. Sie waren auch für die Seefahrer wichtig: Diese mussten sich nachts am Lauf der Sterne orientieren. Durch die neuen Berechnungen war ihr Kurs viel genauer.

Wähle einen der Arbeitsaufträge aus:

- ⚀ Fertige für das Klassenzimmer ein Plakat, auf dem das alte Weltbild [4] neben dem neuen Weltbild [5] zu sehen ist.
- ⚁ Zeichne die Skizze Leonardo da Vincis [2] nach.
- ⚂ Schreibe mit einem Partner ein Streitgespräch zwischen Galileo Galilei und einem Bischof. Tragt es in der Klasse vor.

Was ihr noch tun könnt ...
- Euch in Lexika oder im Internet über weitere Erfindungen von Leonardo da Vinci informieren und der Klasse darüber berichten.

Die Entdeckung Amerikas

Wohin führt der Weg nach Westen?

[1] Christoph Kolumbus landet am 12. Oktober 1492 auf einer Insel vor Amerika. *Zeichnung nach einem Kupferstich von Theodor de Bry, 1594.*

1. Beschreibe Bild [1] in allen Einzelheiten. Wie begegnen sich europäische Entdecker und Ureinwohner? Berücksichtige auch die Entstehungszeit des Kupferstichs.

Die Entdeckung Amerikas – ein Zufall

Jahrelang hatte der Seefahrer Christoph Kolumbus darauf gewartet, vom spanischen Königshaus einen Auftrag zu bekommen: Er wollte den Seeweg in Richtung Westen nach Ostasien finden, das man damals „Indien" nannte. Kolumbus war fest von seiner Idee überzeugt.

Das spanische Königshaus und seine Berater bezweifelten, dass der Plan gelingen könnte. Berechnungen zufolge war der Weg von Europa in Richtung Westen bis nach China viel zu weit. Eine Schiffsmannschaft hätte zu dieser Zeit kaum eine Chance gehabt, eine solche Fahrt zu überleben. Dennoch entschloss sich das spanische Königshaus, einen Versuch zu riskieren.

Im Jahr 1492 erhielt Kolumbus drei Schiffe für sein Unternehmen.

Kolumbus unterschätzte die Entfernung von Europa in Richtung Westen nach China erheblich. Tausende Kilometer von seinem eigentlichen Ziel entfernt, stieß er schließlich auf eine Insel vor Amerika. Bis zu seinem Tod glaubte Kolumbus, er habe tatsächlich den Seeweg in Richtung Westen nach „Indien" gefunden. Die Ureinwohner des Landes, auf das er stieß, nannte er daher „Indios".

Die Nachricht von der erfolgreichen Fahrt des Kolumbus verbreitete sich schnell. Viele Europäer beschlossen, ebenfalls den Atlantik in Richtung Westen zu überqueren und ihr Glück in der „Neuen Welt" zu suchen.

Wähle einen der Arbeitsaufträge aus:

- Zeichne die Karte [2] vergrößert auf ein Plakat für das Klassenzimmer.
- Sieh dir noch einmal Bild [1] an. Schreibe auf, was ein Ureinwohner in seinem Dorf von den Fremden erzählt haben könnte.

Methode Geschichtskarten auswerten

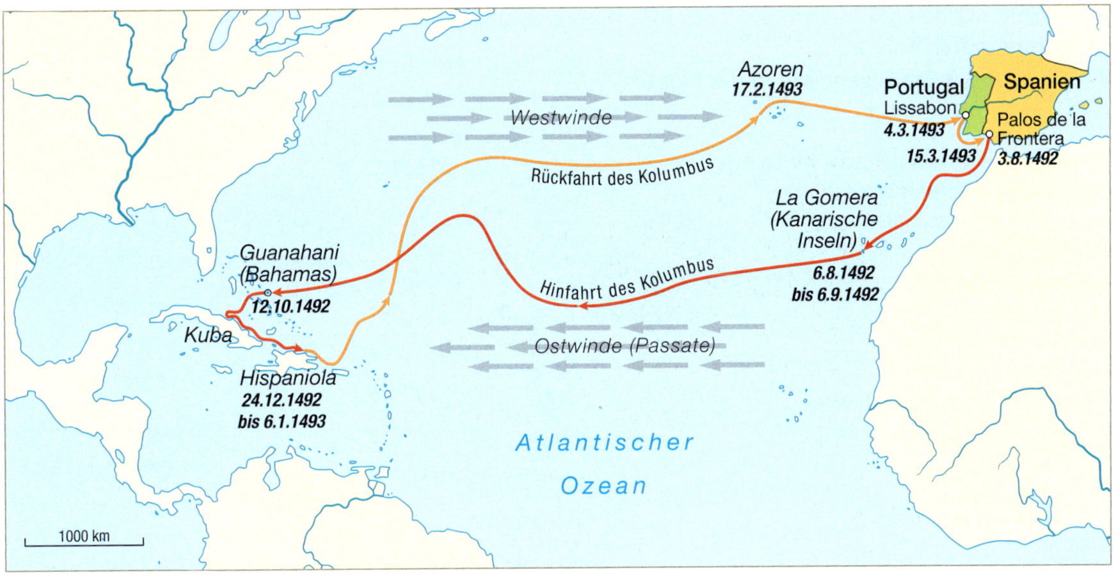

[2] Die Fahrten des Kolumbus in den Jahren 1492 und 1493, *Karte.*

Geschichtskarten helfen dir, geschichtliche Abläufe oder Zusammenhänge einfacher zu erkennen. Mit den folgenden Arbeitsschritten kannst du Geschichtskarten erschließen.

1. Schritt: Die Überschrift (oder Unterschrift) lesen und verstehen

- Wie heißt das Thema der Karte?
- Was wird auf der Karte dargestellt?

2. Schritt: Die Karte genau beschreiben

- Welcher geographische Raum ist dargestellt? (z. B. Weltkarte, Europakarte,...)
- Hat die Karte einen Maßstab?
- Was ist auf der Karte zu erkennen?

3. Schritt: Zeichen und Legende lesen und verstehen

- Hat die Karte eine Legende (Erklärung für Zeichen und Farben)?
- Welche Bedeutung haben bestimmte Zeichen und Farben?

4. Schritt: Die Karte auswerten

- Welche Informationen lassen sich aus der Karte ablesen?
- Wird ein Zustand beschrieben oder werden Veränderungen dargestellt?
- Wie lässt sich das Dargestellte mit Worten beschreiben?

2. Erkläre mithilfe der Methodenschritte, was du anhand der Karte [2] erkennen kannst:
   - Wo hat Kolumbus seine Fahrt begonnen?
   - Wo hat er sich längere Zeit aufgehalten?
   - Wo ist er auf unbekanntes Land gestoßen?
   - Wie lange war Kolumbus mit seiner Mannschaft unterwegs?

3. Errechne mithilfe des Maßstabs, welche Entfernung Kolumbus zurückgelegt hat.

4. Erkläre anhand der Karte:
Was war Kolumbus' Ziel?
Was ist dann tatsächlich passiert?

Wahlseite Hochkulturen in Amerika

1. Sammle mit den Materialien der Seite Informationen über Hochkulturen in Amerika vor der Entdeckung durch Kolumbus.
2. Präsentiere deine Ergebnisse in der Klasse.

Ureinwohner Amerikas zu Beginn des 16. Jahrhunderts:
Inuit Indianerstämme Nordamerikas (Auswahl)
indianische Hochkulturen um 1520/1530:
- Reich der Azteken
- Reich der Maya
- Reich der Inka
- bedeutende Indio-Stadt

- europäische Entdecker und Eroberer
- von Europäern gegründete Stadt

[1] Hochkulturen in Mittel- und Südamerika um 1520/1530.

Die Ureinwohner Amerikas

Gruppen von Menschen wanderten während der letzten Eiszeit aus Asien nach Amerika ein. Sie nutzten dabei auch das zugefrorene Meer, um zunächst Alaska, Nord- und Mittelamerika und schließlich Südamerika zu besiedeln.
Im Laufe der Jahrtausende entwickelten sich sehr unterschiedliche Lebensweisen. Es gab Völker, die Ackerbau betrieben, daneben Jäger und Sammler sowie Hochkulturen.
Die wichtigsten Hochkulturen in Amerika bildeten die Azteken, die Maya und die Inka. Sie schufen große Reiche. Das Handwerk war hoch entwickelt und die Religion prägte das Leben. Die Hochkulturen verfügten über unterschiedliche Schriften. Mathematik und Medizin waren weit entwickelt.

Tipps für die Erarbeitung
- Sieh dir die Karte genau an und liste die wichtigen Hochkulturen in Amerika auf.
- Lies den Text genau und setze ihn mit der Karte in Beziehung.

Tipps für die Präsentation
Zeige die Gebiete der Azteken, der Maya und der Inka auf einer großen Wandkarte.

Wahlseite

Die Azteken

1. Sammle mit den Materialien der Seite Informationen über die Gesellschaft der Azteken.
2. Präsentiere deine Ergebnisse in der Klasse.

Der König: Er war der mächtigste Mann im Staat und entstammte dem Adel. Er war gleichzeitig Herrscher über das Volk, Oberbefehlshaber aller Soldaten und oberster Priester.

Der Adel: Die Adligen standen an der Spitze der aztekischen Gesellschaft. Sie trugen Kleidung aus Baumwolle sowie kostbare Umhänge und Schmuck. Reiche Adlige lebten in Palästen. Sie besaßen viel Land, das von abhängigen Bauern bearbeitet wurde. Die Söhne adliger Familien besuchten Schulen. Die besten Schüler wurden Krieger oder Priester. Die Krieger trainierten ständig den Kampf. Priester konnten lesen und schreiben. Oberhaupt einer Adelsfamilie konnte nur werden, wer sich im Krieg ausgezeichnet hatte.

Die Bürger: Kaufleute und Handwerker wie Goldschmiede, Töpfer, Edelsteinschleifer oder freie Bauern bildeten die Schicht der Bürger. Sie lebten in einfachen Häusern und waren an ihrer Kleidung aus Pflanzenfasern zu erkennen.

Eine besondere Rolle spielten **die Fernhändler**. Wer gute Geschäfte machte, konnte sehr reich werden. Die Fernhändler unterrichteten den König über die Lage in allen Teilen des Aztekenreiches und in benachbarten Ländern.

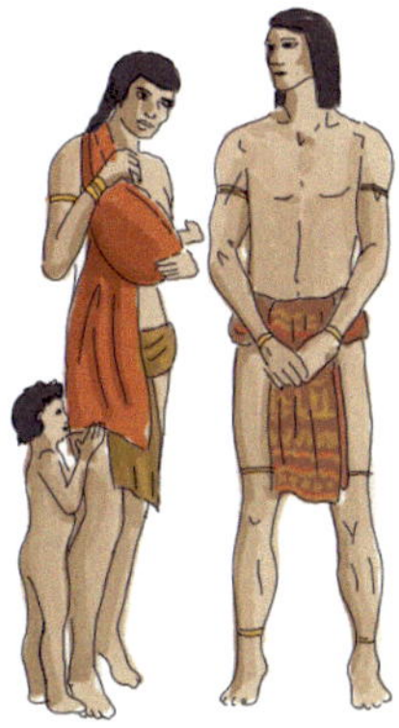

Die Sklaven: Auf die unfreien Sklaven sahen alle herab. Sklave wurde man als Kriegsgefangener, wenn man seinen Besitz verlor und in Armut geriet oder wenn man beim Diebstahl ertappt wurde.

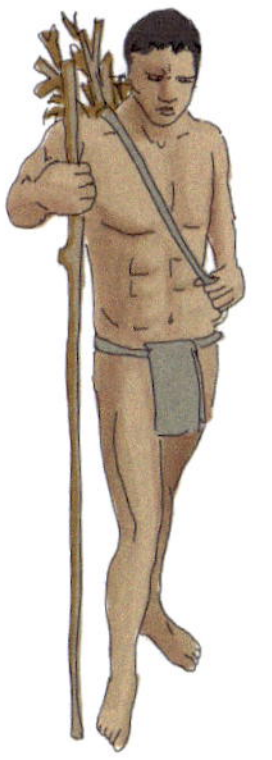

Tipps für die Erarbeitung
- Lies den Text genau und liste die wichtigsten Merkmale der aztekischen Gesellschaft auf.
- Beschreibe die Bilder und ordne sie den Textabschnitten zu.

Tipps für die Präsentation
Vergrößere die Abbildungen und zeige jeweils die gesellschaftliche Gruppe, zu der du gerade etwas vorträgst.

Wahlseite

Leistungen der Azteken

1. Sammle mit den Materialien der Seite Informationen über das Reich der Azteken.
2. Präsentiere deine Ergebnisse in der Klasse.

[1] Tenochtitlan. *Gemälde des mexikanischen Künstlers Diego Rivera, 1948.*

Die Hauptstadt Tenochtitlan

Als die spanischen Eroberer die **Hauptstadt** der Azteken sahen, waren sie überrascht. Solch eine große Stadt hatten sie noch nie gesehen. Hier lebten nach Schätzungen der Spanier etwa 300 000 **Menschen.**

Die Hauptstadt lag in der Mitte eines großen **Salzsees.** Zu ihr führten vier Wege über Steindämme. An einem der Dämme liefen zwei Röhren entlang. Die Röhren waren jeweils etwa zwei Schritte breit und so hoch wie ein Mann. Durch eine der Röhren wurden die Menschen der Hauptstadt mit **Trinkwasser** versorgt. Die andere diente als Ersatzröhre, wenn die erste repariert oder gereinigt werden musste.

In der Stadt gab es viele öffentliche Plätze, auf denen **Märkte** abgehalten wurden. Auf dem größten dieser Plätze kamen täglich mehr als 60 000 Menschen zusammen: Käufer und Verkäufer von Lebensmitteln aller Art, Kunstwerken aus Gold und Silber, Federn oder Holz. In **Apotheken** konnten die Bewohner sich mit Medikamenten versorgen. Gasthäuser versorgten die Menschen mit Essen und boten angereisten Händlern Übernachtungsmöglichkeiten.

Weitere Leistungen der Azteken

Die Azteken kannten verschiedene **Handwerksberufe.** Es gab Edelsteinschleifer, Gold- und Silberschmiede, Töpfer und Ziegelsteinhersteller sowie Weber.

Die **Mathematik** war bei ihnen weit entwickelt. Zahlen waren besonders wichtig für die Erhebung von Steuern. Die Azteken besaßen eine Bilderschrift.

Auch in der **Medizin** waren die Azteken weit vorangeschritten. Es gab Krankenhäuser, in denen Ärzte Verletzte und Kranke versorgten und Operationen durchführten. In diesen Krankenhäusern wurden auch Lebensmittel an Notleidende verteilt.

In besonderen Gärten wuchsen Pflanzen für die Herstellung von **Medikamenten.**

Tipps für die Erarbeitung

Bilde Sinnabschnitte in den Texten und gib ihnen passende Überschriften.

Tipps für die Präsentation

- Fordere die Klasse nach deinem Vortrag auf, das Bild oben in Einzelheiten zu erklären.
- Vergleiche das Leben in Tenochtitlan mit dem Leben in einer heutigen Großstadt.

Wahlseite

Götter und Menschenopfer

1. Sammle auf der Seite Informationen über Götter, Menschenopfer und Kriege der Azteken.
2. Präsentiere deine Ergebnisse in der Klasse.

[1] Marktplatz vor der großen Pyramide in Tenochtitlan. *Rekonstruktionszeichnung.*

[2] Menschenopfer. *Illustration aus einer zeitgenössischen aztekischen Handschrift.*

Die Religion der Azteken

Es gab eine Vielzahl von Göttern, die wichtigsten waren: der Gott des Krieges und der Sonne, der Gott der Weisheit und der Schöpfung, der Gott des Frühlings und der Gott des Regens.
In der Hauptstadt Tenochtitlan befanden sich viele Tempel und Pyramiden, die der Religionsausübung dienten. Das Zentrum des religiösen Lebens bildete der Große Tempel.

Menschenopfer

Auf der Pyramide des Großen Tempels wurden auch Menschenopfer dargebracht. Diese Menschenopfer waren auf die religiösen Vorstellungen zurückzuführen: Im Aufgang und im Untergang der Sonne sahen die Azteken die Geburt und den Tod ihres Kriegs- und Sonnengottes. Geburt und Tod wiederholten sich täglich, so wie auch die Sonne jeden Tag aufgeht und untergeht. Der Kriegs- und Sonnengott musste nach dem Glauben der Azteken jeden Tag im Kampf gegen seine Brüder, die Sterne, und gegen seine Schwester, den Mond, antreten. Damit er genug Kraft hatte, diesen alltäglichen Kampf zu bestehen, musste er mit Menschenblut ernährt werden. Würde er den Kampf verlieren, würde die Sonne nicht mehr aufgehen.

Kriegszüge

Die Azteken beherrschten oder bedrohten ihre Nachbarvölker mit einem großen Heer gut ausgebildeter Soldaten. In Kriegszügen hatten die Azteken ihren Herrschaftsbereich erweitert. Die besiegten Völker mussten hohe Steuern zahlen.
Kriege wurden von den Azteken aber nicht nur geführt, um andere Völker zu unterwerfen und ihnen Steuern aufzuerlegen. Es wurden auch Kriege geführt, um Gefangene zu machen. Die Gefangenen wurden später in Tenochtitlan auf der Pyramide des Großen Tempels dem Gott des Krieges und der Sonne geopfert.

Tipps für die Erarbeitung
Notiere Stichworte zu den Überschriften.

Tipps für die Präsentation
Erkläre den Zusammenhang zwischen der Religion und den Kriegszügen der Azteken.

Die Zerstörung des Atztekenreiches

Wie eroberten die Spanier Mexiko?

[1] Spanische Eroberer kämpfen gegen aztekische Krieger. *Illustration.*

1. Beschreibe die Abbildung [1]. Nenne Vorteile, die die Spanier im Kampf gegenüber den Ureinwohnern hatten.

Die Spanier erobern das Aztekenreich

Im Jahr 1519 brach der spanische Eroberer Hernan Cortés mit etwa 600 Soldaten von der Insel Kuba auf und landete in Mittelamerika. Die Spanier wollten das Land unterwerfen und den christlichen Glauben verbreiten. Außerdem vermuteten sie, dass dort Gold zu finden sei.
In Mittelamerika liegt Mexiko. Mexiko wurde zu dieser Zeit von den Azteken beherrscht. Der König der Azteken nannte sich Moctezuma.
Als die Azteken den Spaniern begegneten, sahen sie zum ersten Mal Menschen aus Europa. Die Ureinwohner Mexikos kannten keine Feuerwaffen. Auch Pferde hatten sie noch nie gesehen. Anfangs wurden die Spanier von den Ureinwohnern daher vielleicht sogar für Götter gehalten.
Lange Zeit hatten die Azteken die benachbarten Völker unterdrückt und mit hohen Steuern und Abgaben belastet. Einige der von den Azteken unterdrückten Völker verbündeten sich mit den Spaniern. So gelang es den Spaniern mithilfe ihrer Verbündeten, die Hauptstadt der Azteken zu erobern. Danach konnten die Spanier ganz Mexiko unterwerfen.

2. Gib den Text mit eigenen Worten wieder.
3. Erkläre, warum die Spanier so schnell Verbündete fanden.

Die Spanier herrschen in Mexiko

Die spanischen Eroberer unterwarfen die Ureinwohner und zwangen sie, Christen zu werden. Gleichzeitig begannen sie mit der unbarmherzigen Ausbeutung und Versklavung der Ureinwohner („Indios"). Sie unterdrückten auch jene Völker, die sich mit ihnen gegen die Azteken verbündet hatten.

[2] „Die Kolonisation oder: Cortés' Ankunft in Veracruz", *Gemälde von Diego Rivera, 1930.*

4. Erkläre anhand des Gemäldes:
- Welche Arbeiten mussten die Ureinwohner verrichten?
- Wie bestraften die Spanier die Ureinwohner?

[3] **Der Mönch Bartolomé de las Casas (1484–1566) berichtet über die Behandlung der Ureinwohner durch die Spanier:**
Ein königlicher Beamter erhielt 300 Indios als Arbeitskraft zugeteilt. Nach drei Monaten hatte er durch die Arbeiten in den Gruben 270 davon zu Tode gebracht, sodass ihm von allen nur 30 blieben. Danach gab man ihm wiederum dieselbe Zahl und noch mehr. Doch er brachte sie wiederum um. Und je mehr man ihm gab, desto mehr mordete er ... In drei oder vier Monaten starben in meinem Beisein mehr als 7000 Kinder ...

(Geschichte in Quellen, Bd. 3. BSV, München 1970)

5. Beurteile anhand von [2] und [3], wie die Spanier die Ureinwohner Mexikos behandelten.

Wähle einen der Arbeitsaufträge aus:

- Der König der Azteken wurde von Boten über alles unterrichtet, was die Spanier taten. Schreibe einen Bericht über die Ankunft der Spanier.
- Ein Mönch beklagt sich beim spanischen König über die Herrschaft der Spanier. Verfasse seinen Bericht. Du kannst so anfangen: „Ihr werdet nicht glauben, wie sich Eure Untertanen aufführen..."
- Ein Häuptling eines Nachbarvolkes der Azteken berät sich mit seinen Vertrauten darüber, ob er mit den Spaniern gegen die Azteken kämpfen soll. Schreibe mit einer kleinen Gruppe dazu ein Gespräch. Tragt das Gespräch in Rollen vor.

Folgen für Mittel- und Südamerika

Was änderte sich nach der Eroberung Mexikos?

[1] Warenaustausch zwischen Amerika und Europa, *Grafik.*

1. Sieh dir die Abbildung [1] genau an. Erstelle zwei Listen:
   - Waren, die nach der Entdeckung Amerikas von Amerika nach Europa kamen.
   - Waren, die nach der Entdeckung Amerikas von Europa nach Amerika gelangten.

Unbekannte Pflanzen und Tiere

Nach der Entdeckung Amerikas lernten die Europäer Pflanzen und Tiere des bisher unbekannten Kontinents kennen. Diese Pflanzen und Tiere hatte es bisher in ihrem Leben nicht gegeben. Kurze Zeit darauf begann auch die Verbreitung europäischer Pflanzen und Tiere in Amerika.

Zunächst entstand ein Handel mit den unbekannten Waren: Schiffe transportierten sie zwischen den Kontinenten.

Später wurden die Pflanzen auch auf dem jeweils anderen Kontinent angebaut und die Tiere gezüchtet.

Weitere Eroberungen und Missionierung

Während der Zerstörung des Aztekenreiches wurden viele Ureinwohner von den Eroberern im Kampf getötet. Noch mehr Menschen starben infolge von harter Sklavenarbeit auf den Feldern und in den Bergwerken der Spanier sowie an Hunger.

Die Eroberungen gingen weiter. Spanier und Portugiesen drangen nach Südamerika vor und vergrößerten ihre Herrschaftsgebiete. Die Kulturen und Religionen der Ureinwohner wurden weitgehend zerstört. Auf Befehl der Könige von Spanien und Portugal kamen viele Geistliche mit den Eroberern aus Europa. Sie verbreiteten den christlichen Glauben bei den unterworfenen Völkern. Tausende von Menschen wurden zwangsweise getauft.

Die Eroberung eines anderen Landes sowie die Unterwerfung der dortigen Bevölkerung nennt man „Kolonialismus“. Unterworfene Länder werden auch „Kolonien“ genannt.

2. Erkläre den Begriff „Kolonialismus“. Wie verhielten sich die Spanier in Mexiko?
3. Beurteile: Wie findest du das Vorgehen der Spanier? Begründe deine Meinung aus heutiger und damaliger Sicht.

[2] Entwicklung der Bevölkerung Mexikos 1519–1580.

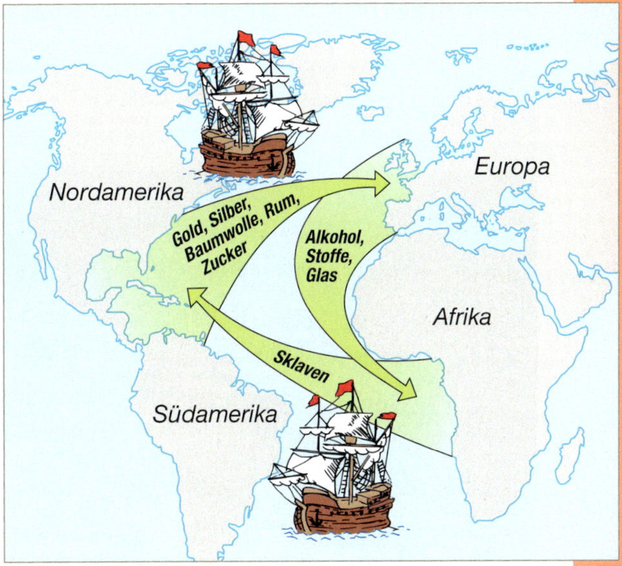

[3] Dreieckshandel zwischen Europa, Amerika und Afrika.

4. Erkläre Abbildung [2]. Nenne Gründe für die dargestellte Entwicklung.
5. Beschreibe die Karte [3]. Was bedeutet der Begriff „Dreieckshandel"?
6. Zeichne ein einfaches Schaubild zum Dreieckshandel. Füge kurze Erklärungen hinzu.
7. Verfasse einen Protestbrief an den König von Spanien: „Schluss mit dem Dreieckshandel zwischen Amerika, Europa und Afrika!"

Sklavenhandel
Weil die meisten Ureinwohner Amerikas an Überanstrengung und an den aus Europa eingeschleppten Krankheiten ums Leben gekommen waren, fehlten Arbeitskräfte. Sie wurden durch Sklaven aus Afrika ersetzt.
Von Europa segelten Schiffe an die Westküste Afrikas. Sie hatten Textilien, Glas oder Alkohol als Tauschwaren geladen. Diese Waren wurden bei afrikanischen Sklavenhändlern gegen Sklaven eingetauscht. Von Afrika brachten die Schiffe die Sklaven nach Mittel- und Südamerika. Dort wurden sie von den Spaniern und Portugiesen aufgekauft und als Arbeitskräfte ausgebeutet.
Von Mittel- und Südamerika wurden dann vor allem Edelmetalle wie Gold und Silber, aber auch Zucker, Kaffee und Tabak nach Europa gebracht und dort verkauft.
Dieser Dreieckshandel wurde vor allem von europäischen Kaufleuten organisiert und kontrolliert. Sie erzielten damit hohe Gewinne.

Der Sklavenhandel zwischen Europa, Afrika und Amerika setzte sich lange Zeit fort. Auch in Nordamerika wurden später Afrikaner als Sklaven gehalten. Nach Schätzungen wurden etwa 30 Millionen Afrikaner nach Amerika verschleppt. Daher leben heute viele Nachkommen der Sklaven in Mittel- und Südamerika sowie in den USA.

Wähle einen der Arbeitsaufträge aus:

- Fertige eine große Zeichnung wie Abbildung [1] für den Klassenraum an.
- Erstelle eine Liste: Auf welche Nahrungsmittel müsstest du verzichten, wenn Amerika nicht entdeckt worden wäre? Nutze Abbildung [1].
- Erläutere die Folgen des Dreieckshandels (Abb. [1] und [3]).

Die Eroberung des Inkareiches

Welche Folgen hatte die Eroberung Südamerikas durch die Europäer?

[1] Die Ruinen der Stadt Machu Picchu in Peru, *Foto*. Sie wurde von den Inka erbaut. Ihre Bewohner verließen sie nach der Eroberung des Landes durch die Spanier.

Das Reich der Inka

Als die Europäer nach Südamerika kamen, blühte dort die Hochkultur der Inka. Die Inka beherrschten ein Gebiet, das dreimal so groß war wie Deutschland. Es lag vor allem in der 2000–3000 Meter hohen Region der Anden. Die Inka verfügten über ein Netz von gepflasterten Straßen, eine Schrift und einen Kalender. Auf Terrassen bauten sie Mais und Kartoffeln an und hielten Lamas. Sie verehrten den Sonnengott und brachten ihm auch Menschenopfer dar.

1. Stelle die Inka vor. Nutze [1] und [2].

Die Ankunft der Spanier

1531–1534 eroberten die Spanier unter Francisco Pizarro das Inkareich. Sie waren fasziniert von den reichen Gold- und Silberschätzen, die sie dort vorfanden. Nachdem sie den letzten Inkaherrscher Atahualpa ermordet hatten, zwangen sie die Bevölkerung, in Bergwerken wie Potosí [3] zu arbeiten. Hunderttausende Indios starben bei dieser anstrengenden Arbeit unter der Erde. Ihre Kultur und Religion wurde fast völlig ausgelöscht.

2. Berichte, welche Folgen die Ankunft der Europäer für die Inka hatte.

[2] Inka-Figur aus Silber, *Foto*.

[3] Indianische Arbeiter im Silberbergwerk von Potosí (Bolivien), *Kupferstich von 1601.*

[4] Arbeiter im Bergwerk Potosí (Bolivien), *Foto, 2003.*

3. Beschreibe Bild [3].
4. Vergleiche Bild [3] mit Bild [4].

[5] **Im Bericht eines Indios heißt es:**
... Alles Gold rafften die Spanier zu einem Haufen. An die anderen Kostbarkeiten legten sie Feuer und alles verbrannte. Das Gold schmolzen sie zu Barren, von den wertvollsten grünen Edelsteinen nahmen sie nur die besten. Das ganze Schatzhaus durchwühlten die Spanier, sie drängten und fragten und griffen nach allem, was ihnen gefiel.

(Leon-Portilla, Miguel u. a. (Hg.): Rückkehr der Götter, Köln 1962, S. 46)

5. Beschreibe das Verhalten der Spanier aus Sicht der Indios [5].

[6] **Aus einer Verordnung der spanischen Könige von 1495:**
Wir müssen aber anerkennen, dass die Erforschung und Erschließung des genannten Landes [= Südamerika] ... der Sache Gottes dient, weil durch diese Beziehung die Einwohner des Landes zur Erkenntnis Gottes und zur Annahme unseres heiligen katholischen Glaubens gebracht werden könnten ...

(Wolfgang Lautemann u. a. (Hg.): Geschichte in Quellen, Bd. 3, München 1982, S. 64)

6. Gib die Verordnung [6] in eigenen Worten wieder.
7. Vergleiche die Aussage von [6] mit der Beschreibung in [5].

Die Situation heute
Heute sind die Staaten Südamerikas zwar unabhängig, aber in den meisten Ländern bilden die Nachkommen der Europäer immer noch die Oberschicht. Sie verfügen über großen Einfluss in Politik und Wirtschaft.
Die Indios müssen dagegen oft unter schwierigen Bedingungen leben und arbeiten [4]. In vielen Fällen unterscheidet sich ihr Leben kaum vom Leben ihrer Vorfahren. Besonders auf dem Land hat sich nur wenig geändert.

Wähle einen der Arbeitsaufträge aus:

- Stell dir vor, du bist ein Arbeiter aus Bild [3]. Verfasse einen Bericht über einen deiner Arbeitstage.
- Ein Freund von dir plant eine Reise nach Machu Picchu. Schreibe einen kurzen Bericht über die Geschichte der Inka.

Die Erfindung des Buchdruckes

Was war die Idee des Johann Gutenberg?

[1] In Johann Gutenbergs Druckerwerkstatt. *Jugendbuchillustration.*

1. Beschreibe die Abbildung [1].
2. Nenne einzelne Arbeitsschritte, die du erkennst.

Eine neue Technik

Um 1440 machte Johann Gutenberg aus Mainz eine wichtige Erfindung: den Buchdruck.
Bisher mussten Bücher mühsam mit der Hand abgeschrieben werden. Gutenberg hatte die Idee, Buchstaben in Blei zu gießen. Solche in Blei gegossene Buchstaben nannte man „Lettern" (vergleiche englisch: „letter"!). Die Buchstaben wurden dann zu Texten zusammengesetzt.
Mit dieser Erfindung wurden Bücher nun erheblich billiger. Ein mit der Hand abgeschriebenes Buch kostete ungefähr zehn mal so viel wie die ersten Bücher, die nach der Methode von Gutenberg gedruckt wurden. Später konnten Bücher noch viel günstiger hergestellt werden.
Eine Bibel war das erste Buch, das Gutenberg mit seiner Erfindung drucken ließ.

Eine Erfindung verändert die Welt

Das wichtigste aber war: Das Wissen, das die Menschen besaßen, konnte nun viel schneller mit Büchern verbreitet werden.
Schulen wurden gegründet. Immer mehr Menschen lernten lesen. Sie hatten nun viel einfacher die Möglichkeit nachzulesen, was andere Menschen entdeckt, erfunden oder gedacht hatten. Wenn ein Wissenschaftler eine Entdeckung machte, erfuhren die Menschen auch in entfernten Ländern davon.
So wurden immer mehr Entdeckungen und Erfindungen gemacht: Wissenschaften wie Medizin, Physik, Biologie oder Chemie konnten sich schneller entwickeln als vorher. Neue Maschinen wurden erfunden, weil die Menschen in Büchern nachlesen konnten, was andere vor ihnen entdeckt hatten.
Einige Wissenschaftler bewerten die Erfindung des Johann Gutenberg daher als „wichtigste Erfindung des zweiten Jahrtausends".

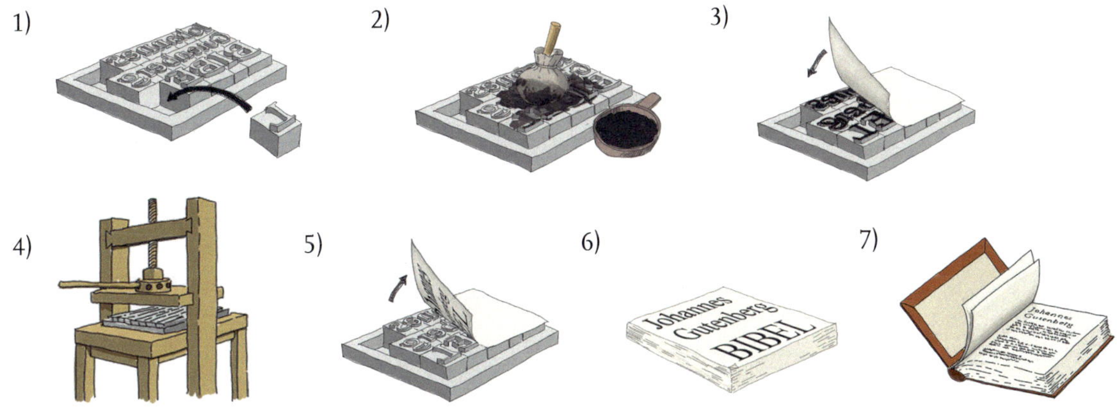

[2] Arbeitsschritte für den Buchdruck

3. Beschreibe die Arbeitsschritte 1) bis 7) in der Abbildung [2].

4. Die folgenden Arbeitsschritte a) bis g) stehen in der falschen Reihenfolge. Bringe sie mithilfe der Abbildung [2] in die richtige Reihenfolge:
- a) Das Buch ist fertig.
- b) „Lettern“ (in Blei gegossene Buchstaben) in einem Kasten zu Wörtern zusammensetzen
- c) gedruckte Seiten aufeinanderlegen
- d) zusammengesetzte „Lettern“ einfärben
- e) Papier auf „Lettern“ pressen
- f) bedrucktes Papier von „Lettern“ nehmen
- g) Papier auf eingefärbte „Lettern“ legen

5. Betrachte alle Einzelheiten in Abbildung [3]. Zähle auf, was du erkennst.

Wähle einen der Arbeitsaufträge aus:

- Fertige eine Zeichnung nach Abbildung [2] an und schreibe jeweils auf, was bei jedem Schritt gemacht wird.
- Schreibe mithilfe der Doppelseite einen Text: Warum kann man Gutenbergs Buchdruck als „wichtigste Erfindung des zweiten Jahrtausends“ bezeichnen?

Was du noch tun kannst ...
- Informiere dich im Internet über weitere Erfindungen, die in der Frühen Neuzeit gemacht wurden (1400–1650).

Euangelion Sanct Matthes. I.

I.

Js ist das buch von der geburt Jhesu Christi/der da ist ein son Dauids des sons Abraham.
Abraham zeugete Jsaac.
Jsaac zeugete Jacob.
Jacob zeugete Juda vnd seine brůder.
Juda zeugete Pharez vnd Saram/von der Thamar.
Pharez zeugete Hezron.
Hezron zeugete Ram.
Ram zeugete Aminadab.
Aminadab zeugete Nahesson.
Nahasson zeugete Salma.
Salma zeugete Boas/von der Rahab.
Boas zeugete Obed/von der Ruth.
Obed zeugete Jesse.
Jesse zeugete den könig Dauid.
Der könig Dauid zeugete Salomon/von dem weibe des Vrie.
Salomon zeugete Roboam.
Roboam zeugete Abia.
Abia zeugete Assa.
Assa zeugete Josaphat.
Josaphat zeugete Joram.

Abraham vnd Dauid werdē furnemlich angezogen/darumb das den selben Christus sonderlich verheissen ist.

A Joram

[3] Seite einer Bibel aus dem 16. Jahrhundert. Das Buch wurde nach dem Verfahren Gutenbergs gedruckt. Es enthielt die Übersetzung Luthers.

Die Reformation

Was wollte Martin Luther erreichen?

[1] Nonnen und ein Abt auf dem Heimweg von einem Trinkgelage auf einem zugefrorenen See. *Holzschnitt, um 1450.*
Die beiden Personen im Vordergrund fordern noch mehr zu trinken.

1. Beschreibe Abbildung [1]. Was kritisiert der Zeichner?

Die Kirche in der Kritik

Um 1500 häuften sich Missernten, Hungersnöte und Seuchen. Die Hälfte der Kinder starb, bevor sie vier Jahre alt wurden.
Die Menschen fürchteten den Tod, die Hölle und das Fegefeuer. Sie glaubten, dass viele Verstorbene wegen ihrer Sünden im Fegefeuer unter Qualen darauf warten, in den Himmel gelassen zu werden.
Die Kirche ließ die Menschen mit ihren Nöten und Ängsten oft allein: Priester waren in Wirtshäusern anzutreffen und betranken sich, anstatt sich um die Menschen zu kümmern. Nicht selten feierten sie die Messe unter Alkoholeinfluss.

Der Ablasshandel

Der Papst in Rom führte ein luxuriöses und kostspieliges Leben. Für die Vergabe von wichtigen Ämtern forderte er Geld: Bischof konnte nur werden, wer reich und bereit war, dafür zu bezahlen. Um Geld für den Bau der Peterskirche in Rom zu gewinnen, ließ der Papst Ablassbriefe an die Christen verkaufen. Wer solch einen Ablassbrief kaufte, dem wurden von Gott angeblich sofort seine Sünden vergeben. Wer keinen Ablassbrief kaufte, musste fürchten, nach seinem Tod in die Hölle zu kommen oder im Fegefeuer große Qualen zu erleiden.

[2] Holzschnitt von Lucas Cranach zum Ablasshandel. 1521. Der Text zu dem Holzschnitt lautet: „Hier sitzt der Feind Christi, der Ablässe verkauft. Er befiehlt, seiner Stimme mehr zu gehorchen als der Stimme Gottes."

2. Beschreibe Bild [2].
- Zeige den Papst, die Ablassbriefe, die Ablasshändler und die Ablasskäufer.
- Erkläre den Text, der zu dem Holzschnitt gehört.

[3] Luthers Kritik an der Kirche (Auswahl). *Grafik, 2017.*

3. Erkläre das Schema [3]:
- Gib Luthers religiöse Überzeugungen mit deinen Worten wieder.
- Worin unterscheidet sich Luthers Meinung von dem, was die Kirche sagte?

Luther kritisiert die Kirche

Der Begriff „Reformation" bedeutet „Umgestaltung" oder „Erneuerung". Der Mönch Martin Luther betrachtete – wie viele andere Menschen seiner Zeit – die Kirche mit kritischen Augen. Besonders der Ablasshandel der Kirche weckte den Zorn Luthers.
Darum forderte er eine „Umgestaltung" oder „Erneuerung" der Kirche.
Die Kirche sollte nicht mehr zwischen Gott und den Menschen stehen und über den Menschen bestimmen. Nach Luthers Überzeugung waren der Glaube an Gott und das Evangelium allein wichtig für den Menschen, nicht das, was die Kirche sagte. Seinen Protest veröffentlichte er 1517 in 95 Thesen (Aussagesätze). Luther soll sie an die Tür der Kirche in Wittenberg genagelt haben.

[4] **Drei Thesen von den 95 Thesen Luthers:**
- Es ist falsch, dass die Ablassbriefe die Menschen von ihren Sünden befreien.
- Die Lehre der Ablassverkäufer „Sobald das Geld im Kasten klingt, die Seele aus dem Fegefeuer springt" ist nicht richtig.
- Jedem Christen, der seine Sünden wirklich bereut, werden seine Sünden auch vergeben. Dazu muss er keinen Ablassbrief kaufen.

4. Gib die genannten Thesen Luthers mit eigenen Worten wieder.

Die Bibel in deutscher Sprache

Zur Zeit Luthers wurde während der Messe aus der Bibel in lateinischer Sprache vorgelesen. Die meisten Menschen verstanden Latein aber nicht. Martin Luther übersetzte den gesamten Text der Bibel in die deutsche Sprache.

Mit der Reformation entwickelte sich neben der „Katholischen" Kirche die „Evangelische" Kirche. Angehörige der Evangelischen Kirche nennt man auch „Protestanten".

Wähle einen der Arbeitsaufträge aus:

Schreibe einen Brief: Luther beschwert sich über den Zustand in der Kirche.

Erstelle eine Tabelle:

Was Luther kritisiert:	Das will Luther:
...	...

Die Folgen der Reformation

Wie kam es zu den Bauernkriegen und zum „Prager Fenstersturz"?

[1] Aufständische Bauern kämpfen gegen Adlige, *Holzschnitt.*

[2] Die Bauern fordern „Freiheit", *Holzschnitt.*

[3] Ein Bauer hält selbst eine Predigt, *Holzschnitt.*

1. Beschreibe die Bilder [1] bis [3]. Bringe sie in die richtige Reihenfolge.

Die Bauernkriege

1524 bis 1526 kam es im Süden Deutschlands zu blutigen Aufständen der Bauern gegen ihre adligen Herren. Die Bauern beriefen sich auf Luther: Dieser lehrte nämlich, dass der Mensch niemandem gehorchen müsse außer Gott.

Die Bauern waren Hörige. Sie fühlten sich durch immer mehr Frondienste und Abgaben belastet. Jagd und Fischerei war ihnen verboten. In einem Schriftstück, den „Zwölf Artikeln", forderten sie bessere Lebensbedingungen. Die Landesherren wiesen ihre Forderungen jedoch zurück. Darauf begannen die Bauern mit Aufständen. Sie eroberten Burgen, Städte und Klöster und plünderten sie. Adlige wurden ermordet. Luther stellte sich gegen die Bauern und forderte ein hartes Vorgehen gegen sie.

Die Soldaten der Landesherren waren besser mit Waffen ausgerüstet und besser organisiert. Es gelang ihnen, die Aufstände vernichtend niederzuschlagen. Etwa 70000 Bauern wurden getötet, viele nach den Kämpfen grausam hingerichtet.

2. Nenne Gründe für den Aufstand der Bauern.

[4] Der „Prager Fenstersturz“ 1618, *Kupferstich von 1646.*

Die Reformation führt zum Konflikt

Viele deutsche Fürsten hatten in ihren Ländern die Reformation eingeführt. Sie wollten dadurch unabhängig vom Kaiser werden, der katholisch war. Außerdem konnten sie den Besitz der Kirche in ihren Ländern an sich reißen. Andere Fürsten blieben dagegen katholisch: Zum Beispiel Bischöfe, die wie Fürsten über ein Gebiet herrschten.

Die protestantischen Fürsten schlossen sich 1608 zur „Union“ zusammen. Ein Jahr später gründeten die katholischen Landesfürsten das Bündnis „Liga“.

3. Erkläre, warum die Reformation zu einer Spaltung zwischen den Fürsten führte.

Der „Prager Fenstersturz“

Kaiser Ferdinand II. war ein überzeugter Katholik. Um seine Macht zu sichern, wollte er die Fürsten dazu zwingen, wieder katholisch zu werden. Doch sie weigerten sich. Stattdessen planten sie sogar eine Versammlung, um gegen den Kaiser zu protestieren.

Als der Kaiser diese Versammlung verbot, drangen wütende Protestanten in die Prager Burg ein. Dort warfen sie drei hohe Beamte des Kaisers aus einem Fenster, das sich in 17 Metern Höhe befand. Die drei Beamten überlebten den Sturz leicht verletzt.

Doch der Angriff auf die Beamten des Kaisers hatte Folgen: Er bedeutete eine Kriegserklärung der protestantischen Fürsten an den katholischen Kaiser.

So begann ein Krieg zwischen der protestantischen „Union“ auf der einen Seite und der katholischen „Liga“ und dem Kaiser auf der anderen Seite. Dieser Krieg sollte dreißig Jahre dauern und einen großen Teil Europas verwüsten.

4. Beschreibe Bild [4]. Erkläre mithilfe des Textes, was hier dargestellt ist.

Wähle einen der Arbeitsaufträge aus:

- Verfasse ein Schreiben, in dem die Bauern sich an die Adligen wenden.
- Schreibe eine Reportage über den „Prager Fenstersturz“. Gehe auch auf die Hintergründe ein.

Der Dreißigjährige Krieg

Warum führten die Menschen in Europa so lange Krieg?

1. Beschreibe die Abbildung [1].
2. Lest die Texte in verteilten Rollen in der Klasse vor.
3. Nenne Gründe, warum die einzelnen Kriegsparteien kämpfen.

Kaiser Ferdinand, Deutsches Reich

„Ich bin Katholik. Meine Untertanen sollen denselben Glauben haben wie ich. Der protestantische Irrglaube greift um sich. Vor allem der König von Böhmen präsentiert sich vor aller Welt als Anhänger Luthers. Ich bin überzeugt, sein Glaube ist ihm gar nicht wichtig. Er will nur gegen mich aufbegehren. Das kann er haben. Jetzt wird die Angelegenheit eben auf dem Schlachtfeld ausgefochten."

König Gustav Adolf von Schweden

„Wir Schweden sind Protestanten. Natürlich schlagen wir uns auf die Seite unserer Glaubensbrüder, wenn sie vom katholischen deutschen Kaiser angegriffen werden. Der wird uns ohnehin zu mächtig. Außerdem gibt es da auch noch etwas zu klären, was das Herrschaftsgebiet der Schweden angeht. Die Deutschen haben sich im Norden ausgebreitet, wo sie eigentlich gar nichts zu suchen haben."

[1] Zerstörung der Stadt Magdeburg 1631, *Kupferstich.*

Kardinal Richelieu, Frankreich

„Frankreich ist überwiegend katholisch. Aber das spielt in der jetzigen Situation keine Rolle. Um es klar zu sagen: Der deutsche Kaiser wird uns zu mächtig. Wir glauben auch nicht, dass das gesamte Gebiet, das vom deutschen Kaiser Ferdinand beherrscht wird, tatsächlich zu Deutschland gehört. Frankreich hat da berechtigte Ansprüche.
Die Schweden sind zwar Protestanten, aber dennoch sind sie unsere Verbündeten – im Kampf gegen Deutschland."

König Friedrich, Böhmen

„Ich bin Protestant. Niemand schreibt mir meinen Glauben vor. Am wenigsten der katholische Kaiser von Deutschland. Der Kaiser musste sich immer wieder in unsere Angelegenheiten einmischen. Nun wird die Angelegenheit mit Waffengewalt ausgehandelt."

[2] Soldaten überfallen und plündern einen Bauernhof. *Gemälde von Sebastian Vrancx, um 1620.*

4. Beschreibe das Gemälde [2] in allen Einzelheiten.

Ein Krieg um Glauben und Macht

Die Lehre Martin Luthers verbreitete sich in ganz Europa. Katholiken und Protestanten standen sich häufig feindlich gegenüber.
Im Jahr 1618 begann ein Krieg, der sehr lange dauern sollte und weite Teile Europas verwüstete. Unter dem Dreißigjährigen Krieg litten besonders Menschen, die an den Kämpfen gar nicht beteiligt waren. Viele Tausend Soldaten der Kriegsparteien mussten mit Lebensmitteln versorgt werden. Die Bauern wurden gezwungen, ihr gerade geerntetes Getreide und ihr Vieh ohne Bezahlung abzugeben.
Umherstreifende Soldaten überfielen Bauernhöfe, um sich mit Lebensmitteln zu versorgen und zu plündern: Tiere wurden geschlachtet, den Bauern wurde ihr Besitz geraubt. Wer nicht verraten wollte, wo vielleicht noch wertvolle Dinge versteckt waren, wurde gefoltert oder getötet. Frauen und Mädchen wurden vergewaltigt.
Die Not wurde immer größer. Es gab Gebiete, in denen fast keine Menschen mehr lebten.
Weder Katholiken noch Protestanten konnten einen Sieg erringen. Nach langen Verhandlungen wurde 1648 endlich in Münster (Nordrhein-Westfalen) und Osnabrück (Niedersachsen) der Westfälische Friede geschlossen.

5. Beurteile, wie sich der Dreißigjährige Krieg auf das Leben der Menschen auswirkte.

Wähle einen der Arbeitsaufträge aus:

⚀ Erstelle mithilfe der Seite links eine Tabelle:

Person	Land	Glaube	Kriegsgegner/ Glaube
...	...	...	...
...	...	...	...

⚁ Dem Jungen mit dem schwarzen Hut auf dem Gemälde [2] gelingt die Flucht. Schreibe aus seiner Sicht, was er erlebt hat. Du kannst so beginnen: „Auf einmal kamen Soldaten auf den Hof ...“

GPG aktiv

Auf dieser Seite findet ihr Anregungen, was ihr zum Thema „Neue Welten und neue Horizonte“ noch tun könnt.
Denkt auch daran, euer Portfolio zu führen:

- gelungene Ergebnisse in Text und Bild sammeln,
- Lernerfahrungen zum Thema „Neue Welten und neue Horizonte“ aufschreiben.

Mit einem Lot die Wassertiefe messen

Zur Zeit der Entdeckungen wurde vor allem in Küstennähe mit einem Lot ständig die Meerestiefe gemessen, damit das Schiff nicht auf Grund lief.
Von einer Brücke kannst du mit einem Lot leicht die unterschiedlichen Tiefen eines Flusses oder eines Kanals messen.
Dazu brauchst du: ein Lot (z. B. ein Anglerblei) und einen stabilen Faden

- ▶ Miss zuerst den Abstand von deinem Standpunkt bis zur Wasseroberfläche.
- ▶ Versenke dann das Lot, bis es auf Grund stößt.
- ▶ Berechne die Differenz von der Gesamtlänge des Fadens und dem Abstand von deinem Standpunkt bis zur Wasseroberfläche.

Aztekentrinkschokolade selbst zubereiten

Als die ersten Europäer nach Mexiko kamen, lernten sie ein in ihrer Heimat unbekanntes Getränk kennen: Kakao.

Rezept Aztekentrinkschokolade
Dazu brauchst du:

- 250 ml Milch
- 1 Vanilleschote
- 50 g fein gehackte Bitterschokolade, mindestens 70 % Kakaogehalt
- 125 ml kochendes Wasser
- 1 Esslöffel Sirup oder Honig
- 1/2 Teelöffel Cayennepfeffer oder Chilipulver
- 1 Prise Salz
- 1 Messerspitze Zimt

Zubereitung:
Milch mit Vanilleschote aufkochen und etwa 10 Minuten bei kleiner Hitze ziehen lassen. Vanilleschote herausnehmen, längs aufschneiden und das Mark herauskratzen. Das Vanillemark mit der Schokolade und dem kochenden Wasser verrühren. In die heiße Milch rühren, bis die Schokolade geschmolzen ist. Mit Agavensirup oder Honig, Cayennepfeffer oder Chilipulver, Salz und Zimt abschmecken. Heiß oder kalt genießen.

Eine Aztekenmaske basteln

Türkise galten bei den Azteken als sehr wertvoll. Sie wurden für Schmuck, aber auch für Gefäße und Masken verarbeitet. Du kannst auch eine Maske herstellen und diese beliebig mit Farbe und Glitzersteinen verzieren.

Teste dich!

[1] **Begriffe und Bedeutung**

Azteken	Gerät aus der Seefahrt, mit dem man den Breitengrad feststellen kann
Reformation	Der Kauf sollte die Vergebung der Sünden bewirken.
Jakobsstab	Erneuerung, Verbesserung
Ablassbrief	in Blei gegossene Buchstaben, die für den Buchdruck verwendet wurden
Lettern	von den Spaniern besiegtes Volk

[2] **Fernhandelswege um 1450**

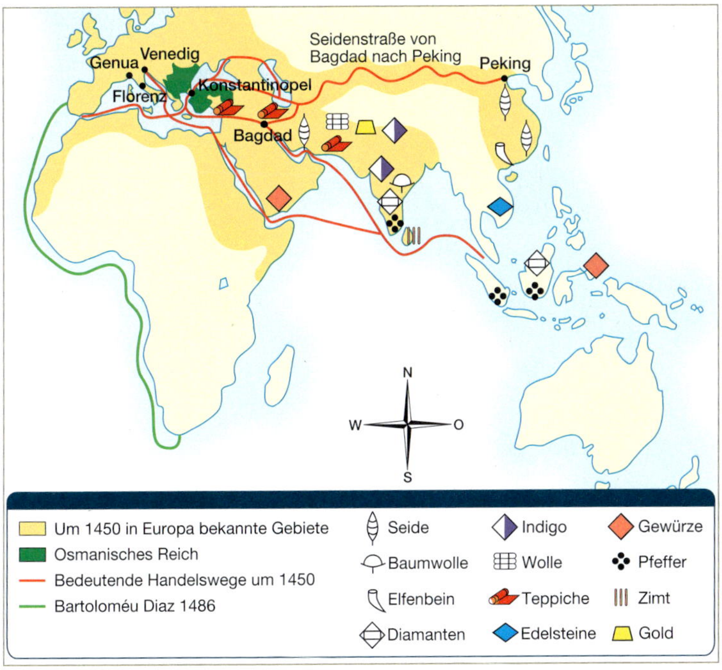

[3] **Sätze und Begriffe**
- Die Bibel hat immer Recht.
- Im Mittelpunkt der Wissenschaft steht der Mensch.
- Die Erde und die anderen Planeten umkreisen die Sonne.
- Die Erde steht im Mittelpunkt des Alls.
- Ausgangspunkt allen Wissens ist die Heilige Schrift.
- Ausgangspunkt der Wissenschaft ist die Beobachtung der Natur.
- Die Bibel ist ausschlaggebend für die Wissenschaft.
- Die wissenschaftlichen Erkenntnisse und Künste der Antike sind wichtige Vorbilder.

Mittelalterliches Denken	Neuzeitliches Denken
...	...

Erkenntnisse gewinnen

1. Ordne die Begriffe links den Erklärungen rechts zu [1]. Sieh noch einmal im Kapitel nach, wenn nötig.
2. Ordne den Namen links die Begriffe rechts zu:

Kolumbus	Reformator
Luther	Eroberer Mexikos
Moctezuma	Mathematiker und Forscher
Gutenberg	Herrscher der Azteken
Galilei	Entdecker Amerikas
Cortés	Erfinder des Buchdrucks

3. Zähle auf, was Luther an der Kirche kritisierte.
4. Nenne Forderungen Luthers.
5. Nenne Gründe, warum die Spanier unter der Führung von Cortés das Aztekenreich unterwerfen konnten.
6. Liste jeweils mindestens drei Pflanzen oder Tiere auf, die die Europäer und die Ureinwohner nach der Entdeckung Amerikas kennen lernten.

Beurteilen und bewerten

7. Ordne die Sätze in [3] in die Tabelle ein.
8. Beschreibe und beurteile, wie die spanischen Eroberer die Ureinwohner behandelten.
9. Bewerte die Entdeckung Amerikas durch die Europäer aus der Sicht eines Ureinwohners.

Anwenden und handeln

10. Erkläre mithilfe der Methodenschritte von S. 161 die Karte [2].
11. Zeige anhand einer Weltkarte, warum Kolumbus zufällig einen neuen Kontinent entdeckte.
12. Erkläre die Begriffe „altes Weltbild" und „neues Weltbild". Fertige dazu Bilder an.

WEBCODE: MZ648962-179

Der Kontinent Mittel- und Südamerika

In Südamerika befindet sich das größte Regenwaldgebiet der Erde. Viele Tiere und Pflanzen leben dort. Doch dieser einzigartige Natur- und Lebensraum ist in Gefahr.

1. Erzähle, was du über Mittel- und Südamerika weißt.
2. Berichte, was du über den Regenwald gehört hast.

Lernzirkel Mittel- und Südamerika

Der Kontinent Mittel- und Südamerika

[1] Der Vulkan Popocatepetl und Mexiko-Stadt, *Foto, 2017.*

[2] Am Kap Hoorn in Chile, *Foto, 2016.*

Kontinent der Rekorde

In Südamerika befindet sich das längste Gebirge der Welt – die Anden. Außerdem fließt dort der wasserreichste Fluss der Erde, der Amazonas. Das sind nur zwei von vielen Rekorden auf diesem Kontinent. In diesem Lernzirkel lernst du Mittel- und Südamerika genauer kennen: die Staaten, die dort liegen, die Gebirge und Flüsse.

Das Hauptthema des Lernzirkels ist der tropische Regenwald. Du erfährst etwas über seine Ausdehnung sowie die Tiere und Pflanzen, die dort leben. Du lernst auch etwas über die Gefahren, die den Regenwald bedrohen. Außerdem erfährst du, wie eine schonende Nutzung des Regenwaldes aussehen kann.

So funktioniert der Lernzirkel:

- Auf den folgenden Seiten findet ihr Lernpunkte.
- Richtet in eurem Klassenzimmer für jeden Lernpunkt einen Platz ein. An jedem Lernpunkt liegen mehrere Bücher. Es ist jeweils die Seite mit dem richtigen Lernpunkt aufgeschlagen.
- An den Lernpunkten 3 und 5 braucht ihr zusätzlich einige Atlanten.

Gehe mit dem Laufzettel von Lernpunkt zu Lernpunkt und bearbeite die Aufgaben.

Du kannst die Lernpunkte in beliebiger Reihenfolge bearbeiten. Kontrolliere aber, dass du alle bearbeitest hast.

Aufgaben zum Lernzirkel

<table>
<tr><th></th><th>Aufgaben</th></tr>
<tr><td>Lernpunkt 1:
Großlandschaften</td><td>1. Erstelle eine Tabelle mit den Großlandschaften Mittel- und Südamerikas.
<table>
<tr><th>Hochgebirge</th><th>Bergland</th><th>Tiefland</th></tr>
<tr><td>...</td><td>...</td><td>...</td></tr>
</table>
2. Zeichne eine Faustskizze und trage die Großlandschaften ein.
3. Trage die Meere ein, die an Mittel- und Südamerika grenzen.</td></tr>
<tr><td>Lernpunkt 2:
Staaten und Hauptstädte</td><td>1. Zeichne diese Tabelle ab:
<table>
<tr><th></th><th>Staat</th><th>Hauptstadt</th></tr>
<tr><td>Mittelamerika</td><td>...</td><td>...</td></tr>
<tr><td>Südamerika</td><td>...</td><td>...</td></tr>
</table>
Trage folgende Staaten richtig bei Mittel- oder Südamerika ein: Kuba, Chile, Kolumbien, Costa Rica, Peru, Jamaika, Uruguay.
2. Ergänze die Hauptstädte.</td></tr>
<tr><td>Lernpunkt 3:
Naturraum</td><td>1. Beschreibe die Bilder.
2. Welchen Ort würdest du am liebsten besuchen? Begründe!
3. Suche die Orte in einer Atlaskarte von Mittel- und Südamerika und schreibe heraus, in welchem Staat sie sich befinden.</td></tr>
<tr><td>Lernpunkt 4:
Erlebnis Regenwald</td><td>1. Formuliere eine kurze Überschrift zu den Bildern des Lernpunktes 4.
2. Notiere in Stichworten, was man im Regenwald erleben kann.
3. Beschreibe die Bekleidung, die du für eine Trekkingtour im Regenwald auswählen würdest.</td></tr>
<tr><td>Lernpunkt 5:
„Grüne Lunge“ Regenwald</td><td>1. Fülle den folgenden Lückentext aus: Der tropische Regenwald liegt im Bereich des XXXXXXXX zwischen dem XXXXXXXXXX und XXXXXXXXX XXXXXXXXXX.
2. Nenne Staaten in Mittel- und Südamerika, Afrika und Asien, in denen es tropische Regenwälder gibt. Nutze dazu eine Atlaskarte.
3. Beschreibe einen Tagesablauf im tropischen Regenwald mithilfe von Abbildung [2].</td></tr>
<tr><td>Lernpunkt 6:
Pflanzen und Tiere</td><td>1. Betrachte die Abbildung.
– Nenne Pflanzen und Tiere, die am Boden und auf Sträuchern leben.
– Nenne Pflanzen und Tiere, die in 10 bis 40 m Höhe leben.
– Vergleiche das oberste Stockwerk mit den anderen Stockwerken.</td></tr>
<tr><td>Lernpunkt 7:
Regenwald in Gefahr</td><td>1. Beschreibe die Fotos.
2. Arbeite aus dem Text heraus, welche Gründe die Abholzung des Regenwaldes hat.
3. Erläutere die Folgen der Regenwald-Abholzung für Pflanzen, Tiere und Menschen.</td></tr>
<tr><td>Lernpunkt 8:
Schutz des Regenwaldes</td><td>1. Notiere Möglichkeiten zum Schutz des Regenwaldes.
2. Erläutere mit den Textbausteinen das Bild [2].</td></tr>
<tr><td>Das Regenwaldquiz</td><td>1. Löse das Regenwaldquiz.</td></tr>
</table>

Lernpunkt 1: Großlandschaften

Mittelamerika besteht aus den Staaten, die zu einer schmalen Landbrücke zwischen den USA und Kolumbien gehören. Außerdem werden die Inseln im Karibischen Meer zu Mittelamerika gezählt.

Südamerika erstreckt sich von der Südgrenze Panamas bis nach Feuerland (Kap Hoorn).

[1] Karte Mittel- und Südamerika.

Lernpunkt 2: Staaten und Hauptstädte

Wie Amerika zu seinem Namen kam
1499 landete Amerigo Vespucci an der Küste Südamerikas.
Die Zeichner von Karten schrieben den Namen Amerigo an die ersten Karten „Amerikas".

Da in Brasilien Portugiesisch und in den meisten anderen Staaten Spanisch gesprochen wird und beide Sprachen vom Lateinischen abstammen, nennt man Mittel- und Südamerika auch Lateinamerika.

[1] Karte der Staaten Mittel- und Südamerikas.

Lernpunkt 3: Naturraum

[1] Zusammenfluss der Flüsse Amazonas und Rio Negro. *Foto, 2016.*

[2] Blick auf den Titicacasee. *Foto, 2015.*

[3] Felsmassiv (Tepui) in Guayana. *Foto, 2017.*

[4] Salzsee in Bolivien. *Foto, 2012.*

[5] Gletscher in Patagonien. *Foto, 2016.*

[6] Amazonastiefland. *Foto, 2015.*

Lernpunkt 4: Erlebnis Regenwald

Eine Trekkingtour im Regenwald
Mit dem Boot fahren wir auf einem Nebenarm des Amazonas durch den Regenwald, denn Straßen gibt es hier nicht. Wir legen an, um an einer Trekkingtour durch den Regenwald teilzunehmen. In dem dichten Gestrüpp der Pflanzen kommen wir nur langsam vorwärts. Wir wandern durch ein Gewirr von Lianen und Baumstämmen. Nur vereinzelt treffen wir auf riesige Stämme mit breiten Wurzeln. Der Pfad ist kaum noch sichtbar. Bald müssen wir kriechen: Unter einer Schlingpflanze hindurch, über einen Baumstamm hinweg. Äste und Zweige schlagen uns ins Gesicht und überschütten uns mit Ameisen.

Schnell haben wir uns an die Wolkenbrüche um die Mittagszeit gewöhnt. Die Luft ist sehr schwül. Sie kühlt auch in der Nacht kaum ab. Am angenehmsten sind die Stunden kurz nach Sonnenaufgang. Nur dann ist die Luft mit etwa 22 °C angenehm frisch. Die Hitze des Tages lässt das Thermometer auf über 35 °C im Schatten ansteigen.

Affen und Vögel sehen wir selten. Sie halten sich in den Baumkronen hoch über uns auf. Aber vor Schlangen und Insekten müssen wir uns hüten. Vogelspinnen lauern auf Ästen und wir lernen, giftige von weniger giftigen Arten zu unterscheiden. Blutegel gibt es überall, die sich unbemerkt am Körper festsaugen. Aber auch damit lernen wir umzugehen. Wir haben uns ebenso an die ständig feuchte Kleidung gewöhnt. Am schlimmsten ist jedoch die totale Dunkelheit während der Nacht, denn kein Mondlicht dringt durch die Wolken und den Wald bis auf den feuchten Boden.

(nach: Th. Breitbach, Aus einem Reisetagebuch)

Lernpunkt 5: „Grüne Lunge" Regenwald

Sauerstoff aus dem Regenwald

Als „grüne Lunge" werden die tropischen Regenwälder unserer Erde bezeichnet. Der größte zusammenhängende Regenwald befindet sich im Tiefland des Amazonas (Amazonien).

Die Bäume im Regenwald haben eine sehr wichtige Aufgabe: Sie stellen Sauerstoff her und geben diesen an die Luft ab. Die Bäume verarbeiten dabei das Gas Kohlendioxid (CO_2). Das ist in unserer Luft enthalten. Zu viel Kohlendioxid ist schädlich für die Umwelt und für die Menschen.

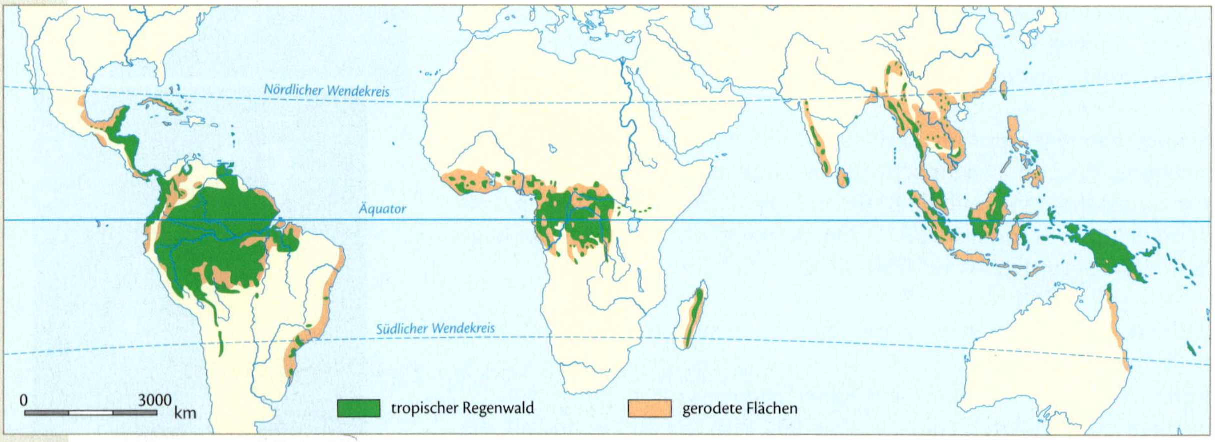

[1] Verbreitung der tropischen Regenwälder vor 2000 Jahren und heute. *Karte.*

[2] Ein Tag im tropischen Regenwald. *Grafik.*

Lernpunkt 6: Pflanzen und Tiere

Stockwerke im Regenwald

In den Regenwäldern leben viele Pflanzenarten, die es sonst nirgendwo gibt. Ein Wissenschaftler fand in Peru 50 verschiedene Ameisenarten auf einem Baum. Viele Tier- und Pflanzenarten im Regenwald sind noch gar nicht entdeckt. Einige der erforschten Pflanzen haben besondere heilende Kräfte. Sie werden zum Beispiel für Medikamente gegen Krankheiten genutzt. Der tropische Regenwald täuscht durch seine Üppigkeit hohe Fruchtbarkeit vor. Aber der Boden enthält nur wenige Nährstoffe und ist deshalb für den Anbau von Nahrungspflanzen über mehrere Jahre nicht geeignet.

Lernpunkt 7: Regenwald in Gefahr

Regenwaldvernichtung ohne Ende?

Riesige Gebiete des tropischen Regenwaldes werden jedes Jahr abgeholzt, um Platz zu schaffen für Straßen und für neue Ackerflächen. Ölpalmen und Soja wachsen auf Feldern, die bis zum Horizont reichen. Für Rinderweiden wird der Regenwald ebenfalls abgeholzt. Staudämme zur Stromerzeugung werden errichtet; gigantische Flächen werden dabei überflutet. Bergwerke, in denen Gold, Kupfer und andere Metalle gefördert werden, schlagen tiefe Wunden in den Regenwald. Auch für Möbel und Fußbodenbeläge wird das wertvolle Tropenholz verwendet.

Mit den Regenwäldern verlieren viele Tiere und Pflanzen ihren Lebensraum und sind inzwischen vom Aussterben bedroht. Regierungen der betroffenen Länder versuchen durch Gesetze den Schutz der tropischen Regenwälder zu verbessern.

Die Abholzung des tropischen Regenwaldes geht dennoch weiter.

[1] Kaffeepflanzung auf dem Gebiet des Regenwaldes in Brasilien. *Foto, 2016.*

[2] Brandrodung in Brasilien. *Foto, 2016.*

[3] Straßenbau im Regenwald. *Foto, 2015.*

[4] Holztransport in Brasilien. *Foto, 2016.*

(die) Nachhaltige Landnutzung
Eine Form der Landwirtschaft, die im Einklang mit der Natur steht und die Bedürfnisse der Menschen, aber auch der Umwelt berücksichtigt.

Lernpunkt 8: Schutz des Regenwaldes

Wir tragen zur Zerstörung des Regenwaldes bei, wenn wir Produkte kaufen, die auf den ehemaligen Regenwaldflächen in Amazonien hergestellt worden sind.

[1] Das liefert uns der Regenwald.

[2] Angepasste Nutzung der abgeholzten Regenwaldflächen in Amazonien. *Foto, 2017.*

Terrassen gegen Bodenabtragung – Schutz vor starker Sonneneinstrahlung und vor Starkregen – Ernterückstände bedecken den Boden – Schatten vermindert die Verdunstung – Anbaupflanzen mit vielen Wurzeln gegen Bodenabtragung – Mischkultur mit unterschiedlichen Pflanzen

Das Regenwaldquiz

Bitte *nicht* im Buch ankreuzen!

1. **Wo befindet sich der größte zusammenhängende tropische Regenwald?**
   a) Auf Borneo.
   b) In Amazonien.
   c) Im Kongo.

2. **Was ist das Besondere an einem Tag im tropischen Regenwald?**
   a) Er dauert immer unterschiedlich lange.
   b) Es wird dort niemals Nacht.
   c) Es regnet immer zwischen 11 und 14 Uhr.

3. **Wie viele Tier- und Pflanzenarten leben im Regenwald?**
   a) Mehr als 1000.
   b) Ungefähr die Hälfte aller bekannten Tier- und Pflanzenarten.
   c) Die Zahl ist unbekannt.

4. **Wie hoch werden Bäume im tropischen Regenwald?**
   a) 20 m. b) 40 m. c) 60 m.

5. **Warum bezeichnet man Regenwälder als „Grüne Lunge“ der Welt?**
   a) Sie produzieren sehr viel Sauerstoff.
   b) Sie verbrauchen am meisten Sauerstoff.
   c) Sie produzieren sehr viel Rauch durch Brände.

6. **Wofür werden riesige Regenwaldflächen in Amazonien vernichtet?**
   a) Für den Anbau von Weizen.
   b) Für den Anbau von Ölpalmen und Soja.
   c) Für den Schutz der Tiere.

7. **Was passiert durch die Abholzung der tropischen Regenwälder?**
   a) Der Regenwald wächst sofort wieder nach.
   b) Überhaupt nichts.
   c) Der Lebensraum von vielen Pflanzen und Tieren wird zerstört.

8. **Viele Produkte im Supermarkt enthalten Palmöl. Warum ist das schlecht für den Regenwald?**
   a) Weil dafür massenweise Kokospalmen abgeholzt werden müssen.
   b) Weil Öl den Regenwaldboden stark belastet.
   c) Weil für den Anbau der Ölpalmen riesige Gebiete Regenwald abgeholzt werden.

9. **Warum werden Urwaldriesen im tropischen Regenwald abgeholzt?**
   a) Weil der Handel mit Tropenholz große Gewinne bringt.
   b) Aus Gewohnheit.
   c) Es werden nur die Urwaldriesen abgeholzt, die beim Straßenbau im Weg stehen.

10. **Wie kann eine nachhaltige Nutzung des Regenwaldes aussehen?**
   a) Brandrodung der Wälder, Anlegen von Palmölplantagen.
   b) Umwandlung des Regendwaldes in Weideland.
   c) Anpflanzung neuen Waldes, Mischung von Wald und Ackerland.

Lexikon

A

(der) Ablass: Vergebung der Sünden eines Menschen durch die Kirche. Im Mittelalter verkauften Priester „Ablassbriefe“ gegen Geld an gläubige Christen. Diese meinten, sich damit vor der Hölle zu retten.

(die) Abtragung: Boden (Erde, verwittertes Gestein) wird durch fließendes Wasser, Eis oder Wind fortbewegt und verlagert.

(der) Adel: Gesellschaftsschicht mit besonderen Rechten und Adelstiteln (Graf, Herzog ...). Man unterscheidet zwischen Hochadel (z. B. Könige) und niederem Adel (z. B. Ritter).

(der) Äquator: (lat. = Gleichmacher) Breitenkreis um die Erdkugel. Er hat an allen Punkten den gleichen Abstand zu den Polen. Der Äquator teilt die Erde in Nord- und Südhalbkugel, hat eine Länge von rund 40 000 Kilometern und liegt bei der geographischen Breite 0°.

B

(die) Bevölkerungsdichte: Anzahl von Menschen, die in einem bestimmten Gebiet leben. Man drückt die Bevölkerungsdichte in Einwohner pro Quadratkilometer aus.

(die) Bibel: (altgriechisch biblia „Bücher“) Sammlung von Texten, die für Juden und Christen heilig sind. Die Bibel ist gegliedert in das Alte und Neue Testament. Das Alte Testament beschreibt u. a. die Schöpfung der Welt und die Geschichte der Juden, im Neuen Testament geht es um das Leben Jesu.

(der) Boden: Die oberste, lockere Schicht der Erdkruste, entstanden durch Verwitterung von Gesteinen.

(die) Burg: Befestigte Gruppe von Gebäuden im Mittelalter. Eine Burg verfügt über starke Mauern und Gräben, die ihre Bewohner vor Angriffen schützen sollten. Es gibt verschiedene Formen von Burgen, z. B. die Höhenburg oder die Wasserburg.

(der) Bürger: Der Angehörige eines Staates oder einer Gemeinde.

(der) Bürgerentscheid: Abstimmung der wahlberechtigten Bürger einer Gemeinde über eine Frage, z. B. „Soll das Schwimmbad gebaut werden?“.

(die) Bürgerinitiative: Vereinigung von Bürgern mit einem besonderen Anliegen (z. B. Umweltschutz). Die Initiative will die öffentliche Meinung und die Politik beeinflussen, etwas zu ändern.

(der) Bürgermeister: Vorsteher einer Gemeinde, der von den Bürgern gewählt wird.

(die) Bürgerversammlung: Versammlung der Bürger einer Gemeinde. Jeder Bürgermeister in Bayern muss sie einmal im Jahr einberufen. Bürger können sich dort zu aktuellen Themen äußern.

(die) Bundesrepublik: Deutschland besteht aus 16 Bundesländern. Gemeinsam bilden sie einen „Bund“. „Republik“ bedeutet, dass es bei uns keinen König oder Kaiser gibt, sondern eine vom Volk gewählte Regierung.

(der) Bundestag: Der Deutsche Bundestag ist das Parlament der Bundesrepublik Deutschland. Er tagt im Reichstag in Berlin. Dort sitzen Vertreter, die vom Volk gewählt werden. Sie beschließen Gesetze.

D

(der) Deich: Damm aus Erde, der gegen Hochwasser aufgeschüttet wird.

(die) Demokratie: griechisch für „Herrschaft des Volkes“. Bürger stimmen über Entscheidungen ab und wählen Vertreter (Abgeordnete), die ihre Interessen durchsetzen. Die Demokratie entstand im alten Athen.

(das) Diagramm: (altgriechisch für „geometrische Figur, Umriss“) Eine grafische Darstellung von Daten, Sachverhalten oder Informationen. Es gibt verschiedene Formen von Diagrammen, z. B. ein Säulendiagramm.

(die) Dienstleistung: Arbeit, bei der keine Dinge hergestellt werden, sondern Menschen etwas für andere Menschen erledigen. Eine Dienstleistung ist z. B. eine Taxifahrt.

E

(die) Eiszeit: Abschnitt der Erdgeschichte mit niedrigeren Temperaturen als heute und kühlem bis kaltem Klima. In Eiszeiten dehnten sich die Gletscher aus, die sich von Nordeuropa nach Mitteleuropa schoben. Die letzte Eiszeit endete vor etwa 12 000 Jahren.

Europa: Einer der sieben Kontinente, eigentlich eine Halbinsel Asiens. Die festgelegte Grenze zu Asien verläuft vom Uralgebirge bis zum östlichen Mittelmeer.

(die) Europäische Union (EU): Zusammenschluss von 28 europäischen Staaten. Die EU besteht aus verschiedenen Behörden, die sich um Politik, Finanzen und Recht kümmern.

F

(der) Flüchtling: Eine Person, die ihre Heimat für längere Zeit verlassen muss. Oft fliehen Flüchtlinge in Nachbarländer, wo sie in Flüchtlingslagern untergebracht werden. Dort suchen sie Asyl (Zuflucht und Schutz).

G

(die) Gemeinde: Siedlung mit einer eigenen Verwaltung. Eine Gemeinde hat ein Rathaus, einen Bürgermeister und einen Gemeinderat.

(der) Gemeinderat: Gruppe von Menschen, die von den Bürgern einer Gemeinde als Vertreter ihrer Interessen gewählt werden. Sie machen Vorschläge und stimmen über anstehende Vorhaben ab.

(das) Georisiko: Naturgefahr durch Hochwasser und Stürme, Erdbeben und Vulkane.

H

(das) Hartlaubgewächs: Immergrüner Baum oder Strauch, der sich durch lederartige Blätter mit Wachsüberzug vor Verdunstung schützt.

(die) Hauptstadt: Stadt, in der die Regierung eines Landes oder Staates ihren Sitz hat. Dort sitzen wichtige Behörden und die Verwaltung.

(das) Hochgebirge: Gebirge mit einer Höhe von mindestens 1500 Metern. Hochgebirge haben steile Hänge und eine besondere Vegetation. Ihre Gipfel reichen in der Regel über die Schneegrenze hinaus.

(der) Hörige: Bauer im Mittelalter, der von einem Grundherrn abhängig war. Er bebaute dessen Land und musste Abgaben leisten. Ein höriger Bauer war unfrei. Er durfte z. B. nicht über seinen Wohnort entscheiden.

I

(die) Individualreise: Bei einer Individualreise wählt man Verkehrsmittel, Reisewege, Verpflegung und Unterkunft selbst aus. Der Gegensatz dazu ist die Pauschalreise.

J

(das) Judentum: Religion der Juden. Juden glauben an nur einen Gott (Jahwe). Ihr heiliges Buch ist die Tora. Sie enthält die fünf Bücher Mose aus der Bibel. Juden werden oft auch als Volk bezeichnet. Sie waren früher oft großer Verfolgung ausgesetzt und benachteiligt.

K

(der) Kaiser: Titel des höchsten Herrschers, abgeleitet vom Namen Julius Caesars. Der Kaiser stand offiziell über Königen und Adligen. Der erste deutsche Kaiser war Karl der Große.

(das) Klima: Wetterverlauf in einem Gebiet der Erde innerhalb vieler Jahre. Der Gegensatz dazu ist das Wetter.

(der) Klimawandel: Veränderung des Klimas über einen langen Zeitraum. Meistens ist die Erderwärmung der letzten 150 Jahre gemeint. Sie ist von Menschen verursacht.

(die) Klimazone: Zone mit gleichartigem Klima, die sich in einem breiten Gürtel um die Erde erstreckt. Man unterscheidet polare, subpolare, gemäßigte, subtropische und tropische Klimazonen.

(das) Kloster: Ort, an dem eine Gruppe von Mönchen oder Nonnen gemeinsam lebt. Sie möchten ihren Glauben zu Gott vertiefen und von der Welt abgeschieden sein.

(der) König: Hoher Adliger, der als Herrscher über ein Land bestimmt. Manche Könige vererbten ihren Titel an die Söhne, andere wurden von Adligen gewählt.

(die) Kolonie: (von lateinisch colere „bebauen") Gebiet, das von einem anderen Staat abhängig ist und keine politische Macht hat.

(die) Konfession: (lateinisch confessio „Bekenntnis") Untergruppe innerhalb einer Religion, z. B. evangelisch und katholisch.

(der) Kontinent: (lat. continens „zusammenhängend") Festlandmassen im Gegensatz zu Meeren und Inseln. Die sieben Kontinente sind: Afrika, Antarktika, Asien, Australien, Europa, Nord- und Südamerika.

(der) Koran: Die Heilige Schrift des Islams. Sie enthält nach dem Glauben der Muslime die Botschaft Gottes (arabisch: „Allah") an den Propheten Mohammed. Der Koran besteht aus 114 Kapiteln (Suren) mit Versen.

(die) Kreuzzüge: Sieben Kriege zwischen 1095 und 1270, die vom Gebiet des heutigen Frankreich, Deutschland und England ausgingen. Die Kreuzzüge richteten sich gegen muslimische Reiche im Vorderen Orient, also dem heutigen Syrien, Libanon und Israel. Offiziell hatten sie religiöse Gründe. Vielen Teilnehmern ging es aber auch um Reichtum und Land.

L

(die) Landflucht: Abwanderung von Menschen vom Land in die Städte. Sie wechseln ihren Wohnort z. B. wegen Arbeit oder Ausbildung.

(die) Legende: Zeichenschlüssel für alle in einer Karte enthaltenen Elemente. Eine Legende erklärt die Bedeutung von Flächen, Linien und Zeichen (Signaturen).

(das) Lehen: Ein Stück Land, das ein Herrscher an einen Untertanen verlieh. Er durfte es bebauen oder weiter verleihen. Allerdings musste er Abgaben zahlen und Kriegsdienst leisten.

M

(der) Massentourismus: Form des Fremdenverkehrs mit sehr hohen Gästezahlen. Merkmale sind z. B. große Hotelbauten. Massentourismus verändert das Landschaftsbild durch Bau von Straßen und Freizeiteinrichtungen. Er belastet die Umwelt.

(der) Maßstab: Er zeigt das Verhältnis der Streckenlänge auf der Karte zur wirklichen Länge. So erkennt man das Maß der Verkleinerung, in der die Wirklichkeit auf der Karte abgebildet ist.

(die) Migration: Vorgang, bei dem eine Person ihren Wohnort für längere Zeit verlässt und in eine andere Gegend oder ins Ausland zieht. Gründe sind zum Beispiel Armut oder Jobsuche.

(die) Mobilität: Die Möglichkeit, mit Verkehrsmitteln oder zu Fuß Wege zurücklegen zu können. Auch den Wechsel des Wohnortes bezeichnet man als Mobilität.

N

(die) Nachhaltigkeit: Handlungsweise, die langfristig denkt und die Zukunft im Blick hat. Sie will die Umwelt schonen und den Zusammenhalt der Menschen sichern.

(der) Nationalpark: Ein großes Naturgebiet, das vor menschlichen Eingriffen und Umweltverschmutzung geschützt wird.

(der) Niederschlag: Wasser, das aus der Atmosphäre auf die Erdoberfläche gelangt. Es kann flüssig sein (Regen, Tau) oder fest (Schnee, Hagel, Graupel, Reif).

O

(der) Orkan: Starker Sturm mit einer Windgeschwindigkeit von mindestens 117 Kilometer pro Stunde.

P

(der) Patrizier: Angehöriger der wohlhabenden Oberschicht in einer Stadt.

(die) Pauschalreise: Bei einer Pauschalreise zahlt der Tourist eine bestimmte Summe Geld (Pauschale) an den Reiseveranstalter. Dieser plant für ihn Anreise, Unterkunft, Verpflegung und weitere Aktivitäten.

(der) Pilger: Gläubiger Mensch, der eine Reise an einen Ort unternimmt, der ihm heilig ist.

(der) Polarkreis: Breitenkreis in 66,5° nördlicher bzw. südlicher Breite. An den Polarkreisen ist zu den Zeiten der Sonnenwende 24 Stunden lang Tag oder Nacht.

(die) Polarzone: Regionen der Erde zwischen Pol und Polarkreis. Diese Gebiete liegen jenseits von 66,6° Breite. Man nennt sie auch hohe Breiten.

Q

(der) Quadratkilometer: Fläche eines Quadrates von einem Kilometer Seitenlänge.

R

(die) Reformation: (lateinisch reformatio „Wiederherstellung, Erneuerung“) Erneuerungsbewegung der Kirche zwischen 1517 und 1648. Sie führte zur Spaltung des Christentums in verschiedene Konfessionen (katholisch, lutherisch, reformiert).

(der) Ritter: Krieger im Mittelalter, der über ein Pferd und eine Rüstung verfügte. Er gehörte zum niederen Adel und hatte ein Lehen.

S

Sanfter Tourismus: Gegensatz zum Massentourismus. Er greift möglichst wenig in die Natur und das Aussehen von Städten und Dörfern ein. Sanfter Tourismus will die Umwelt schonen.

(der) Sklave, (die) Sklaven: Unfreie Menschen, die zur Verrichtung von Arbeiten eingesetzt wurden. Sklaven konnten wie eine Ware gekauft und verkauft werden. Sie hatten keine Rechte. Sklaverei hatte eine große Bedeutung in der Antike (Römisches Reich) und nach der Entdeckung Amerikas.

(der) Staat: Zusammenschluss von Bürgern in einem Gebiet. Ein Staat hat festgelegte Grenzen, einen Herrscher oder eine Regierung. Er hat Gesetze und sorgt dafür, dass sie durchgesetzt werden.

(die) Stadt: Größere Siedlung, in der Menschen mit verschiedenen Berufen wohnen. Sie verfügt über eine Verwaltung, ein Verkehrsnetz und wichtige Einrichtungen wie z. B. Schulen und Krankenhäuser. Im Mittelalter durften Städte einen Markt abhalten und eine Stadtmauer bauen.

(der) Stand: Gruppe der Gesellschaft mit einer festgelegten Stellung. Im Mittelalter entschied der Stand über das Ansehen und den Beruf, den man ausüben konnte.

(die) Steppe: Baumlose Graslandschaft der gemäßigten Breiten mit kalten bis sehr kalten Wintern und trockenen, heißen Sommern.

(die) Subpolarzone: Bereich zwischen der Polarzone und der gemäßigten Klimazone.

(die) Subtropen: Bereich zwischen den Tropen und der gemäßigten Klimazone.

T

(die) Tropen: Gebiet zwischen den Wendekreisen. Diese Klimazone liegt beiderseits des Äquators. Hier fallen während des ganzen Jahres Niederschläge und es ist immer warm.

(der) Tropische Regenwald: Immergrüner Wald in Gebieten mit tropischem Klima nahe dem Äquator. Dort fällt im Jahr mindestens 2 Meter Regen auf eine Fläche von einem Quadratmeter.

(der) Tsunami: (japanisch für „Hafenwelle“) große Wasserwelle, die infolge eines Seebebens auftritt.

(die) Tundra: Landschaft der subpolaren Klimazone mit Moosen, Flechten, niedrigen Gräsern, vereinzelten Sträuchern, meist baumlos.

(das) Turnier: Wettkampf von Rittern, bei dem sie in voller Rüstung mit Lanzen gegeneinander anritten.

U

(der) Umweltschutz: Maßnahmen zur Erhaltung der Umwelt als natürlichen Lebensraum. Dazu gehören Abfallvermeidung, Erhaltung der Artenvielfalt, Energiesparen, Gewässer- und Klimaschutz.

(die) Urbanisierung: Verstädterung, Vorgang, bei dem Städte in das Umland hineinwachsen und neue Stadtgebiete entstehen.

(die) Ureinwohner: Bezeichnung für die Menschen, die vor der Ankunft der Europäer in einer Gegend lebten, z. B. in Amerika oder Australien.

(der) Urwald: Ein Wald, der vom Menschen nicht berührt, verändert oder bewirtschaftet wird.

V

(der) Vasall: (von lateinisch vassus „Knecht“) Person im Mittelalter, die sich freiwillig in den Dienst eines Herrn begab. Der Vasall erhielt ein Lehen (Land und Bauern) und musste dafür mit in den Krieg ziehen.

(die) Vegetation: Summe aller Pflanzen, die in einem Gebiet wachsen. Die Vegetation wird geprägt durch Klima, Boden, Gelände, Gestein, Wasservorkommen und Einflüsse von Feuer, Tieren und Menschen.

(die) Verfassung: Eine Verfassung legt fest, welche Aufgaben und Rechte die Bürger haben. Sie bestimmt auch, wie oft gewählt wird und wer wählen darf. Eine Verfassung ist meistens schriftlich festgehalten.

(der) Verkehr: Beförderung von Personen, Gütern oder Nachrichten zu Land, zu Wasser oder in der Luft.

(der) Vulkan: Punkt an der Erdoberfläche, an dem heißes Gestein und Gase nach außen treten. Es gibt verschiedene Formen von Vulkanen. Schichtvulkane haben oft die Form eines Kegels.

W

(der) Wendekreis: Die beiden Breitenkreise, über denen die Sonne einmal im Jahr senkrecht steht. Das passiert auf der Nordhalbkugel zur Zeit der Sommersonnenwende, auf der Südhalbkugel zur Zeit der Wintersonnenwende. Danach wandert die Sonne wieder in Richtung Äquator und scheinbar darüber hinaus. An den Wendekreisen der Erde befinden sich einige große Wüsten.

(das) Wetter: Der Zustand der Atmosphäre zu einem bestimmten Zeitpunkt an einem Ort.

(der) Wirbelsturm: Form des Sturms, bei dem sich Luftmassen mit großer Windstärke um einen Mittelpunkt bewegen. Es gibt tropische Wirbelstürme (Hurrikan, Taifun, Zyklon) und Luftwirbel in subtropischen und gemäßigten Gebieten (Tornados).

Z

(die) Zunft: Im Mittelalter eine Vereinigung von Handwerkern einer Berufsrichtung. Die Zunft legte Löhne und Preise fest und kontrollierte Waren. Außerdem half sie ihren Mitgliedern in Notlagen.

Hilfen zum Lösen von Aufgaben (Operatoren)

Was ist zu tun?
In den Arbeitsaufgaben dieses Buches wirst du aufgefordert, etwas Bestimmtes zu tun. Hier kannst du nachlesen, was du jeweils genau machen sollst, wenn du die Aufgabe nicht sofort verstanden hast. Die Aufgaben sind mit [, ,] gekennzeichnet. Die Würfel geben jeweils ungefähr an, wie schwierig die Aufgaben sind.

Befrage
Du sollst jemandem, der über eine Sache Bescheid weiß, eine Frage zu einem Sachverhalt stellen.

Berichte
Du sollst eine Sache oder ein Ereignis mit deinen Worten darstellen.

Beschreibe
Du sollst einen Sachverhalt oder Materialien gut geordnet darstellen.

Besprich
Im Klassengespräch sich zu einer Sache äußern.

Beurteile
Hier sollst du einen Sachverhalt überprüfen und ein Urteil abgeben. Wichtig ist, dass du dein Urteil von der Sache her oder deiner Meinung nach begründest.

Diskutiere
Hier sollst du deine Meinung, also das „Dafür" und „Dagegen" einer Sache mit deiner Partnerin (bzw. Partner) oder mit der Klasse besprechen und deinen Standpunkt gut begründen.

Entwirf
Du sollst zunächst einen Entwurf, eine Vorzeichnung, eine Skizze für eine spätere Darstellung, z. B. auf einer Wandzeitung, machen.

Entwickle
Du sollst für einen Sachverhalt, ein Problem einen Lösungsvorschlag, einen Gegenvorschlag formulieren.

Erarbeite
Aus den Materialien sollst du einen Sachverhalt so untersuchen, dass du Zusammenhänge zwischen oder innerhalb der Materialien darstellen kannst.

Erkläre
Mithilfe verschiedener Informationen sollst du einen Sachverhalt im Zusammenhang so darstellen, dass Bedingungen, Ursachen, Gesetzmäßigkeiten und Zusammenhänge verständlich werden.

Erkundige
Du sollst jemanden, der über eine Sache Bescheid weiß, befragen (Eltern, Schulleiter/-in, Geschäftsmann, Handwerker, Museumsleiter/-in), um eine bestimmte sachliche Auskunft zu bekommen.

Erläutere
Hier sollst du Sachverhalte an Beispielen oder Theorien verdeutlichen.

Erstelle
Du sollst eine Tabelle, eine Übersicht, einen Bericht anfertigen.

Fasse den Text mit deinen Worten zusammen
Zunächst musst du den Text genau lesen, dann solltest du dir wichtige Stichwörter notieren und dann mündlich oder schriftlich die wichtigsten Inhalte des Textes wiedergeben.

Fertige
Du sollst etwas herstellen, z. B. eine Zeichnung.

Finde heraus
Du sollst einen Sachverhalt aus unterschiedlichen Informationsquellen ermitteln.

Führe eine Umfrage durch
Du sollst z. B. Mitschüler oder Eltern zu einem Sachverhalt befragen. Deine Umfrage musst du gut vorbereiten. Zunächst solltest du einen Fragebogen entwerfen.

Gib die Aussagen von ... wieder
Wenn du einen Text oder mehrere Texte genau gelesen hast, sollst du die wichtigsten Aussagen (Behauptungen) mündlich oder schriftlich ohne Kommentar wiedergeben. Das geht am besten, wenn du beim Lesen Notizen machst.

Informiere
Du sollst Informationen aus verschiedenen Medien (Bücher, Internet) zu einer Sache herausfinden und zusammenstellen.

Lies und berichte
Zunächst musst du den Text genau lesen und dir dabei das Wichtigste merken. Über den Inhalt sollst du dann der Klasse berichten oder den Inhalt mit eigenen Worten in deiner Arbeitsmappe festhalten.

Nenne Gründe, warum
Du sollst wichtige Gründe nennen, warum eine Sache so oder anders ist. Die Informationen dafür entnimmst du Texten, Karten oder Schaubildern.

Ordne
Du sollst verschiedene Informationen in eine sinnvolle Reihenfolge, in einen sinnvollen Zusammenhang stellen.

Prüfe
Du sollst auf Grundlage eigener Kenntnisse oder zusätzlicher Materialien feststellen, ob eine Behauptung über einen Sachverhalt richtig ist.

Schreibe einen Bericht
Aus den Materialien (z. B. Texten, Bildern oder Grafiken) sollst du eine zusammenfassende Darstellung in deinen Worten erarbeiten. Dieser Bericht soll klar gegliedert sein (Einleitung, Hauptteil, Schluss) und kann mit Bildern ergänzt werden.

Suche
In verschiedenen Medien (Bücher, Filme, Internet) informierst du dich über einen Sachverhalt und notierst die Ergebnisse der Suche.

Untersuche
Du gehst einer Sache auf den Grund, indem du genaue Fragen stellt und die Ergebnisse dann aufschreibst.

Vergleiche
Aus Materialien (Texte, Bilder, Karten) sollst du Unterschiede und Gemeinsamkeiten erarbeiten. Das geht am besten, wenn du deine Beobachtungen in einer Tabelle gegenüberstellst.

Versetze dich
Du sollst dich in eine Person versetzen und durch deine Fantasie erspüren, wie es der Person (damals) wohl ergangen sein kann.

Werte aus
Zunächst musst du den Text genau lesen, dann solltest du dir wichtige Stichwörter notieren und die Argumente für und gegen eine Sache nennen und bewerten.

Lösungen zu den „Teste dich!"-Seiten

Kapitel 1 / S. 33:

1. **Material [2]: Kolosseum:** Es steht in Rom und wurde vor über 2000 Jahren gebaut. **Griechenland:** In diesem Land gibt es über 3000 Inseln. **Eiffelturm:** Von hier oben kann man ganz Paris überblicken. **Gemäßigte Zone:** Hier spürt und sieht man den Wechsel der Jahreszeiten besonders. **Zone der Steppe:** Wegen der starken Trockenheit wachsen hier Gräser und Kräuter.
2. **Pyrenäen:** Frankreich, Spanien; **Alpen:** Schweiz, Österreich, Deutschland, Frankreich, Italien; **Karpaten:** Rumänien, Slowakei, Ukraine, Polen.
3. **westlichste:** Lissabon, **nördlichste:** Reykjavik, **südlichste:** Nikosia; **Inseln im Mittelmeer:** z. B. Korsika, Sardinien, Kreta, Malta, Zypern; **Inseln im Norden:** Island, Faröer; **Flüsse in die Ostsee:** Oder, Weichsel; **Flüsse in die Nordsee:** Elbe, Rhein; Flüsse in den Atlantik: Tejo, Loire.
4. Eigene Lösung
5. Für die Behauptung spricht, dass es in Europa viele verschiedene Klimazonen, Vegetationszonen und Staaten mit einer eigenen Kultur und Sprache gibt.

6.–7. Eigene Lösung

8. Nutze die Schritte auf S. 26.
9. **Material [3]:** Richtig sind b), c) und e). Die Tower Bridge steht in London (England), der größere Teil der Türkei gehört zu Asien.

Kapitel 2 / S. 53

1. **Material [1]: Tourismus:** Reisebranche, Fremdenverkehr. **Klimadiagramm:** Schaubild (Temperaturen, Niederschläge). **Sanfter Tourismus:** alternativer, umweltbewusster Fremdenverkehr. **Alpen:** Gebirge, Urlaubsregion in Europa. **Mittelmeer:** wichtigste Urlaubsregion in Europa
2. **Mittelmeer:** warme Sommer, Bademöglichkeiten, viele Hotels und Freizeitangebote, die meisten Mittelmeerländer sind in der Europäischen Union (Zahlung mit Euro möglich); **Alpen:** Wintersport, Wandern, Rafting und Mountainbiking ...
3. Massentourismus: siehe Lexikon
4. Sanfter Tourismus: siehe Lexikon
5. Negative Folgen sind z. B. Umweltschäden. Die Anreise mit dem Auto produziert Abgase, für neue Skipisten und Hotels werden Wälder gerodet und Natur zerstört. Das führt leichter zu Schnee- und Schlammlawinen. Schneekanonen verbrauchen Energie. Der Bau vieler Hotels verändert das Aussehen von Dörfern.
6. Vorteile sind z. B., dass mehr Menschen bequem und günstig reisen können. Nachteile sind z. B. die Schädigung der Umwelt und die Zerstörung einheimischer Kultur.
7. Eigene Lösung; liste zuerst auf, wo du überall im Urlaub warst, wie du angereist bist und welche Aktivitäten ihr dort unternommen habt.
8. Nutze die Arbeitsschritte von S. 46. Die durchschnittliche Jahrestemperatur beträgt 9,3 Grad Celsius, die jährliche Niederschlagsmenge 744 Millimeter. Die durchschnittlichen Monatstemperaturen sind im Januar 2 Grad usw. (rote Linie); die Niederschlagsmenge im Januar knapp 60 Millimeter usw.; die Monate mit der höchsten Temperatur sind Juli und August, mit der niedrigsten Januar; der Monat mit dem meisten Niederschlag ist November, mit dem wenigsten April. Vergleiche das Diagramm z. B. mit dem auf S. 46. Es fällt auf, dass es in Norderney mehr Niederschlag gibt als in Dahlem, besonders im September bis November. Die Temperaturen in Norderney sind im Sommer nicht so hoch, dafür liegt die Durchschnittstemperatur nie unter 0 Grad.
9. In Bild [3] sieht man keine großen Hotels, Parkplätze und Freizeitbäder und weniger Skipisten. Vergleiche Bild [3] mit den Bildern auf S. 42–44.

Kapitel 3 / S. 87

1. **Material [1]: Patrizier:** reiche Kaufleute in der Stadt. **Ritter:** adlige Burgbewohner und Kämpfer. **Grundherr:** Gebieter über Land und Leute. **Zünfte:** Zusammenschlüsse von Handwerkern. **Lehen:** Belohnung für treue Dienste. **Hörige:** abhängige Bauern.
2. Nutze Bild [1] auf S. 58. Ganz oben stand der König oder Kaiser, darunter Bischöfe und Adlige. Unter ihnen waren Ritter und Kaufleute. Der unterste Stand waren Bauern und Handwerker. Außerhalb der Gesellschaft standen Juden und sogenannte „unehrliche Leute“.
3. Karl war zunächst König des Frankenreichs und wurde dann vom Papst zum Kaiser gekrönt. Sein Reich hatte keine Hauptstadt, sondern er reiste ständig von einer Pfalz zur nächsten. Er erließ Gesetze und schuf eine straffe Organisation mit Personen, die von ihm abhängig waren (Lehenswesen). Er führte lange Kriege.
4. Nutze S. 83 und schlage im Lexikon nach unter „Zünfte“.
5. Das linke Zunftzeichen zeigt einen Hammer und eine Zange mit einem glühenden Stück Metall. Darunter ist ein Hufeisen zu sehen. Es ist das Zeichen der Schmiedezunft. Das rechte Zeichen zeigt zwei überkreuzte Fische, es handelt sich wohl um das der Fischerzunft.
6. Nutze S. 66/67. Klöster waren nicht nur Orte, an denen Mönche lebten und beteten. Dort wurden Bücher abgeschrieben, Kranke gepflegt, Arme versorgt und Kinder unterrichtet. Die Mönche erfanden neue Techniken, die den Bauern halfen.
7. Nutze S. 68 Abbildung [3].
8. Richtig sind a), c) und f).
9. Eigene Lösung; ein Pilger war wahrscheinlich froh, Jerusalem besuchen zu können; ein muslimischer Einwohner fürchtete sich vor den Rittern und der fremden Herrschaft; ein Ritter kämpfte aus Überzeugung für den Glauben oder auch, weil er Land und Reichtum will.
10. Eigene Lösung; lies noch einmal das Gespräch [1] auf S. 62. Schreibe dann Vor- und Nachteile auf.
11. Nutze die Schritte auf S. 74.
12. Nutze die Schritte auf S. 76.
13. Eigene Lösung. Überlege, welches Arbeitsgerät die Berufe benutzen oder welches Produkt sie anfertigen.
14. Eigene Lösung; du könntest ihn z. B. fragen, wer sein Herr ist und welche Abgaben er leisten muss.

Kapitel 4 / S. 109

1. **Pendler:** Personen, die regelmäßig zwischen Wohnort und Arbeit hin- und herfahren; **Landflucht:** Wegzug vom Land in die Stadt; **Urbanisierung:** Verstädterung; **Bevölkerungsdichte:** Anzahl der Einwohner auf einem Quadratkilometer.
2. Auf dem Luftbild sieht man das Zentrum der Stadt München. In der Mitte des Bildes ist die Marienkirche und weiter unten das Rathaus. Das sind wichtige zentrale Einrichtungen der Stadt. Der Platz vor dem Rathaus ist voller Menschen. Es gibt auch Parks und weiter hinten große Verkehrsstraßen ...
3. Lies nach auf S. 90. Zentrale Einrichtungen sind z. B. Bahnhöfe, Schulen, Krankenhäuser, Gerichte, Behörden, Museen, Kaufhäuser ...
4. Lies nach auf S. 94/95 und S. 104. Vorteile sind z. B. viele Jobs, Einkaufs- und Freizeitmöglichkeiten (wie z. B. Kinos, Schwimmbäder, Museen, Restaurants), Nachteile sind Lärm und Stress durch Verkehr und Menschenmengen, hohe Mieten.
5. Lies nach auf S. 96/97 und S. 104. Vorteile sind z. B. die Nähe zur Natur, mehr Ruhe und mehr Platz, günstigere Mieten; Nachteile sind z. B., dass oft Einkaufs- und Freizeitangebote

fehlen (Kinos, Restaurants usw.) und man dafür weit in die Stadt fahren muss.

6. Junge Familien wollen die Angebote der Stadt nutzen: Kindergärten, Schulen, Ärzte usw.; oft sind die Mieten in der Stadt aber teuer.
7. Eigene Lösung; wiederhole noch einmal die Vor- und Nachteile von Stadt und Dorf aus Aufgabe 4 und 5 oder lies nach auf S. 94–97. Wäge dann ab, was dir wichtiger ist: z. B. Wohnen „im Grünen" auf dem Land oder viele Freizeitangebote in der Stadt.
8. Bedenke, dass es in abgelegenen Dörfern oft keine Einkaufsmöglichkeiten und Vereine mehr gibt, weil viele Leute von dort wegziehen. Auch alte Menschen würden davon profitieren, wenn es wieder mehr junge Leute gibt.

9. und 10. Aussage 1 ist falsch, es leben mehr Menschen in Städten. Aussage 2 ist teilweise falsch: In stadtnahen Dörfern steigt die Bevölkerung, in abgelegenen sinkt sie. Aussage 3 und 4 ist richtig.

11. Eigene Lösung

Kapitel 5 / S. 130–131

1. Bürgermeister – Pflichtaufgaben – Gemeinderat – Bürgerbegehren – Ausschuss – Jugendforum – Wahllokal
2. falsch: a), b), d), e), g) – richtig: c) und f). Material [2]: 1. falsch, 2. richtig, 3. falsch, 4. falsch, 5. richtig, 6. falsch, 7. falsch.
3. Schlage nach auf S. 112–117. **Pflichtaufgaben:** Aufgaben, die die Gemeinde erfüllen muss, z. B. Müll entsorgen. **Gemeinderat:** von den Bürgern gewählte Vertreter einer Stadt, der über Vorhaben entscheidet. **Bürgerbegehren:** siehe Lexikon. **Ausschuss:** Gruppe von Fachleuten, die den Gemeinderat berät. **Jugendforum:** Ort, an dem Jugendliche Vorschläge für die Gemeinde einbringen können. **Wahllokal:** Ort, an dem eine Wahl stattfindet. Hier geben Bürger ihre Stimme ab.
4. Pflichtaufgaben: Kanalreinigung (B) und das Betreiben von Bus und Bahn (C). Ein Schwimmbad und einen Sportplatz wünschen sich zwar viele Bürger einer Gemeinde, es ist aber keine Pflichtaufgabe.
5. Eigene Lösung
6. Wenn der Bürgermeister abgewählt wird, kann er Pläne vielleicht nicht mehr umsetzen. Aber durch die Wahl haben alle Bürger die Chance, zu kandidieren. Sie können den Bürgermeister abwählen, wenn ihnen sein Handeln nicht gefällt usw.
7. Eigene Lösung
8. Du kannst z. B. Aussagen treffen zu den Aufgaben der Gemeinde oder der Kommunalwahl.
9. Eigene Lösung. Lies nach auf S. 118/119.

Kapitel 6 / S. 151

1. **Material [1]: Tornado:** Wirbelsturm. **Schichtvulkan:** kegelförmiger Vulkan. **Tsunami:** Überschwemmung nach Seebeben. **Eruption:** Vulkanausbruch. **Magma:** geschmolzenes Gestein. **Hagel:** Niederschlag aus Eisklumpen. **Lawine:** Schneesturz in den Bergen. **Merapi:** Vulkan auf Java.
2. Stichwörter: Windgeschwindigkeiten bis zu 200 Kilometern pro Stunde; starke Regenfälle; hohe Wellen; Überschwemmungen; Gefahr für die Schifffahrt; große Schäden in Küstenorten, besonders in armen Ländern; schwierig vorherzusagen.
3. Erdbeben entstehen durch das Aufeinandertreffen von Erdplatten, die auf dem Erdmantel schwimmen und gegeneinanderstoßen.
4. Eigene Lösung; nutze S. 135 Bild [4].
5. Deichbau, Rückhaltebecken, Fluchtpläne, Hilfsdienste, Regeln für die Bebauung.
6. **Reihenfolge:** Naturgefahren – Georisiken – Erdbeben – geologische – Klima – Eingriffe – Todesopfern
7. **Vorteile:** Nutzung der fruchtbaren Natur (z. B. gutes Ackerland bei Vulkanen);

Nachteil: schwierige Vorhersagbarkeit vieler Naturkatastrophen, dadurch hohes Risiko von Todesopfern und Sachschäden.

8. Radio anschalten, um Vorwarnungen zu hören; einen Keller eines festen Gebäudes oder einen Schutzraum aufsuchen (am sichersten) – notfalls im Freien flach in eine Mulde legen.

9. Nutze die Arbeitsschritte auf S. 144.

Kapitel 7/S. 181

1. **Azteken:** von den Spaniern besiegtes Volk. **Jakobsstab:** Gerät aus der Seefahrt. **Ablassbrief:** Der Kauf sollte die Vergebung der Sünden bewirken. **Reformation:** Erneuerung, Verbesserung. **Lettern:** in Blei gegossene Buchstaben.

2. Luther = Reformator; Kolumbus = Entdecker Amerikas; Moctezuma = Herrscher der Azteken; Galilei = Mathematiker und Physiker; Cortés = Eroberer Mexikos; Gutenberg = Erfinder des Buchdrucks.

3. Luther kritisierte den Ablasshandel: Er meinte, dass Gott jedem vergibt, der seine Sünden bereut. Er bemängelte, dass im Gottesdienst lateinisch gesprochen wurde, weshalb die Gläubigen es nicht verstanden. Außerdem kritisierte er auch die schlechte Ausbildung der Priester und ihre Vergehen.

4. Siehe S. 175 Abbildung [3].

5. Die Spanier waren besser ausgerüstet. Sie hatten Pferde, Rüstungen und Feuerwaffen. Außerdem bekamen sie Unterstützung von anderen Völkern Amerikas, die von den Azteken unterdrückt worden waren.

6. Die Europäer lernten z. B. Tabak, Kartoffeln und Mais kennen. Die Ureinwohner lernten Pferde, Kühe und Schafe kennen.

7. Mittelalterliches Denken: die Bibel hat immer Recht; die Erde steht im Mittelpunkt des Alls; Ausgangspunkt alles Wissens ist die Heilige Schrift; die Bibel ist ausschlaggebend für die Wissenschaft.

8. Nutze S. 166–171. Stichworte: Ausbeutung der Ureinwohner durch Sklavenarbeit in der Landwirtschaft und im Bergbau; Missionierung (Zwang zum Übertritt zum christlichen Glauben), Zerstörung der indianischen Kultur, Mord, Raub von Gold und anderen Schätzen.

9. Ein Ureinwohner könnte z. B. die in Aufgabe 11 genannten Punkte kritisieren. Positiv sehen könnte er z. B. neue Nutztiere und Techniken aus Europa, allerdings durften die Ureinwohner diese oft nicht nutzen.

10. Das Thema der Karte sind die Fernhandelswege um 1450. Auf der Karte ist die Welt ohne Amerika dargestellt. Ein Maßstab fehlt. Die grüne Linie zeigt die Route des Seefahrers Bartoloméu Diaz 1486, die rote Linie zeigt ...; die Legende zeigt Waren und die Orte, an denen sie hergestellt wurden. Die Karte zeigt einen Zustand: Die Gegenden, die den Europäern 1450 bekannt waren. Amerika war noch nicht entdeckt ... usw.

11. Kolumbus wusste nicht, dass sich Amerika zwischen Europa und Asien befand. Er dachte, er würde nach Indien gelangen, wenn er von Europa aus nach Westen segelte.

12. Nutze die Abbildungen [4] und[5] auf S. 159.

Kapitel 8 / S. 194 – Regenwaldquiz

Richtige Anworten: 1 b) – 2 c) – 3 b) – 4 c) – 5 a) – 6 b) – 7 c) – 8 c) – 9 a) – 10 c).

Quellenverzeichnis

S. 3 *u. li.* action press/MC Photo/blickwinkel/O. Protze; *u. Mi.* Mazodier/Le Figaro Magazine/laif; *u. re.* Bridgeman Images/Giraudon; **S. 4** *u. li.* Bridgeman Images; *u. Mi.* ddp images; *u. re.* Keith Bedford/Redux/laif; **S. 5** *u. li.* Fotolia/palino666; *u. Mi.* Fotolia/Stéphane Bidouze; *u. re.* bpk/The Trustees of the British Museum; **S. 6** *vgl.* S. 26, S. 58/59, S. 88/89; **S. 7** *vgl.* S. 52; S. 66/67; vgl. S. 151; **S. 10** *1* vgl. S. 104/105; *2* u. *3* Cornelsen/Peter Wirtz, Dormagen; **S. 11** *vgl.* S. 30; **S. 14** *o. li.* Glow Images/Imagesource; *o. re.* Fotolia/Africa Studio; *Mi.* Shutterstock/Monkey Business Images; *u.* Fotolia/alexandre zveiger; **S. 15** *o.* Shutterstock/ George Rudy; *Mi. li.* Shutterstock/Lapina; *Mi.* ddp images; *Mi. re.* Shutterstock/Dora Zett; **S. 21** *2* picture alliance/360-Berlin; **S. 22** *o.* Look-Photos/NordicPhotos; *2. v. o.* Fotolia/Laurentiu Iordache; *Mi.* WILDLIFE; *u.* Fotolia/stadelpeter; **S. 23** *o.* John Cancalosi/ARDEA/OKAPIA; *u.* Bildagentur Huber/R. Maier; **S. 24** *1* mauritius images/imageBROKER/Kevin Prönnecke; *2* imago; *3* picture alliance/ blickwinkel; *4* action press/imageBroker/Egmont Strigl; *5* Schapowalow; **S. 25** *6* mauritius images/imageBROKER/Robert Seitz; **S. 27** *1* CINTRACTRomain/ hemis.fr/ FOTOFINDER.COM; *2* David Fettes/Image Source/ F1online; **S. 28** *2* Veen/Hollandse Hoogte/laif; *3* action press/MC Photo/ blickwinkel/O. Protze; **S. 29** *2* Fotolia/ MalcolmAnthony; **S. 30** *1* FOTOFINDER.COM/D. Porges; *2* ddp images; **S. 31** *1* mauritius images/Alamy/ Mariusz Switulski; **S. 32** *li.* blickwinkel/McPHOTO/Klaus Steinkamp; *Mi.* Shutterstock/MATULEE; *re.* Shutterstock/Globe Turner; **S. 34/35** Your_Photo_Today; **S. 37** *2* u. *3* akg/viennaslide/Harald A. Jahn; **S. 38** *2* Fotolia/ Netfalls; **S. 39** *u.* Shutterstock/Lisa S.; **S. 41** *4* Bildagentur Huber/R. Schmid; *5* YourPhotoToday/MEV/ allover.cc; *6* FOTOFINDER.COM/hemis.fr/JACQUES Pierre; **S. 42** *1* Mazodier/Le Figaro Magazine/laif; *2* JOSEF POLLEROSS/Redux/NYT/The New York Tim/laif; **S. 43** *3* action press/Franz Neumayr; *4* Schilthornbahn AG/David Birri; **S. 44** *1* SZ Photo/Jochen Eckel; *2* Picture-Alliance/ Westend61; **S. 45** *3* YourPhotoToday/UIG/JTB_Photo; *4* Fotolia/Andy Ilmberger; **S. 46** *re.* Fotolia/olandsfokus; **S. 48** *1* Glow Images/ImageBROKER RF; *2* mauritius images/imageBroker/Christian Handl; **S. 49** *2* mauritius images/Alamy/Mauro Toccaceli; *3* FOTOFINDER.COM/ Biosphoto/Michael Breuer; **S. 50** *1* SZ Photo/euroluftbild.de/Alfons Rath; *2* Fotolia/fotofox33; **S. 52** *o.* Your_Photo_Today; *Mi.* SZ Photo/Gerd Pfeiffer; *u.* Fotolia/stockWERK; **S. 54/55** ddp images/Michael Schwalbach; **S. 56/57** *Hintergrund* F1online/Radius; *1* EJW/Westend61/F1online; *2* action press/imageBroker/Peter Seyfferth; *3* DEUTSCHE BURGENVEREINIGUNG e. V., Dienstelle Marksburg; **S. 57** *4* akg-images/Heiner Heine; *5* © Roland Beck/Burg Hohenzollern; *6* ddp images/ Michael Osterrieder; **S. 59** *Mi.* bpk/RMN – Grand Palais/ Jean-Gilles Berizzi; *u.* Bridgeman Images; **S. 60** *1* bpk/ RMN - Grand Palais/Jean-Gilles Berizzi; **S. 63** *4* bpk/ Hermann Buresch; **S. 68** *1* Bridgeman Images; **S. 70** *1* Bridgeman Images/Giraudon; *2, 3* u. *4* Bridgeman Images; **S. 72** *1* INTERFOTO/Bildarchiv Hansmann; **S. 74** *1* akg-images *2* imago stock; **S. 75** *3* Bridgeman Images *4* ddp images/Stefan Simonsen; **S. 76** *1* Cornelsen/ Markus Gumbiller; **S. 77** *2* INTERFOTO/ Gerald Schwabe; *3* Your Photo Today; *4* picture-alliance/ Westend61; **S. 78** *o.* Fotolia/Christan Schwier; *Mi.* mauritius images/ Westend61/Andreas Pacek; *u.* Cornelsen/ Peter Wirtz, Dormagen; **S. 80** *1* INTERFOTO/allOver/ TPH; **S. 82** *1* Bridgeman Images; **S. 83** *1* akg-images/ Hedda Eid; mauritius images/Rene Mattes; Shutterstock/ Gyuszko-Photo; *Mi. re.* OKAPIA/Christian Grzimek; **S. 85** *4* Bridgeman Images; *5* bpk; **S. 86** *o.* mauritius images/ Alamy/Blaine Harrington III; *Mi.* shutterstock/ Grzegorz Zdziarski; *u.* akg-images/ Schütze/ Rodemann; **S. 87** *2* INTERFOTO/Sammlung Rauch; **S. 88/89** blickwinkel/euroluftbild.de/bsf swissphoto; **S. 90** *2* mauritius images/Udo Siebig; **S. 91** *4* Bridgeman Images; *5* Look-Photos/Konrad Wothe; **S. 94** *1* AUDI AG; *2* Your_Photo_Today; *4* Stefan Bausewein; **S. 95** *6* picture-alliance/Westend61; *7* picture-alliance/SZ Photo; *8* mauritius images/Brigitte Protzel; *9* SZ Photo/ Stephan Rumpf; **S. 96** *1* mauritius images/Katja Kreder/John Warburton-Lee; *2* Fotolia/ehrenberg-bilder; **S. 97** *3* Dieter Knedeisen; **S. 98** *o.* mauritius images/Jutta Klee/ ableimages; *Mi.* Panther Media/Marko Volkmar; *u.* mauritius images/Johnér; **S. 99** *o.* Shutterstock/Monkey Business Images; *u.* Shutterstock/ESB Professional; **S. 100** *u.* Fotolia/VRD; **S. 103** *2* akg-images/Oliver Betz; *3* picture-alliance/euroluftbild/Elmar Hartmann; *4* picture-alliance/ZB /euroluftbild/ Oliver Betz; **S. 105** *1* Cornelsen/ Manuel Köhler; *2* Gemeinde Kürnach; **S. 107** *1* ddp images; *2* picture alliance/ZB/Jens Wolf; **S. 108** *1* Zsuzsanna Ilijin; *2* © Freistaat Bayern, Körperschaft des öffentlichen Rechts Bayerische Landesanstalt für Wein- und Gartenbau; **S. 109** *2* blickwinkel/ euroluftbild.de/bsf swissphoto; **S. 110/111** Cornelsen/Manuel Köhler; **S. 112** *1* Gemeinde Kürnach; **S. 113** *o. li.* Shutterstock/Ivonne Wierink; *o. re.* mauritius images/ Alamy/imageBROKER; *Mi. li.* Shutterstock/aastock; *Mi. re.* Schapowalow; *u.* PantherMedia/Dirk Köbernik; **S. 115** *2* picture-alliance/SZ Photo; **S. 116** *1* Marcel Kusch; **S. 118** *o. li.* ddp images; *o. re.* F1online; *u. li.* ddp images; *u. re.* ddp images; **S. 119** *2* Glow Images/ ImageBROKER RF; **S. 120** *1, li.* laif/Guenter Standl; *re.* picture-alliance/ Andreas Reimu; **S. 122** *o.* Fotolia/ WavebreakMediaMicro; *Mi.* Cornelsen/Peter Wirtz, Dormagen; *u.* Fotolia/contrastwerkstatt; **S. 123** *1* picture-alliance/ZB/dpa/Thomas Eisenhuth; *2* picture-alliance/ dpa/CITYPRESS 24; **S. 124** *1* SZ Photo/Stephan Rumpf; **S. 125** *2* picture-alliance/dpa/Steffen Kugler; *3* picture-alliance/dpa/Oliver Berg; **S. 126** *1* picture-alliance/SZ Photo; **S. 127** o. Anna Jopp; **S. 128** *1* SZ Photo/Stephan Rumpf; **S. 129** *1* picture-alliance/dpa/David Ebener; **S. 131** *A* picture-alliance/dpa/Daniel Karmann; *B* picture-alliance/dpa/Stefan Sauer; *C* picture-alliance/SZ Photo; *D* Shutterstock/Dziurek; **S. 132/133** ©Alberto GARCIA/ REA/laif; **S. 134** *1* u. *2* Reuters; Abb. *3* Photoshot; **S. 135** *4* Photoshot/WpN; **S. 136** *2* picture-alliance/dpa/Sven Hoppe; **S. 138** *1* mauritius images/ib; *5* ddp images; *6* Reuters; **S. 140** 1 mauritius images/Alamy/David Mabe; **S. 142** 1 Keith Bedford/Redux/laif; **S. 143** *4* Reuters; *5* mauritius images/Alamy/SK Hasan Ali; *6* Turpin/Le Figaro Magazine/laif; **S. 144** *1* mauritius images/Alamy/

Tibor Bognar; **S. 145** *2* picture-alliance/dpa; *3* Bildagentur Huber/Pinn; *4* action press/Future Image/David Heerde; **S. 146** *1* blickwinkel/A. Hartl; *2* Reuters; **S. 147** *1* Shutterstock/Lysogor Roman; 2 mauritius images/imageBroker; **S. 148** *1* action press/REX FEATURES; *2* picture-alliance/dpa/Nicolas Armer; **S. 149** *1* picture-alliance/AP Images; *2* picture-alliance/dpa/Sebastian Kahnert; *4* Fotolia/soupstock; **S. 150** *o.* Glow Images/Corbis RF; *u.* Fotolia/WavebreakMediaMicro; **S. 151** *2* epd-bild/Eckehard Schulz; **S. 152/153** picture-alliance/ZB; **S. 156** *2* Bridgeman Images; **S. 157** *o.* akg-images/Cameraphoto; *u.* Bridgeman Images; **S. 158** *1* bpk/Scala; *2* Bridgeman Images; *3* bpk/Scala; **S. 160** *1* bpk; **S. 164** *1*-akg-images/De Agostini Picture Library.; © Banco de México Diego Rivera Frida Kahlo Museums Trust/VG Bild-Kunst, Bonn 2017; **S. 165** *2* bpk-images; **S. 167** *2* akg-images; © Banco de Méxiko Diego Rivera Frida Kahlo Museums Trust, VG Bild-Kunst, Bonn 2017; **S. 170** *1* Shutterstock/KBF Media; *2* bpk/RMN – Grand Palais/Benoît Touchard; **S. 171** *3* Bridgeman Images; *4* mauritius images/Alamy/frans lemmens; **S. 172** *1* FOTO FINDER.COM/LEEMAGE; **S. 173** *3* Bridgeman Images; **S. 174** *1* © Albertina, Wien/www.albertina.at; *2* bpk/Kupferstichkabinett, SMB/Jörg P. Anders; **S. 176** *1* akg; *2* bpk/Kunstbibliothek, SMB/Knud Petersen; *3* akg; **S. 177** bpk/Kunstbibliothek, SMB/Knud Petersen; **S. 178** *1* bpk/Deutsches Historisches Museum/Arne Psille; **S. 179** *2* bpk/Deutsches Historisches Museum/Arne Psille; **S. 180** Mi. Fotolia/fotoknips; *u.* bpk/The Trustees of the British Museum; **S. 182/183** Fotolia/Patryk Kosmider; **S. 184** *1* actionpress/Rex Features; *2* akg-images/De Agostini/N. Cirani; **S. 185** *o.* Fotolia/Jag_cz; **S. 188** *1* Corbis GmbH; *2* YourPhotoToday; *3* ddp images/Picture Press; *4* F1online/Westend61/Stefan Schurr; *5* Bildagentur Huber/Roland Gerth; *6* BILL CURTSINGER/NGS Image Collection; **S. 189** *o.* picture-alliance/dpa; *Mi.* Fotolia/palino666; *u.* Shutterstock/Patrick K. Campbell; *2. v. u.* Fotolia/Stéphane Bidouze; **S. 191** *Mi.* Beazly M. Ltd., London (aus: The Last Rain Forests, 1990); *o. li.* OKAPIA/M. Watson/ARDEA; *u. li.* S. Müller/WILDLIFE; *u. re.* F1online/ImageBroker RM; **S. 192** *1* Shutterstock/Paulo Vilela; *2* F1online; *3* Wildlife/P. Goebel; *4* F1online/Mint RF/Frans Lanting; **S. 193** *2* Fotolia/enrouteksm; **S. 194** *o.* picture alliance/WILDLIFE; *Mi.* mauritius images/M. Zindl/Tierfotoagentur; *u.* YourPhotoToday/Visual_Written/Greg Vaughn; *2. v. u.* blickwinkel/H. Schmidbauer.

Corinna Babylon, Berlin: Vignetten; **Thomas Binder, Magdeburg:** S. 32; S. 52; S. 67; S. 84; S. 86; S. 144; S. 150; S. 154; S. 166; S. 180; **Volkhard Binder, Telgte:** S. 51; **Carlos Borrell Eiköter, Berlin:** S. 16; S. 18; S. 20; S. 23; S. 25; S. 28; S, 29; S. 30; S. 36; S. 38; S. 40; S. 49; S. 60; S. 84; S. 92; S. 106; S. 136; S. 141; S. 146; S. 156; S. 161; S. 162; S. 169; S. 186; S. 187; **cartomedia/Oliver Hauptstock, Dortmund:** S. 51; **Erfurth Kluger Infografik GbR:** S. 73; S. 114; **Elisabeth Galas, Bad Breisig:** S. 9; S. 169; S. 181; **Otto Götzl, Hannover:** S. 53; **HüttenWerke/Klaus Kühner, Hamburg:** S. 69; S. 91; S. 102; **Carsten Märtin, Oldenburg:** S. 81; **Wolfgang Mattern, Bochum:** S. 46; S. 47; S. 53; S. 100; S. 135; **Christian Nusch, Wuppertal:** S. 9; S. 150; **Matthias Pflügner, Berlin:** S. 79; **Dieter Stade, Hemmingen:** S. 138; S. 190; **Joana Stratmann, Oldenburg:** S. 19; S. 21; S. 26; S. 27; S. 31; S. 33; S. 40; S. 48; S. 58; S. 61; S. 62; S. 71; S. 77; S. 80; S. 83; S. 144; S. 145; S. 154; S. 155; S. 157; S. 159; S. 163; S. 165; S. 168; S. 173 *2*; S. 175; S. 178; S. 180; S. 193; **Michael Teßmer, Hamburg:** S. 8; S. 12/13; S. 14; S. 15; S. 64/65; S. 90; S. 104; S. 184; **Hans Wunderlich, Berlin:** S. 41; S. 66; S. 68; **Hanna Wolff, Amsterdam:** S. 117; S. 119; S. 121.

E Bayern. *Karte.*

G **Europa heute.** *Karte.*

F Deutschland. *Karte.*

Der Textknacker

Beim Lesen und Verstehen von Texten hilft der Textknacker.

1. Schritt: Vor dem Lesen

Bilder beim Text helfen mir, den Text besser zu verstehen.
Die Überschrift sagt mir etwas über den Inhalt des Textes.

- Ich sehe mir die Bilder an.
- Ich lese die Überschrift.

Worum könnte es in dem Text gehen?

2. Schritt: Das erste Lesen

Ein Text hat Absätze. Was in einem Absatz steht, gehört zusammen.
Die Schlüsselwörter im Text sind besonders wichtig.
Einige Wörter werden unter dem Text erklärt.

- Ich zähle die Absätze.
- Ich lese die hervorgehobenen Schlüsselwörter.
- Ich lese die Worterklärungen.

Was weiß ich jetzt?

3. Schritt: Den Text genau lesen

Erst der ganze Text sagt mir, worum es geht.
Ich lese den ganzen Text – Absatz für Absatz.

Was habe ich erfahren?

4. Schritt: Nach dem Lesen

Ich habe den ganzen Text gelesen.

- Ich schreibe zu jedem Absatz etwas auf.
- Ich schreibe die wesentlichen Informationen auf.
- Ich schreibe auf, was für mich wichtig ist.